数字营销系列丛书

周茂君 主编

数字媒体运营

洪杰文 严语 段婷婷 编著

科学出版社

北京

内 容 简 介

本书以动态化视角审视我国二十余年数字媒体运营实务的发展经验，从总体上呈现数字媒体运营的理论和实践知识体系。书中全面阐述数字媒体运营核心概念，深入梳理数字媒体运营四大经典模块的流程、模型与通用策略，细致呈现平台型、社群型等常见运营场景的实用操作技法。

全书深入浅出，案例丰富，既可作为新媒体一线从业者的案头指南，也适合企业的营销人员、品牌经理、广告策划人员、产品经理及企业的决策者阅读，同时也可作为新闻传播学类、市场营销类、企业管理类、电子商务类等专业的相关运营课程的教学和参考用书。

图书在版编目（CIP）数据

数字媒体运营 / 洪杰文，严语，段婷婷编著. — 北京：科学出版社，2022.3

（数字营销系列丛书）

ISBN 978-7-03-059793-9

Ⅰ. ①数… Ⅱ. ①洪… ②严… ③段… Ⅲ. ①数字技术-传播媒介-运营管理-研究 Ⅳ. ①G206.2

中国版本图书馆 CIP 数据核字（2018）第 280574 号

责任编辑：郝 静/ 责任校对：刘 芳

责任印制：霍 兵/ 封面设计：楠竹文化

科 学 出 版 社 出版

北京东黄城根北街 16 号

邮政编码：100717

http://www.sciencep.com

三河市骏杰印刷有限公司印刷

科学出版社发行 各地新华书店经销

*

2022 年 3 月第 一 版 开本：720×1000 1/16

2026 年 1 月第九次印刷 印张：19

字数：298 000

定价：58.00 元

“数字营销系列丛书”编委会名单

推　荐　序

“风乍起，吹皱一池春水”，这是南唐词人冯延巳的著名词句，用它来形容当前已然来临的数字营销时代，最为恰切。数字时代的这个“风”就是新技术，正是它引领着数字媒体发生着深刻变革，影响着人们的工作状态、生活方式和阅读习惯，进而颠覆着媒体市场、广告市场和营销市场的运行规则。在这里，广告主在传统媒体时代简单的广告营销逐渐被数字时代注重官网、两微一端和搭建营销平台的“自营销”所取代；报刊、广播、电视等传统媒体依靠采编、经营双轮驱动已悄然改变，代之而起的是以内容运营、用户运营和活动运营为主的数字媒体运营；广告代理公司（绝大多数转型为数字营销公司）为迎接数字时代的到来，正在经历着从经营理念、组织架构到运作流程、业务模式的阵痛与蜕变，以便更好地服务于广告主。

数据成为数字营销市场的核心竞争力，得数据者得天下。广告主可以凭借其拥有的第一方数据，借助其官网和微博、微信，自建App，搭建营销平台，进行品牌宣传与产品营销；数字媒体则依靠其垄断的第二方数据资源和头部媒体优势，在营销市场纵横捭阖、所向披靡；传统广告公司在过去时代曾经拥有的创意、策划等专业性优势，在数字时代逐渐被广告主和数字媒体蚕食，而“去中介”的行业诉求正在加重其生存危机，逼迫其通过搭建数字营销平台（垂直）和重构专业性实现浴火重生与凤凰涅槃。原生广告和内容营销也颠覆着人们“内容是内容”“广告是广告”“二者要具有可识别性”的认知。前者将品牌信息深度植入媒体内容，并使二者融为一体；后者更强调将媒体内容作为营销工具，为品牌广告或效果广告服务。此时，在数字营销市场，内容即广告，广告即内容，过去那种纯粹的内容与纯粹的广告再难见到，无论内容还是广告，都是为营销服务、为广告主服务。一切皆处于变化之中或在变化的路上，而唯一不变的就是变化，这就是时下的数字营销时代。

正是在技术引领、规则被颠覆、市场变革已然成为现实的情况下，周茂君教授组织编写了这套数字营销系列丛书——《数字营销概论》《数字营销策划与创意》《数字内容营销》《数字品牌营销》《数字平台营销》《大数据营销》《数字营销公司经营与管理》《数字媒体运营》《数字营销效果测评》《数字营销伦理与法规》。本套丛书一共 10 本，从书名可以见出其独特之处：其一，大营销观的独特研究视角。本套丛书坚持大营销观，让广告回归营销，恢复广告是市场营销一部分的本来面目，处处从大营销的角度展开论述；立足于大营销，从营销参与者、营销要素和营销过程的角度来确定相关的书名、章节。其二，勾画史的线索与立足数字营销实践。丛书的每本书皆坚持勾画出从传统媒体到数字媒体、从传统广告到数字广告和从传统营销到数字营销的“史”的线索和发展脉络，让读者能从中见出从传统时代到数字时代的演进轨迹；同时丛书作者并没有局限于对数字营销做从理论到理论式的研究，而是立足于数字营销实践，更多地从业界的视角去透视、研究相关的理论问题，这就使其研究更重实际，也更接地气。其三，本套丛书既关注理论前沿问题，注意吸收和借鉴国内外数字营销研究的最新成果，又注重这些基本理论的实际应用，并将基本理论、实际应用和案例点评很好地结合在一起，形成独具的特色。

数字营销在国外才出现短短 20 多年时间，在国内出现的时间更短，无论国外还是国内对它研究的时间都不长，可以说才刚刚起步，对数字营销进行系统研究的系列著作则更少。希望以周茂君教授这套数字营销系列丛书为起点，国内涌现出更多的作者和更多的研究成果，早日迎来数字营销研究的收获期。

是为序。

强月新

2019 年 10 月

“数字营销系列丛书”前言

1994 年 10 月 14 日，美国《热线杂志》网络版刊出美国电话电报公司（American Telephone & Telegraph，AT&T）等 14 则广告主的图像和信息，标志着网络广告的正式诞生，也宣告了数字营销时代的来临。这场由新技术引发媒体市场、广告市场和营销市场的变革方兴未艾，其对未来的影响巨大而深远，甚至是颠覆性的。有人曾用“变化是当前唯一不变的主题”这句话来加以形容，无疑是对数字营销市场状况的真实写照。

尽管数字营销已经走过了 20 多年的发展历程，但是迄今为止仍然没有一个大家公认的权威定义。国外部分学者或营销专家对数字营销提出了一些看法，有两方面的内容值得关注：其一，数字营销是一种全新的营销方式。他们认为数字营销“也称为电子营销”①，是“利用数字技术帮助营销活动”②，是“将互动媒体与营销组合的其他元素相结合”③，是“一种全新的营销方式”④。其二，数字营销有利于与消费者建立关系并实现营销目标。他们强调数字营销“使消费者和

---

① Smith K T. Digital marketing strategies that millennials find appealing, motivating, or just annoying[J]. Journal of Strategic Marketing，2011，19（6）：489–499.

② Bala M，Verma M D. A critical review of digital marketing[J]. International Journal of Management，IT & Engineering，2018，8（10）：321–339.

③ Parsons A，Zeisser M，Waitman R. Organizing today for the digital marketing of tomorrow[J]. Journal of Interactive Marketing，1998，（1）：31–46.

④ Wind Y，Mahajan V. Digital Marketing：Global Strategies from the World's Leading Experts[M]. New York：John Wiley & Sons，Inc，2001.

企业建立了双向联系，且消费者可以更为便捷地接触到产品和服务”[①]，能够“与用户建立更深层次的关系”[②]，“通过数字媒体、数据和技术与传统传播相结合实现营销目标”[③]。

鉴于此，我们试着给数字营销下了一个定义：它又名在线营销，是利用网络技术、数字技术和移动通信技术等技术手段，借助各种数字媒体平台，针对明确的目标用户，为推广产品或服务、实现营销目标而开展的精准化、个性化、定制化的实践活动，它是数字时代与用户建立联系的一种独特营销方式，具有深度互动性、目标精准性、平台多样性和服务个性化、定制化等特征。

在数字营销行业，大数据、区块链、虚拟现实、物联网、超级计算等技术领域在全球发展势头良好。数字媒体的内容生产、产品形态和推送渠道都更加丰富，网络广告的生产、推广和监管也随之更加多元化和规范化。移动互联网的普及在很大程度上改变了人类生活的方方面面，用户的媒介使用习惯和消费行为都发生了巨大改变，数据资源成为各家公司争夺的重要生产要素。

正如 Actifio 首席执行官 Ash Ashutosh 所说：“Airbnb 是最大的酒店服务机构，但它却没有一间酒店房间；Uber 是最大的出租车服务公司，但公司却没有一辆出租车。”[④]数据已经成为各类公司的核心命脉，自然也深刻地影响着数字营销观念及思维方式的变化。

过去，广告人围坐在会议桌前，仅仅靠头脑风暴和无限的创意就能敲定广告方案的时代已经不再。现在的数字营销从业者更像是股票交易员，他们坐在电脑前，瞬间即可在在线广告交易平台上完成广告位的购买与销售。运算法则的输出结果能实时、准确地根据用户数据决定不同的产品广告应当在哪一个网页或终端

---

① Durmaz Y，Efendioglu I H. Travel from traditional marketing to digital marketing[J]. Global Journal of Management and Business Research，2016，16（2）：34–40.

② Royle J，Laing A. The digital marketing skills gap：developing a digital marketer model for communication industries[J]. International Journal of Information Management，2014，（2）：65–73.

③ Chaffey D，Ellis–Chadwick F. Digital Marketing：Strategy，Implementation and Practice[M]. 5th ed. New York：Pearson，2017.

④ Tunguz T，Bien F. 大数据浪潮——企业文化、高效团队和商业奇迹[M]. 宫鑫，谢金秀，刘婷婷译. 北京：人民邮电出版社，2017.

设备中投放，同时准确地选择出向不同的用户投放哪一个版本的广告内容。广告交易平台可以根据访客曝光量或转化率为付费用户准确地计算出广告费用，并通过代码监测向广告主们及时地反馈广告投放到目标用户的效果。一定的数据分析能力以及对于数字管理系统熟练的操作能力，似乎已经成为广告营销人员必备的职业技能，过去的“广告狂人”正在向现在的“数据达人”转变。

数字化的传播手段和传播内容对数字营销行业的影响主要体现在三个方面：其一，广告交易制度的改变。网络投放与广告管理系统的开发有力推进了网络广告市场的规范化运作。与常规的人工购买相比，基于自动化技术和数据系统来进行广告投放的程序化购买平台可以极大地改善广告购买的效率、规模和投放策略。其二，广告产品形态的多元化。随着媒介形态的多样化，技术手段的日益革新，网络广告的形式由最初的展示广告拓展到搜索引擎广告、富媒体广告、短视频广告、电商广告等丰富的产品形态。通过与不同行业的跨界合作，产品营销方式也多种多样，社交媒体、电商平台、新闻资讯平台、娱乐平台以及各传统媒体平台交融合作，打造从线上到线下的营销闭环，更加贴近消费者的生活场景与兴趣爱好。其三，广告主营销理念的转变。广告主开始注重广告营销效果的“品效合一”，他们既关注广告投放后品牌或产品知名度的推广，同时也希望能看到更加直接的销售转化效果。第三方监测公司的出现使得数字营销产业链逐步趋于完整，广告主对于广告效果的把控更加客观真实。

面向全球市场的数字营销生态链基本形成，不同类型的数字营销公司纷纷搭建自己的数据平台，相互聚集。它们的“整合”绝不仅体现在媒体、渠道与终端，而且更深刻地呈现于整个行业格局的变化与发展之中。一些传统的广告传播集团通过大规模的并购、收购，整合数据资源、拓展数字营销业务，转型成为数字营销集团。一些独立的代理公司、数字技术公司和数字媒体纷纷展开合作，试图为广告主提供更加一体化、一站式的网络营销服务方案。目前，数字营销行业的广告代理公司分布有以下三个特点：其一，独立代理公司渐成气候。独立代理公司能够快速响应市场趋势，并且具有扎实的市场洞察。其二，代理商结构、层级多样化。广告主新设立的 In-house 团队、媒体下属的数字营销公司，以及市场上原有的广告代理公司相互协调合作，不同团队之间专业营销者的对话提高了数字营销的效率，但对数字营销公司来说，其在产业链中的地位则受到越来越大的威胁。其三，内容创作的质量以及分析效果的能力拉开了数字营销公司之间的差距。营销者讲故事的能力、获取和分析数据的能力，以及利用数据促进消费者互动和销售转化的能力，对于吸引广告主来说至关重要。

在数字营销行业环境的风云变幻中，广告主、数字媒体和数字营销公司作为行业发展的三大运行主体，在迎接变革与挑战的过程中，势必要经历残酷的竞争与痛苦的蜕变，能在这场变革中生存下来的，都是能顺应时代潮流、适时改革创新的佼佼者。

数字时代已然来临，技术引领、规则被颠覆、市场变革已是不争的事实。面对已然来临的数字时代，只有迎接挑战而不是回避。因此，编写这套数字营销系列丛书主要出于如下考虑：

（1）系列丛书将秉承五个原则：其一，以“营销主体”“营销内容”“营销平台”“营销对象”“营销管理”五个方面作为研究对象。其二，坚持大营销观，让广告回归营销，恢复广告是市场营销一部分的本来面目。其三，立足于大营销，从营销参与者和营销过程的角度来确定相关的书名、章节。其四，每本书皆勾画出从传统营销到数字营销的发展线索和脉络，使读者能从每本书上见到数字营销时代的新变化。其五，每本书在研究内容上既要相互有关联，又要厘清彼此间的研究边界而不至于重复。

（2）本套丛书既关注理论前沿问题，吸收和借鉴国内外数字营销研究的最新成果，又注重这些基本理论的实际应用。在具体编写过程中，将基本理论、实际应用和案例点评相结合，展现出独具的特色：其一，基本理论部分。对数字营销涉及的理论问题，只作概括性叙述，不进行全面性描述，对其基本原理，力争深入浅出，易学易懂。其二，实际应用部分。这是本套丛书每本书的写作重点，这个思路将贯穿于每本书的编写之中。其三，案例点评部分。每本书的大部分章节都要求安排与本章内容相关联的案例点评，用具体的案例点评，来回应前面的基本理论和实际应用。

（3）本套丛书在编写过程中尽力做到有思想、有创见、有全新体系，观点新颖，持论公允，风格力求简洁、明了、畅达，并在此基础上使行文生动、活泼、风趣。

这套丛书从 2016 年底提出计划到现在即将付梓，前后历时三年。由主编周茂君提出总体构想以及 10 本书的书名；然后是聘请作者参与编写。由于时间较长，作者几经变化，其间的艰难困顿难以言述，好在艰难时刻皆已过去，相信未来一定能见到彩虹！

这套书的顺利面世，需要感谢的人很多。首先，要感谢丛书编写团队的每一位作者，正是你们的辛勤付出才迎来了现在的累累硕果。其次，要感谢武汉大学新闻与传播学院的强月新院长、洪杰文副院长的大力支持。强院长不仅平时十分关注丛书的编写，还在百忙之中为本套丛书撰写了序言；洪副院长作为本套丛书的副主编，参与了丛书编写过程中不少具体事宜，并提出了建设性意见。最后，要感谢科学出版社的来豫蓉女士、陈亮先生、鄢德平先生、张宁女士、马跃先生、郝静女士等，从出版合同的拟定到具体编辑工作的落实，点点滴滴，处处都留有你们辛勤的身影。

数字营销的研究在国内还处于起步阶段，没有现成的研究成果可以借鉴，书中的不妥之处，恳请各位读者批评指正。

周茂君　于武昌珞珈山

2019 年 10 月

目 录

Contents

第一章　数字媒体运营概述

继工业时代和信息时代之后，人类社会迈入了比特时代。比特作为信息的DNA正迅速取代原子成为人类社会的基本元素①。20世纪90年代以来，随着计算机网络的建设与发展，以计算机技术为基础的数字技术开始被普遍应用，给传统的传媒领域带来了巨大的冲击及革命性的变化。数字化已经成为日常生活悄无声息的一部分，数字技术正是传播技术发展史上醒目的所在②。数字时代的到来使数字媒体已经成为继语言、文字和电子技术之后的最新信息载体③。数字媒体不仅是各种媒体形态、传播形式、媒介方式的叠加式整合，也不仅是传播形态的创新，还是运营模式的创新。面对数字媒体带来的新一轮变革浪潮，运营成为不可或缺的重要环节。

第一节　认识数字媒体运营

认识数字媒体运营是进行运营工作的出发点，了解数字媒体运营的特点和功能将有助于做好运营。

---

① 尼葛洛庞帝 N. 数字化生存[M]. 胡泳，等译. 海口：海南出版社，1997：3.

② 米勒 V. 数字文化精粹[M]. 晏青，江凌，姚志文译. 北京：清华大学出版社，2017：80.

③ 林亚红，王珏. 数字媒体创意应用[M]. 上海：东华大学出版社，2017：9.

一、数字媒体运营的概念

对于数字媒体运营的概念，学界与业界都有对其不同程度的探讨。通俗来说，数字媒体运营是通过现代化移动互联网，利用微信、微博、贴吧等新兴数字媒体平台进行产品宣传、推广、营销的一系列运营手段。企业通过策划与品牌相关的优质并具有高度传播性的内容和线上活动，向客户广泛或者精准推送消息，提高客户参与度和品牌知名度，充分利用粉丝经济，达到相应营销目的。

理解数字媒体运营的概念有以下几点是需要注意的。

1. 运营需要基于数字媒体产品

运营的方法可以千变万化，但如果与产品脱离，即使方案再创新，也无法获得用户或者提高已有用户的各项数据指标，也就不能提升企业竞争力。

2. 力求最低的预算、最优的路径、最高效的执行

运营力求以最低的预算获得用户。一般的企业在运营启动的时候，首先会面临一个问题：预算少，经费不够。这意味着大部分企业无法通过大量市场投放来获得用户，必须靠创意或服务取胜，靠一个卖点或者事件形成病毒传播，从而获得大量的用户增长。其次，运营要不走弯路，选择最优路径。运营人员要及时、准确发现存在的问题，提出有效的方案来达到目标，提高用户的活跃度，并针对这些目标和问题设计有针对性的推广方案。最后，运营要有最高效的执行。每一个产品都有其最佳推广窗口期，一个优秀的运营人员需要把握产品推广节点，需要结合产品定位，运用各种有效的手段及时、高效地把产品推向目标市场，获得产品预期收益。

3. 运营的目的是吸引忠实的用户

在数字媒体运营过程中，拥有一批忠实的用户非常重要。忠实的用户能给数字媒体的推广带来很多帮助，他们可以成为新产品的测试员，也可以充当产品经理的角色，把使用过程中的信息反馈给企业，把产品分享给自己的朋友、社交媒体上的粉丝及关注者①。

---

① 蒋小花. 数字产品与运营推广[M]. 杭州：浙江大学出版社，2018：16.

二、数字媒体运营的特点

数字媒体运营是计算机技术和互联网诞生之后的产物，拥有互联网时代的特点。

（一）数字媒体运营离不开互联网思维

从互联网诞生的那一天起，互联网思维就一直存在。互联网思维，是在（移动）互联网+、大数据、云计算等科技不断发展的背景下，对市场、用户、产品、企业价值链甚至整个商业生态进行重新审视的思考方式。这里的互联网，不单指桌面互联网或者移动互联网，而是泛互联网，因为未来的网络形态一定是跨越各种终端设备的，如台式机、笔记本、平板、手机、手表、眼镜等。网状结构的互联网，没有中心节点，不是层级结构，虽然不同的点有不同的权重，但没有一个点是绝对的中心点。企业的连接越广、连接越厚，价值就越大，这决定了互联网内在的精神是去中心化，是开放、平等。互联网商业模式是建立在平等、开放基础之上的，互联网思维体现着平等、开放的特征。平等、开放意味着民主，意味着人性化。从这个意义上讲，互联网经济是真正的以人为本的经济，互联网思维的精髓就是用户至上。因此，数字媒体运营的过程中是离不开互联网思维的，如号称“粉丝经济鼻祖”的小米手机，在产品方面，雷军提出专注、极致、快；在营销方面，小米做到用户参与、培养粉丝、社会化网络传播与电商销售。不难看出，无论从产品方面还是从营销方面，雷军和他的小米最终想做到的就是“用户口碑”，与互联网思维中的“用户至上”完全契合。

（二）数字媒体运营能够有效降低营销成本

与传统媒体需要投入大量营销成本购买广告时段，建立、维护企业网站，雇用大量营销业务员不同，数字媒体的运营主体有更多可选的营销渠道，且大部分渠道都是免费和开放的。例如，可以在百度上建立关键词，在豆瓣上定期推出话题，在微博、微信上发布产品信息，与用户实时互动等，为数字媒体运营提供近乎零成本的条件。运营主体可以将产品信息传递给某一消费者，再经由消费者借助社群力量转发，从而引起其他好友的关注和分享，实现数十万、数百万的幂次传播，引爆产品的销售。

（三）数字媒体运营能精准定位、满足个性需求

与传统媒体相比，数字媒体运营的最大特点就是能为消费者提供个性化、定制化的服务，如电子商务平台的售品推荐，各类应用平台资讯推荐等。大数据和移动互联网技术的发展，为运营主体获取用户需求提供了便利，使精准定位、满足个性化需求的产品得以实现。例如，今日头条通过强大的人工智能个性化推荐算法，通过分析用户的五个兴趣，抓取其中的两个，给用户推送这两个兴趣方面的内容，一个人喜欢滑雪，比如，就为他推送新的雪具或者促销活动，同时还会为他推送一些旅行、新闻咨询等内容①。

三、数字媒体运营的分类和功能

数字媒体运营是一个涉及范围广泛，内容、形式更替快速的运营方式，其分类和功能将会随着时代和技术的变化而转变。

（一）数字媒体运营的分类

数字媒体运营类型繁多，运营平台多元，形式变化急速。就目前而言，数字媒体运营基于媒介平台可分为微博运营、微信运营、应用程序（App）运营、电子商务运营、社会化媒体运营等；基于媒介技术可分为搜索引擎优化（search engine optimization，SEO）运营、点对点（peer to peer，P2P）运营等；基于生产方式可分为用户生产内容（user-generated content，UGC）、专业生产内容（professionally-generated content，PGC）和职业生产内容（occupationally-generated content，OGC）；基于不同层面可分为内容运营、用户运营和活动运营；基于运营目标可分为社区运营、社群运营等。

① 陈鄂，金鑫. 新媒体运营[M]. 重庆：西南师范大学出版社，2019：5.

（二）数字媒体运营的功能

数字媒体运营虽然类型繁多，但不管哪种运营，运营工作的核心任务主要为两个方面。

1. 流量建设

流量建设是通过各种推广、扩散、营销、活动，提升网站的流量指标，我们通常所说的页面浏览量（page view，PV）、独立访客（unique visitor，UV）、注册转化、SEO 都属于流量建设。流量越大，累积到的价值用户就越多，可转化的基础用户量就越大，足够多的用户是企业能够长久生存下去的关键因素之一。

2. 用户维系

用户的定义包含使用者（user）与会员（member）两种。只有用户，才能给产品带来价值，产生收益。所以用户维系就在于如何持续有效地推动用户的活跃与留存，并且从中发现高价值的新用户①。

第二节 数字媒体运营的发展历程

自从 1994 年中国接入国际互联网以来，数字媒体发展壮大的每一步都离不开运营。在互联网发展之初并没有“运营”意识，也没有设置“首席运营官”这一职位。但其实从数字媒体诞生之日起，运营就是无处不在、无时不在的。随着网络与新媒体技术和市场的发展变化，数字媒体运营从简单走向繁杂，从单维度走向多元维度，从内容产品走向跨平台应用。

一、争夺流量：数字媒体发展初期的野蛮生长

2001~2005 年，互联网进入了流量为王的时代，此时互联网用户的体量约 1.03 亿人，网游市场火爆，电商飞速发展，“人口”和“流量”成为互联网世界竞相争夺的关键。从网游来看，2001 年盛大推出《热血传奇》，网易推出《大话

① 蒋小花. 数字产品运营与推广[M]. 杭州：浙江大学出版社，2018：17.

西游 online》，网游开始了一段长达 4~5 年的火爆时期。从电商发展来看，1999 年阿里巴巴成立，通过 B2B（business to business，企业对企业）切入电商领域，不到半年公司已经能提供来自全球 178 个国家和地区的商业信息。同年年底，当当网成立，开辟网络图书销售平台。2003 年 5 月，阿里旗下的“淘宝网”上线，不久推出了第三方支付工具“支付宝”，当年即完成了 3 400 万元成交额，并渐渐发展成为国内最大的电商网站。与网游一样，电商也是能够直接产生交易和支付行为的业务，因此，电商所涉及的线上选取商品和管理店铺，打造“爆款”和用户忠诚度培养，线下商品库存和配送构成了早期“电商运营”的雏形。数字媒体运营在电商行业中一开始就被赋予职能性，包含了日常经营与销售[①]。

除网游和电商外，其余的互联网产品（门户网站、论坛、搜索引擎、社交工具等）均需要通过“流量”转换形成价值。因此，为了抢占“人口”获得高“流量”，发展出一系列的运营方法和工具。在这些互联网产品中，数字运营主要围绕内容展开。无论是三大门户网站——新浪、搜狐、网易，还是依托传统媒体开办的人民网、新华网、央视网，都是围绕内容原创和整合进行运作的。以新浪为例，其最初只是在 BBS 论坛上简单播报足球甲级联赛的资讯，随着用户对体育比赛内容的关注度不断提高，其开通了体育频道，专门报道各类体育赛事。在报道 2004 年雅典奥运会时，为了让体育报道更专业、体育内容更丰富，新浪体育频道进行了全方位的内容运营：一是组织原创队伍，奔赴奥运赛事现场，直接获得第一手赛事资讯；二是集聚各类专业体育记者和评论员，请他们为体育频道提供稿件；三是与国内有采访报道权的机构合作，整合赛事的文字、图片和视频新闻。及时、快速、准确地提供海量信息成为互联网早期运营的主要业务。

二、用户主导：Web 2.0 时代的数字媒体运营

随着互联网进入 Web 2.0 时代，运营主要围绕用户展开。与此同时，在“获取用户”方面，互联网生态逐渐从“封闭”转为“开放”，腾讯、豆瓣、天涯等诸多社交网络和社交应用都开始构建自己的开放平台或开放接口，允许第三方开

① 陈鄂，金鑫. 新媒体运营[M]. 重庆：西南师范大学出版社，2019：7.

发者自己开发应用并调用基本用户信息。此举对开发者而言，可以让他们获取用户和接触用户的成本更低；对平台方而言，加强了平台内部所提供的服务和内容，巩固了平台生态，渐渐成为一种常见的“获取用户”的思路。

Web 2.0 时代更注重用户的交互作用，其特征是用户创造内容，它标志着互联网的一次理念和思想体系的升级换代，意味着互联网体系转变为自下而上的、由广大用户集体智慧和力量主导的互联网体系。它极大地激发了个人创作和贡献的潜能，使互联网的创造力上升到新的量级①。在 2005~2009 年，有大量的 Web 2.0 型的产品诞生，如优酷、土豆、酷 6 等视频网站，豆瓣、开心网、人人网等 SNS 社区及博客，它们都以用户为主角，让其尽情发挥无处释放的能量和创造力。这一时期开始发生了无数自下而上的网络热点事件，如胡戈恶搞电影《无极》的“一个馒头引发的血案”；借由 BBS 和博客力量，诞生的第一批“网红”芙蓉姐姐、凤姐等，展现了用户不仅在 Web 2.0 时代崛起，而且引领着互联网的发展历程。

普通用户能够与专业机构一起生产、发布内容，这大大丰富了互联网上的信息，随之而来的问题是专业机构应如何留住用户，让其在自己的平台上浏览信息、参与互动。因此，吸引用户、黏住用户进而留住用户，成为这一阶段数字媒体运营的核心。在此期间，腾讯提出“一切以用户价值为依托”，旗下产品设计了多种吸引用户的方式。以腾讯 QQ 为例，其最开始只是个即时聊天工具，功能单一，用户黏性不高；为了留住用户，腾讯不断扩展 QQ 的应用功能：从给在线的朋友发送信息到给不在线的朋友发送信息，从文字交流到表情包、语音交流，从聊天交流到图文传输、远程协助，从单一的即时通信工具到集成电子邮件、新闻发布、游戏等业务，其功能越来越强大②。

三、移动社交：移动互联网时代的全新战场

随着智能手机逐渐普及，移动互联网时代到来。在这一阶段，原有的产业格

---

① 中国互联网协会. 中国 Web2.0 现状与趋势调查报告[R]. 2006-02-23.

② 詹新惠. 网络与新媒体编辑运营实务[M]. 北京：中国传媒大学出版社，2019：20.

局和用户习惯被打破和重构，人们的碎片时间将开始被抢夺和占据，无限可能的机会从此展开。

在移动互联网时代刚刚兴起的时期，一些工具类、游戏类及阅读类的应用等开始大量普及，“流量为王”的现象再一次在移动端出现。各类围绕着移动端的流量截取和分发手段也开始层出不穷，类似移动广告联盟、积分墙、换量等手段在移动端也渐渐普及和火热起来，无数人凭借着移动互联网时代的红利期尝到了甜头。

然而，随着新浪微博的迅速发展，它逐渐成为互联网圈内最令人瞩目的产品。在无数社会、娱乐重大事件中，微博都成为重要舆论阵地，其信息传播发酵的能力，几乎让每一个传统媒体都黯然失色。微博，成为这一时代最大的“流量”和“用户”聚集地。由此，微博给这一阶段的数字媒体运营指明了方向：微博的强互动和传播属性，让它成为诸多产品和品牌用于“维系用户”的一个最佳选择。于是“社会化媒体营销”的职能出现了，并成为这个时代数字媒体运营的代表，也就是我们所称的“移动社交”时代。

四、全面升级：连接一切的数字媒体运营

2013 年之后，互联网用户增速开始明显放缓，致使竞争重点从对“用户量”的追求转向对用户使用和触碰频次更高场景的抢占。与此同时，移动互联网的大范围普及让人们拥有了可以“连接一切”的可能性，即让互联网可以连接到除了信息以外的更多事物，如服务。“互联网+”诞生了，它引动了一波迅猛无比的 O2O（online to offline，线上到线下）创业潮。滴滴出行、美团这样的公司成长起来，成为新的估值百亿美元级别的巨头。

在这一时期，运营与产品之间的关系更加紧密，越来越需要更精密的计算和规划。因而，在“策略”和“节奏操盘”层面，数字媒体运营开始更加精密细致地思考，对数字媒体运营的职能需求在不断地提高与升级。例如，滴滴出行对用户的获取和维系，既使用大量线下的“重动作”与竞争对手间惨烈竞争，也运用大量的线上数据监控和产品形态、产品策略等，如红包派发、派单策略等用户激励措施。

进入智能时代，运营模式变得多维度、多元化，内容市场、用户、平台资本等运营要素既协同合作又相互制约。虽然内容已经进入过剩状态，但高质量的独家、原创内容依然稀缺，围绕内容的运营依然是以内容为主的数字媒体着力的方向；对数字媒体公司而言，为了让用户留在自己的网站上、下载自己的客户端并关注自己的订阅号，依然需要进行用户运营；虽然现在有网站、客户端、浏览器、搜索引擎等多种传播渠道和出口，但抢占有传播力的渠道、有价值的出口依然需要数字媒体公司进行产品运营。单一的运营依然有存在的必要，不过还是需要更多的协同。例如，一篇新闻报道，在内容稀缺时代，只要文章有一点价值，不需要做更多的渠道推送，只需门户网站登载，就能获得相应的访问量和用户反馈。但进入全面升级的时代，一切都被连接起来，我们不仅需要新闻报道有价值，而且要面向用户进行精准推送，要选择合适的渠道和平台进行市场推广，还需要有强力的资本支撑所有的运营。一旦某一要素成为短板，运营就会陷入困境。

第三节　数字媒体运营的战略规划与执行流程

以互联网为依托的数字媒体运营，其所处的媒介环境发生了极大的变化，为了适应这些变化，其必须制定符合时宜的战略规划，并以全新的执行流程完成运营活动中的每一环节。

一、数字媒体运营战略规划

对于数字媒体运营，现在业界有两种认识上的误区。一种认为数字媒体运营就是要运营全部的媒体，只有最广泛地建立、占有各种媒体资源和通道，才有可能实现最终的营销目的。在这种认识之下，一些企业拼命“跑马圈地”，以拥有尽可能多的媒介种类为运营目标，每出现一种新的媒介形态或媒体业态，都要不遗余力地去“抢滩登陆”。另一种则认为任何一家媒体都不具备运营全部媒体的资源和能力，所以数字媒体运营是个伪命题。在这种认识之下，一些人全盘否定数字媒体运营，宣称“全媒体热，是中国传媒界面对新媒体带来的挑战压力与机遇诱惑陷入的一个集体迷思，如果不走出全媒体的集体迷思，中国媒体就有可能在传媒格局大变革中走入歧途，付出不必要乃至惨痛的代价”[①]。在这样一些认识误区下，数字媒体运营更应该理性思考，进行得当的战略规划。

（一）数字媒体运营需要围绕优势资源打造优势平台

在数字媒体时代，数字技术、网络技术和传播技术的融合发展带来内容形式、传输渠道、传播方式的丰富多样和信息生产、消费的爆炸式增长，曾经制约传播活动的资源瓶颈被一一打破。同时，技术的进步突破了各种媒介间的界限，媒介融合已成发展大势，内容、渠道、终端各方的关联度加深，并使相互之间产生了更高的耦合性要求，信息传播的主客体关系发生了颠覆性变化，传者和受者的地位逆转，生产和消费不分彼此，甚至角色互换，在这种情况下，靠控制或者垄断某个环节获得竞争优势的战略不再适用。

同时，由于传播渠道和接收终端的增加和丰富，也由于媒介消费碎片化和随机化特性的固化和凸显，平均每个用户增长对业务增长和收入增长的拉动作用明显钝化，一味地通过细分来满足用户偏好或者瞄准现有市场中不同用户群落提供不同营销组合的市场策略效用锐减，媒体要想保持业务和收入的持续增长，需要面向代表潜在需求的受众整体，通过合并细分市场，整合用户需求和内部资源，打通内部流程，再造组织架构，实施融合业务，最大限度地提升自己的核心能力。因此这就要求数字媒体打破以媒介或者部门为区隔、相互独立、各自为战、资源利用率低的运营惯例，建设以资源利用最优化、整体绩效最大化为目标，以业务流程为中轴，以用户为核心，以市场为导向的一体化运营平台，并在同一平台上设置多种出口，提供多种业务。在开展数字媒体运营时一定要根据所处的传媒市场的实际情况，围绕自身优势资源利用好优势平台。只有这样，才能在竞争中站稳脚跟，实现既有质量又有效益的可持续发展。

（二）数字媒体运营需要不断提升服务质量以吸引用户

在数字媒体的运营模式下，前端生产链条融合，后端传播链条分化，海量

① 唐润华，陈国权. 走出“全媒体”的集体迷思[J]. 新闻记者，2011,（4）：54-58.

媒体产品汇流成一个大市场，再分流给多种终端，由用户自己进行个性化配置。“内容为王”的一家独大，变成了内容、渠道和服务的三足鼎立，数字媒体产品和服务的市场价值能否得到实现更大程度上取决于用户，而不是取决于生产者。谁掌握了用户这个稀缺资源，谁就掌握了主动权。因此，数字媒体运营的核心是争取用户，数字媒体运营商要想取得成功，必须深度挖掘用户价值，千方百计黏住用户。

数字媒体运营商要通过整合业务与服务，从远离用户的高高在上的社会守护者变为以货真价实的产品和服务拥有用户的社会服务者；要通过增值业务的发展带动品牌延伸和衍生产品的发展，为用户提供更多超值的增值服务和消费回报，增强媒体黏着度；要通过用户资源、服务资源的共享共用、互联互通来连接多元化的利益群体，锁定更多的用户群落。例如，运营商在提供内容产品的同时，可以将不同的资源（如金融、理财、房车、电商、餐饮、休闲玩乐等）整合集成在一起，为用户提供特定生活项目的综合解决方案，并努力成为他们生活的伙伴和助手，使用户对媒介产品的单一依赖转变为一种对生活方式和社会身份认知的依赖，从而不断增强数字媒体的核心价值，让数字媒体的消费者实实在在地感受到自己是“用户”而不是“受众”。同时，数字媒体运营商要像一名真正的服务业者那样为用户提供端到端的质量保证和后期维护[①]。

二、数字媒体运营执行流程

传统媒体的运营流程是简单的B2C（business to customer，企业对消费者）模式，即以媒体为核心，生产内容面向消费者进行传播，最多在此过程中，加入广告主的角色，将广告信息通过媒体直接传递或者将广告信息加入内容中间接传递。

但如果我们只是觉得是表面的流程产生了变化，那么对整个新媒体意义的理解还是不够深入，我们更应该透过这些表象，看到数字媒体运营构架流程上更加根本的变化。

① 柳秋华，周艳霞. 数字媒体导论[M]. 北京：北京邮电大学出版社，2015：76.

（一）聚合分发取代垄断生产模式

内容是媒体运营过程中的核心要素，因此媒体运营过程中的一大要点就是如何把内容发布出去。传统媒体时代，内容的生产加工是垄断的，在整个媒体运营流程中，其他环节的人员虽然对内容有影响，如媒体应该制作消费者喜欢的内容，但无论是消费者还是广告主，对内容的话语权其实都只有影响力而没有决策力。

而在数字媒体时代，我们会发现，内容的经营此时已经完全变化。简单来说，就是聚合分发取代垄断生产。具体来说，我们可以感受到从以前媒体发布内容变为平台聚合内容，传统媒体在新媒体的冲击下早已岌岌可危，在这样的情况下，传统媒体与数字媒体之间形成合作的关系，将自己发布的内容通过约定的方式分发到各个平台，再由平台聚合这些内容。传统媒体依然在发布内容，只是因为传统媒体本身的影响力下降，越来越少的消费者关注发布的内容。所以，媒体会把内容分发给平台，平台对内容进行聚合，然后推送给消费者。而在之后，用户就从选择媒体变为了选择平台。

（二）程序化购买开始取代传统代理经营模式

在媒体运营过程中，营收模式是非常重要的一个环节。传统媒体时代，如央视和县级两种电视台，因为其收视用户、经营方法、节目制作等诸多不同，所以这两种媒体有着完全不同的营收。也就是说，传统媒体产生大量的内容，用内容吸引用户，用户带来了广告价值。因为其版面或者时长的限制，在产生广告价值过程中，只需要采用简单的代理机制，按照版面或者时长来进行广告的销售。

而在数字媒体的运营过程中，突破了版面和时长的限制，突破了媒体平台的限制，突破了内容产生源头的限制。这三个层面的突破是数字媒体运营发展的必然，也是聚合分发时代的必然，所以产生了以程序化购买为核心的新的媒体经营模式。从概念而言，程序化购买是一个从技术和数据取代人工，从多维多逻辑策略取代单维，从聚合多媒体取代单一媒体的大趋势。整体而言，程序化购买取代传统代理经营，在媒体运营的执行流程上，不仅提升了整个媒体运营的效率和价值，还能更好地达到传播效果。

第四节　数字媒体运营的工作模块

数字媒体运营一般包括用户运营、产品运营、内容运营和活动运营四大经典模块和以此衍生的五类延伸模块。在实际的运营工作中，几大模块之间往往没有清晰的边界，各项工作会有交叉。

一、四大经典模块

经典的数字媒体运营分为用户运营、产品运营、内容运营、活动运营四大模块，每个模块在数字媒体运营中发挥着不同的作用。

（一）用户运营——数字媒体运营的核心

用户运营是数字媒体运营的核心，运营的中心是用户，建立清晰的用户画像是所有运营工作的前提，所有的工作都要围绕用户展开。

在国内的互联网从业人员对用户运营基本逻辑的划分中，主要是对用户获取、用户留存、用户活跃、用户转化和用户回流这几个核心环节的不同组合。其中一种观点认为用户运营主要包括拉新、促活、留存和营收。其中，拉新指的是提升产品或服务的新用户数，该观点将促进用户活跃跟用户继续留存视为一体，因其所使用的策略高度重合。营收指的是当用户积累到一定的数量级后通过广告、电商或增值服务来转化为现金收益[①]；还有一种观点则认为唤回流失用户也是用户运营的核心环节，而针对用户角度的营收主要依靠将其转化为付费用户。综上所述，将用户运营的基本逻辑分为用户获取、用户留存、用户活跃、用户转化和用户回流五个关键环节更为科学。数字媒体产品的用户运营，一定要根据产品或者项目所处的生命周期来对症下药。对早期项目而言，用户运营核心目标是发掘种子用户，并根据这批种子用户的使用体验改进产品的功能和体验；对中期项目而言，

① 韩叙．做运营这么久，你有没有想过运营的价值是什么[EB/OL]. https://www.36kr.com/p/1721111953409，2016-06-20.

用户运营的核心在于进行弱关系用户的挖掘和聚集，塑造产品品牌；对中后期项目而言，产品用户已经爆发式增长，这时需要实现对所有目标群体的全覆盖，以高举高打、高效快速、以钱换钱的用户运营策略，争取大规模转化用户为忠诚用户或付费用户。

（二）产品运营——数字媒体运营的根基

产品的好与坏，不是开发者、设计者说了算，真正有权利评价产品的是用户。传统的经济关系里只有两个概念，一个是商家，一个是客户。客户是谁？谁买了我的东西，谁向我付钱，谁就是我的客户。但在互联网时代，用户是使用你产品和服务的人，他们未必向你付费。你把东西卖出去或者送出去，用户才刚刚开始跟你打交道。好的数字产品有两个基本特性：第一，它要能在一个点上打动用户；第二，它一定是在持续改进、持续经营的。数字产品的本质就是服务，为用户服务，这也是互联网思维中很重要的一部分。从用户角度来看，能解决问题的产品才是好产品；能方便、快速地解决问题的产品，那就是一流的产品。

互联网是一个更新迭代速度非常快的地方，速度是最重要的。我们应当追求“小、快、美”，通过快速迭代的方式，追求产品的极致。当做一款新的数字产品，或者开发一个新的领域时，首先要问自己有没有找到用户的那个需求点，这个产品对用户是“可以有”，还是“必须有”。这就是弱需求和强需求。所以，在互联网时代，数字产品制胜的关键是“产品为王、用户至上”。

产品运营的关键点是类型分析与周期判断。一方面，产品运营负责人需要准确识别产品的类型，针对不同的产品采用差异化的运营模式；另一方面，产品运营负责人必须清晰地判断出产品的生命周期，根据生命周期及时调整运营策略。

（三）内容运营——数字媒体运营的纽带

在互联网中，我们一般说内容运营是一种运营手段，也是一种职能分工。主要指通过原创、编辑、组织等手段，呈现产品内容，从而提高互联网产品的价值，让用户对产品产生一定的黏性。内容运营需要重点关注传播模式设计，包括内容定位、设计与传播，找到差异化的内容定位、创作走心的内容形式、辅之以较好的内容传播，从而触达更多用户。

内容运营最重要的作用，是满足用户的内容消费需求。我们可将内容需求细分为四类：一是获取资讯，如网易新闻、今日头条；二是打发时间，如糗事百科、微博；三是深度阅读，如知乎、好奇心日报；四是消费决策，如小红书。除此之外，内容运营还能起传递产品的定位和调性的作用，也就是通过内容的手段，使用户对产品产生某种感知，形成特定印象。如果把产品当作一个人来看，产品调性就等同于人的性格。用户对产品的直观印象，除了 UI（user interface，用户界面）之外，内容发挥着很大的作用，如一句标题、一段文案、一张焦点图。

（四）活动运营——数字媒体运营的手段

活动运营是运营中重要的一环，如果产品是根本，内容是基础的话，那么活动就是与内容、渠道、推广、数据交织在一起，在运营中通常起到爆发式的作用；当然活动也有自己的节点，需要把握好节奏，带动用户。活动运营包括了活动公司针对不同活动、不同性质的活动进行运营，包含活动策划、活动实施、活动执行跟踪、分析评估活动效果等步骤。

活动运营关键点是跨界与整合，可以与其他行业的公司举办联合活动，同时整合各方面传播资源，以确保活动效果。要做好活动运营，需要做好前期准备、中期策划、后期执行的每一环节。例如，在前期准备中，首先就要明确活动目的，然后梳理活动目标用户，因为没有一个活动能吸引所有人的关注，只有确定目标用户后才能确定影响他们的策略，毕竟众口难调，确定了目标用户才能精准地施加影响，还需要了解用户倾向等基本情况，了解用户基本行为是最重要的，只有了解了用户偏好和特征才能定制用户喜闻乐见的活动方案。

二、衍生模块

在企业新媒体运营的实际应用中，四大经典模块会进行重新组合，衍生出五大模块（表 1-1）。而对这五大模块的理解，可以将四大模块的思维方式与执行技巧结合加以理解[①]。

表 1-1 四大经典模块及衍生模块

衍生模块	用户运营	产品运营	内容运营	活动运营
社群运营	√			√
网站运营	√	√	√	
流量运营			√	√
平台运营			√	
店铺运营	√	√	√	√

社群运营是最直接了解到用户需求的方式，与用户良好互动，可以促进用户二次消费或者转介绍，相对其他运营形式转化效果更快一些，因此一些数字媒体企业把社群运营放在十分重要的位置。

网站运营相比其他运营模式来说并不容易，如每日原创内容的编辑更新、网站模块的调整、版面的优化、页面的设计等一系列比较烦琐的工作。

流量运营另一种说法叫推广运营，主要工作目标便是提升微信文章阅读量、微博粉丝数及曝光率，也包含官网的浏览量、访问量等。

平台运营的工作是非常具有针对性的，如今日头条、百家号、搜狐号、网易号等，这些平台的账号注册、维护、文章编辑、图集上传等定期更新的工作，我们都可以称之为平台运营。通过这些工作内容我们也能看出来，它和内容运营很像，所以从某些方面上来说它是内容运营衍生出来的一个模块。

店铺并不是所有企业都有，店铺运营主要是指天猫、京东、淘宝、微店这样的网店运营，需要运营人对店铺销售的产品不断地进行优化更新达到提升销量的目的，同时也需要对店铺的装修、推广文案进行相关设计，并在节假日推出各种活动，促销量。

① 勾俊伟. 新媒体运营：产品运营+内容运营+用户运营+活动运营[M]. 北京：人民邮电出版社，2018：14.

第五节 数字媒体运营与传统媒体运营的思维差异

数字媒体运营不管是从战略规划、执行流程还是模块划分等方面都与传统媒体运营有很大的不同，这些变化肯定是由不同的媒体运营特点决定的。但如果笼统地这么说，我们还是无法厘清这二者的核心差别及形成差别的原因。要想更加深入地剖析，就需要了解两者的思维差异。

一、用户思维

用户是一切经营的原点，离开了用户，企业就不复存在。在互联网时代，谁能够真正了解用户的需求，谁就掌握了主动。一切以用户为中心，把握用户的参与感，随时感知用户的爆点，是数字媒体运营者必须拥有的用户思维。不少传统企业适应不了时代的变化，最终只能被淘汰出局，同时这也意味着一些企业在新的时代背景下应运而生，如电子商务领域的天猫、京东、唯品会，物流领域的顺丰速运、菜鸟物流等。归根结底，这些企业的竞争不是同行之间的竞争，而是旧时代与新时代的竞争，既然世界已经变了，企业为了跟上时代的步伐，就要寻找新的发展方式，就要拥有用户思维。

用户思维的实质究竟是什么？首先，用户思维有明确的受众群概念。这里的受众群和传统媒体的受众群的概念有很大的区别，以往是自然人群的观念，如今则是伴随着媒介产品产生的分化群体。例如，过去我们说《人民日报》的读者群体以干部为主，这种群体划分是典型的社会学分割，有社会群体的差异。现在的受众群体，则是围绕产品的使用而形成的[①]。

其次，用户思维注重“用户体验”。作为用户的受众在当下的媒体传播环境下拥有主动权，这就意味着媒体必须在复杂的竞争环境下去争取用户。争取用户的关键就是提升媒体的用户体验。用户体验，指的是用户使用产品过程中建立起

---

① 刘宏，狄萌. 如何认识用户及用户思维[J]. 青年记者，2014，（25）：9-10.

来的主观感受。随着“互联网+”成为一种常态，提升用户体验的理念也逐渐成为媒体发展的一个重要问题[①]。

二、数据思维

数据是一种客观存在，是通过观察、实验和计算得出的数值结果，并随着社会的发展而不断扩大和变化。我们强调数据思维，实际上就是强调在数字媒体时代运用数据在运营过程中做决策的思维习惯。具备数据思维，才能使数据在产品设计和用户体验等多种元素上更为精准，因为无论是精准营销还是目标定位都需要大量数据的收集和分析。特别是在现在的移动互联网时代，数据不再是仅仅限于字面上的数字，图片和视频都是数据，我们开车或者骑行中的轨迹也是数据，甚至身体的健康状态信息等也都属于数据的范畴。

这个时代是互联网飞速发展的时代，任何一个技术都是为了达到某种目的而出现的，而大数据从本质上来说就是为了利用数据思维做决定才存在的。大数据为企业的决策提供精准的依据，如市场方针制定、精准营销目标群体、营销数据等方面。大数据的存在不仅在为企业提供数据支撑，也为用户提供更为便捷的信息和数据服务，而从用户搜索的这些信息中，企业才能挖掘出更多的潜在用户。大数据体现的就是数据量大而繁杂，我们需要通过对数据关系的深度挖掘和分析，才能将大数据进行更好的利用。

“大数据”已经逐渐成为决定数字媒体产品能否赢利的主要因素。因此，很多互联网企业开始打造自己核心产品的衍生品。这些互联网企业以提供非常便捷的方式让用户将自己喜欢的商品关联到企业平台网站上。当有用户登录企业网站时，呈现在用户眼前的就是经过众多用户筛选过的具有高质量，并且经过严格分类的产品。用户喜欢这样的方式，因为这让他们节省了在众多产品中筛选的时间，并且引起了他们的购买乐趣。

---

① 温世君. 拥抱“互联网+”的基础是用户思维——受众角色的重构与媒体转型[J]. 电视技术，2015，39（16）：126–133.

三、技术驱动

数字媒体初始阶段的互联网网站都是以技术为驱动力的。当时的创始人大多数都是计算机程序和通信方面的人才和爱好者，互联网商业的开始也是在技术平台已经搭建好的基础上才开始由技术领域向商业领域发展。如今身处网络经济大潮中的互联网媒体，顺应的是商业化的运作规则和市场竞争，需要依靠某项独特的核心资源或者技术建立战略优势，牢固树立自己的核心竞争力。

互联网技术的产生和发展不但改变了传播形态，带来了新的传播形式，而且也从根本上改变了互联网中媒体的活动形式。技术的变化影响着产业结构的演进，也在改变着媒体所包含的价值活动之间的联系。互联网媒体的价值链中，技术模块是其运作的支撑，在推动价值活动重新分解和重组的过程中发挥着巨大的驱动作用。

技术对于传输渠道和呈现方式的影响是所有价值活动中最为显著的。互联网技术发展至今通过其全新的传播方式对传统的物理渠道进行了最大限度的颠覆和贬值。现在网络上的任何一个用户都可以拥有自己的空间主页，可以在上面发表博客、视频、图片等，并可以利用标签将其分类汇聚，创造内容的同时可以按照自己的想法对其进行整理归纳。在技术的驱动下，互联网媒体在“怎样让用户获取信息”和“以什么样的方式呈现出来”这两方面也存在着差异，除了内容的生产力之外，技术的发展使互联网媒体的渠道控制力和内容的表现力都成为媒介构建成功的商业模式、成功赢利的关键因素。

四、迭代思维

迭代最初是源于数学领域的一个专有名词，是数学中的一种算法，是指将初始值经过相应公式进行计算后得到新的值，并通过相同方法对新的值进行计算，经过几次反复计算得到最终结果的一种方法。任何事物经过几次迭代之后都会蜕变成新的事物，这一方法在移动互联网时代被称为迭代思维。具体到移动互联网的操作上，以 App 开发为例，团队成员在最短的时间内上线 App 的第一版，通过用户的反馈再以最短的时间进行再次开发升级，并迅速推出新的版本供用户使用，然后再收集用户的反馈进行再开发。发布、反馈、再发布、再反馈，这样的一个过程就是一次迭代，经过几次迭代之后，App 就能达到相对完美的状态。

迭代思维的核心是在最短的时间内要将产品推出，之所以要运用迭代思维，就是要通过“快”来解决问题，“快”是迭代思维的根基。其次是通过最小的成本来推出产品的思维。在移动互联网时代，每一个产品的第一版都是简单的，存在重大缺陷的，一方面是因为大家都在争分夺秒地推出产品，谁先成功地推出产品谁就有更大的机会成为这一领域的老大；另一方面是因为只通过最主要功能的打造，可以极大地降低成本和风险，在人力、物力、财力上是一种极大的节约①。

尽管迭代思维是通过不断试错来完善产品，但是互联网产品的迭代同样是以用户为中心，在用户体验与需求的精准定位下进行的。任何脱离了以用户为中心进行的试错或迭代，都会减弱互联网产品的用户黏度。长期地脱离以用户为中心的迭代，甚至会使互联网产品失去用户与市场。互联网产品的竞争是异常激烈的，它在允许试错式发展的同时，也要求时刻把握住产品发展的核心，以用户为中心进行精准定位式迭代更新②。

---

① 李光斗. 移动互联网时代的迭代思维[J]. 福建质量管理，2014，（7）：52-53.

② 卫炳麟，曹鸣. 迭代思维在产品设计中的转化应用研究[J]. 包装工程，2017，38（12）：155-158.

第二章　数字媒体产品运营

从 1994 年我国全功能接入国际互联网至今，我国数字媒体产品发展经历了由简单到复杂、由单一功能到几乎全能、由蓝海市场到红海市场的过程，互联网技术尤其是移动互联网的爆发式发展促成了数字媒体产品的极大丰富。一款数字媒体产品的诞生包含需求收集、概念确定、产品设计、产品上线与推广等关键环节，通过持续的需求挖掘、产品优化与运营促进，产品运营有效实现了用户和产品价值的最大化。

第一节　数字媒体产品运营概述

数字媒体产品是在互联网领域中开发用于经营的商品，是满足互联网用户需求和欲望的无形载体①。截至 2021 年 6 月，我国网站数量为 422 万个，我国国内市场上监测到的 App 数量为 302 万款②，层出不穷的互联网新产品、新模式给产品运营工作带来持续挑战，运营者需要全面把握产品运营的概念与内涵，掌握不同场景下产品运营的共性思路。

---

① 李五四，刘超. 互联网产品的市场开发研究[J]. 经济研究导刊，2013，(27)：120-121.

② 中国互联网络信息中心. 第 48 次《中国互联网络发展状况统计报告》[EB/OL]. http://www.cnnic.net.cn/hlwfzyj/hlwxzbg/hlwtjbg/202109/t20210915_71543.htm，2021-09-15.

一、产品运营的概念

产品运营是以数字媒体产品为根基展开的运营行为。通过产品用户需求收集、产品运营策略设计、产品运营数据分析等环节，产品运营持续连接用户与产品，促进产品关键指标的提升，实现用户体验的优化与产品价值最大化。

通常意义上的产品运营的对象是独立开发的网站或软件，如电脑网站、电脑客户端、手机软件等。在某些语境下，我们也会将依托平台发布的次级产品形式纳入其中，如微信公众平台上的一个公众号、淘宝平台上的一家店铺、网易云课堂平台上的一门课程等。无论产品的用户属性、用户规模、用户场景如何，它们都需要以用户需求为导向进行产品设计、开发、运营，背后都贯穿着产品运营持续提升产品价值的不懈努力。

产品运营贯穿一款互联网产品生命周期的始末，它不仅包括互联网产品上线之后的运营手段，也包括互联网产品上线之前的研发决策与设计。回顾中国互联网二十余年风云变幻，革命性的数字技术和替代性的竞争产品随时有可能出现，正是通过以用户需求为导向的运营促进和产品迭代，数字媒体产品得以“转起来”“持续转”“转得快”，企业得以在风波诡谲的市场竞争中保持相对优势。

值得指出的是，网络购物、移动支付、网约车、外卖、慕课……今天，你我的生活已然全面走向数字化、智能化，这主要是“互联网+”在消费端、在第三产业领域的生动应用。站在历史和时代发展的潮头，我们已然看到数字经济的主战场正在从上半场的消费互联网，转向下半场的产业互联网，未来必将诞生更多面向产业互联网和企业级用户需求的超级数字产品，产品运营也必然随之呈现出截然不同的全新面貌。

二、产品运营的职责界定

在实践层面，不同类型的企业对产品运营的岗位需求存在差异，这常导致产品运营与数字媒体运营其他模块划分含混不清。一般而言，产品运营的工作职责可以从狭义、广义的视角来界定。

（一）狭义的产品运营职责

狭义的产品运营是连接用户与产品的桥梁，主要的工作价值为“产品优化”。产品经理负责创造有价值的产品，产品运营则通过收集用户反馈提炼产品需求，协助产品经理不断打磨产品，提供更好的用户体验，其工作职责相当于半个产品经理。狭义的产品运营多存在于体系较为成熟的互联网公司，产品运营与其他运营工作虽有交叉，但大体上相互独立，各司其职。

在互联网人才招聘网站拉勾网上刊登了某知名互联网公司的招聘产品运营人员的需求，该公司产品运营工作主要围绕产品优化与数据运营展开。

（1）承担产品设计与运营的桥梁，负责收集和整理运营团队对产品的需求；

（2）收集 B/C 两端用户使用产品过程中的问题及反馈，对运营数据进行统计与分析，形成对产品运营和设计有价值的策略；

（3）基于对用户和产品的了解，提出运营的方案，并与产品经理、技术工程师进行沟通确认需求，跟进执行，保证结果产出；

（4）定期收集和分析运营数据，为产品和运营策略制定提供有效的数据支持，并根据数据提出有效的应对策略和产品需求分析；

（5）通过产品运营策略带动产品核心指标的提升，优化 B/C 两端用户体验。

（二）广义的产品运营职责

广义的产品运营则基本等同于“运营”，涵盖范围很广。许多中小企业及初创团队的产品运营可能身兼数职，既要跟进产品优化，还要策划活动、推送内容，对用户增长和留存负责。这也是为什么许多运营者自己也说不清楚自己的工作范畴，自嘲“打杂的，什么都做”。在这一语境下，产品运营包含了用户运营、内容运营、活动运营的岗位职责，因此被界定为“从内容建设、用户维护、活动策划三个层面来连接用户和产品，并产生产品价值和商业价值的新媒体手段”①。

从这个意义上来说，产品运营也就拥有了较为丰富多变的职业成长路径。一方面，产品运营可以利用自己对产品、用户的深度理解向产品经理转型，成长为

---

① 勾俊伟. 新媒体运营：产品运营+内容运营+用户运营+活动运营[M]. 北京：人民邮电出版社，2018：69.

一款互联网产品的真正设计者和负责人。另一方面，产品运营可以在日常策略制定、策略执行、数据反馈、运营优化的工作基础上，挖掘自身在用户运营、内容运营、活动运营某一领域的优势与特长，成为具备长线运营方案规划、复杂运营项目操盘能力的高阶运营人才。

三、产品运营的关键原则

一款产品，因其产品类型、业务场景、用户规模等维度差异，如面向社交还是电商场景，面向企业级用户还是大众级用户，运营手段可能千差万别。且伴随着数字媒体产品的成长与转型，产品属性还可能发生较大变化。例如，Keep是一款具有社交属性的移动健身工具，上线初期主打“移动健身教练”的工具型定位，随着产品逐渐向融合社区、电商的综合型运动平台转型，运营策略也应当随之变化。面对复杂多变的工作需求，产品运营往往难以寻求标准答案，而应当根据实际情况灵活应变。运营者要时刻牢记“以用户为中心”的核心原则，根据产品实际情况灵活设计运营策略，调整运营重心。其中，做好产品分型与周期判断是产品运营成效的关键。

（一）具备用户思维，明确运营宗旨

互联网时代，“受众”从被动的接受者已经转变为主动的生产者和传播者，平等、扁平和去中心化的互联网特质，也使“大众传播”市场开始向“小众传播”转变，“用户思维”正是互联网传播生态的核心。用户思维贯穿于数字媒体产品与服务的设计、开发、运营全过程。以用户思维指导产品运营，要将“做什么产品”转变为“用户需要什么产品”，把握“用户为中心”这一根本原则，使产品优化、内容生产、活动策划、用户互动等运营场景切实符合用户需求，真正做到急用户所急、想用户所想、被用户所需。

（二）识别产品类型，匹配运营策略

数字媒体产品类型丰富多样。按照运行平台，可以分为电脑端产品、移动端产品、其他智能设备端产品；按照产品属性，可以分为工具产品、内容产品、社

交产品、社区产品等[①]；按照涉及行业，可以分为电商产品、游戏产品、教育产品、金融产品、医疗产品等；按照用户类型，又可以分为 To B、To C、To P[②]产品等。这要求产品运营能交叉识别产品归属，针对产品核心特征与用户属性采取相应的运营策略。这一原则的应用将在第二节中具体阐述。

（三）判断所处阶段，调整运营重心

产品生命周期（product life cycle）是产品在市场运动中的经济寿命，即一个产品从投入市场到最终被市场淘汰的时间过程。在产品生命周期的不同阶段，产品会呈现出不同的市场特征及产品状况。产品运营也常借助这一动态发展的视角来审视产品，以各阶段的特征为基点来制定和实施相应的运营策略，这一原则的应用将在第三节中具体阐述。

第二节　不同类型产品的运营策略

数字媒体产品运营，首先需要识别产品类型并匹配运营策略。从实际应用的角度出发，数字媒体产品可分为平台型、入驻型、独立型产品等多种类型。其中，平台型产品常体现为多种产品形态的复合，涉及业务场景繁多，运营者往往只对某业务分支下的具体模块负责。入驻型产品和独立型产品的运营则相对完整，运营者能够全面涉及产品运营的方方面面。

一、平台型产品运营

平台型产品主要指的是本身不销售产品，依托平台生态系统连接用户及产品提供者的网站或软件。平台的目标是“匹配用户，通过商品、服务或社会货币的

① 黄有璨. 运营之光 2.0：我的互联网运营方法论与自白[M]. 北京：电子工业出版社，2017：315.
② 指的是面向企业用户（business）、个人客户（customer）、政府客户（government）的不同产品。

交换为所有参与者创造价值”[①]。常见的平台型产品有淘宝、微信、喜马拉雅 FM、网易云课堂等。

技术驱动的互联网平台是双边市场中的连接者、匹配者和市场设计者，具备一定的演进能力是平台型产品的重要特征。早期的平台型产品常体现为对接双边用户的“链式结构”，如招聘平台对接的是企业和求职者，电商平台连接的是买方和卖方。供需双方借助平台完成信息交换、需求匹配、资金收付、货物交收等经济活动。伴随着平台功能的不断丰富，当多个具有相关性的价值链条依托平台之间发生频繁、紧密联系时，平台型产品也成长为多群体共享的商业生态网络。从这一视角来看，产品运营应当注意把握平台型产品的成长性，根据阶段重点调整运营策略。

（一）平台流量引入期

平台的价值在于连接，而连接的基础是人气。一个基础的平台型产品至少包含两类用户——供给方与需求方，供需双方是同等重要、互相依存牵制的市场。由于供需双方在产品需求、业务流程、运营手段方面差异较大，双边同时推进存在难度。所以，绝大部分平台型产品在上线初期都难免面临“先有鸡还是先有蛋”的困境。根据对现有资源与供需关系的判断，产品运营者需要注重流量引入的先后策略，先设法引入关键性的一方（多为供给方），随后拉动另一方用户加入。滴滴打车 App 在早期推广时就采取了这一策略，即首先在机场、火车站、货运站等出租车司机的聚焦点展开地推鏖战，利用高额补贴让更多司机尝试用滴滴接单，保证平台有车可派。当平台的司机用户量积累到一定程度后，推出针对广大乘客的红包补贴活动，让司机有单可接，进而实现平台双边流量的增长与平衡。

这一时期，为了能够尽快发挥平台的规模效应，企业会投入大量的资金、资源，借助大规模广告投放、用户补贴活动、平台联合活动等手段打响品牌，吸引目标用户主动加入。产品运营可利用免费体验、无条件赔付、展示成功案例等方

---

① 帕克 G G，范・埃尔斯泰恩 M W，邱达利 S P. 平台革命：改变世界的商业模式[M]. 志鹏译. 北京：机械工业出版社，2017：14.

式打消用户疑虑，及时完善用户引导界面、简化用户注册路径、优化产品核心功能，提升用户在整个平台内的使用体验，打造良好的产品口碑。

近年来，央视新闻聚焦视频化、平台化、社交化的趋势，推出了以短视频和移动直播为主打形态的平台型产品——央视新闻移动网，它不仅向机构内创作者开放，还面向全社会聚合优质内容。经过两年运营，央视新闻移动网积累了 1 700 万个用户、700 多家矩阵号合作伙伴，总发稿量超过 50 万条，其中高质量新闻事件类移动直播 12 000 多场。从传播者为中心转变到以用户为中心，央视新闻建立起一个基于互联网，与用户广泛连接的新型平台。2019 年 2 月 19 日，中央广播电视总台在央视新闻移动网基础上，上线“全国智慧县级融媒体平台”，利用总台在媒体传播方面的理念、技术、经验和能力，助力各地县级融媒体中心建设，进一步提升县级融媒体的综合影响力和平台渗透力。短短 3 个月内，平台吸引了近 400 家县级融媒体入驻①。

（二）平台价值凸显期

平台具有自我强化的正反馈和自生长机制。一旦超过某个临界点，平台的用户数、交易额将如滚雪球般持续增长，出现强者愈强的局面。平台越大，对平台的效率、公平、规范的要求就越高。因此，本阶段平台型产品运营的主要工作是为平台用户提供工具和制定规则。产品运营要善于从用户反馈与运营数据中找到产品的优化方向，协助产品经理完成产品迭代与开发工作，使平台产品能高效地完成双边市场需求的精准匹配，提供难忘的用户体验。例如，滴滴产品团队在这个阶段开始注重产品功能完善和用户体验的优化，丰富支付方式、提高产品性能、通过底层算法优化司机接单。

随着入驻量和交易量的加速膨胀，各类知识产权纠纷、商品交易纠纷、隐私泄露纠纷、金融和投资纠纷等接连出现，平台为了保证交易的顺利进行，自发性进行平台规则体系的创建与实施，并通过强有力的技术手段来确保规则的执行。例如，拼多多利用大数据风控系统与人工巡检展开平台规范治理工作，2018 年全年共关

① 闫敏，单丹丹. 看一群“90 后”如何运营主流媒体平台型产品——解析央视新闻移动网运营两年的新闻实践与创新[J]. 中国记者，2019，（6）：11-13.

闭超过6万家违规店铺，下架近4 500万件违规商品。《拼多多商家信用管理规则》也于2019年1月1日生效，对平台商家的经营行为进行了全面规范。

（三）平台生态形成期

依托平台型产品，企业搭建起以自身为核心的开放式生态圈，企业内外部相关角色，如资本、供应商、合作企业、用户等，在满足准入条件时均可加入，实现价值共赢与协作共创。由于网络效应的存在，平台能够吸引越来越多的消费者和服务提供者，即使平台最初的体量弱于竞争对手，它也能够随着时间的积累而完全占领市场①，成长为容纳数十亿个用户群体的超级网络平台与生态空间。这一阶段，平台产品的运营重点是肩负起生态竞争的领导者责任，聚焦于生态系统参与者的共同利益，协调解决生态系统内的各类问题、积极拓展跨领域合作，打造开放、协同、繁荣的平台生态系统。

当前，我们正毫无疑义地进入互联网平台为主的产业重构时代。平台模式依托繁荣的生态系统、开放的基础设施、数据化的生产要素和低成本高效率的信息流动，支撑了大规模协作的形成，正在成为推动中国经济发展的新动能。随着政府监管功能的完善和市场组织的发展，目前平台依靠特殊市场权力和技术权力形成的占据支配地位的局面可能会被打破，最终形成一个相互制衡、相互作用的主体关系结构，平台协同而非主导的治理模式将会是未来的发展方向②。

二、入驻型产品运营

入驻产品是依附于平台产品而产生的次级形式，是企业或个人通过在平台注册账号，按照平台规则将产品、服务上传至平台的产物。常见的入驻型产品有入驻电子商务平台的商铺、入驻内容平台的机构账号、入驻游戏平台的游戏等。

正如资源依赖理论所言，资源充沛者扮演引领的角色，资源匮乏者扮演倚靠、跟随的角色，入驻型产品共享平台的流量基础、技术支持和平台服务，入驻型产

---

①北京大学国家发展研究院. 薛兆丰：网络平台治理的“三律”[EB/OL]. http://www.bimba.pku.edu.cn/dpsbs/xzsq/dsgd/442561.htm，2019-04-04.

②孟凡新，涂圣伟. 技术赋权、平台主导与网上交易市场协同治理新模式[J]. 经济社会体制比较，2017，(5)：43-51.

品运营效果更多地取决于对平台规则与资源的利用水平。若能够紧跟平台发展进行提前布局，把握平台红利期机遇，企业就能收到事半功倍的运营效果。例如，从淘宝启动直播项目起，淘宝就为主播提供了大量的免费流量倾斜和运营支持，先后提出启明星、百千亿、亿百亿和村播“四大计划”。2019 年，淘宝商家直播大爆发，商家自播的场次占比 90%，成为淘宝直播最大的基石。抓住了这一机遇的品牌商家超过 50%通过直播获得增长，“双十一”期间通过直播带来的成交近 200 亿元①。

（一）重视平台流量与排名优化

平台流量是被集体所共有的公域流量，入驻型产品可以通过参加平台活动、SEO、付费推广等方式，将平台流量有效地引导至自有品页面，支撑起销售和盈利数据。以淘宝为例，关键词权重、单品权重、店铺权重，以及人群标签等因素都会影响淘宝主搜排名，运营者就可以按照因素拆解的方式逐个击破，从关键词、主图、卖家服务评级系统（detail seller rating，DSR）动态评分、宝贝人气等方面进行动态优化，提升自然搜索流量；运营者还可以开通直通车、钻石展位和淘宝客等付费推广渠道，快速导入流量引导成交。

（二）重视平台同行的合作交流

一个运转健康的网络平台拥有相对公正透明的竞争环境。同类入驻产品在同一环境下按照公开的规则展开运营，运营效果的差异直接反映出运营水平的高低。产品运营可以借助内部排名、用户评价、销量数据排名等手段迅速找到对标产品，以坦诚、开放的心态加入同行交流论坛或社群，借助同业态的集体智慧快速提升自己的运营水平，促进行业的健康发展。

值得注意的是，入驻型产品在仰仗平台母体的同时也容易埋下隐患，制约自身的进一步发展。例如，平台合规规则约束较大，不可控因素较多，多平台政策或规则变化的干扰比较大；伴随着入驻平台的卖家剧烈涌入，流量获取的门槛和价格也越来越高，在头部把持的状况下可能出现流量分配的马太效应，对个体不

① 淘榜单：2020 年商家直播白皮书[EB/OL]. http://www.199it.com/archives/1002253.html，2020-05-06.

利。同时价格战和同质化现象严重也会造成利润的下滑。在这样的背景下，许多在平台扶持下脱颖而出的个人 IP 和企业日益重视多平台渠道布局，避免对单一渠道过于依赖造成运营风险。具有相当品牌运营能力的传统企业和互联网品牌已经通过自建官网、电商平台、App、小程序等方式建立自己的业务生态闭环，增加用户黏性。

三、独立型产品运营

独立型产品是独立开发且满足某项独立功能的产品，如钉钉、Wi-Fi-万能钥匙、王者荣耀手游等。区别于入驻型产品，独立型产品可以直接对接终端用户，且用户数据、会员数据、商品数据的归属权在企业自己，自主运营性强，是企业创造价值、沉淀用户、打造品牌的重要载体。

埃里克·莱斯在《精益创业》一书中提倡企业以“目标用户—小范围测试—反馈修改—产品迭代—获得核心认知—高速增长”的模式进行验证性学习，这也成为目前独立型产品的开发常态。在这个过程中，产品运营围绕产品优化需要做大量工作，包括挖掘用户需求、收集用户反馈、梳理产品流程、协助产品测试、制订产品优化方案等。产品上线后，产品运营除了负责产品优化，可能还要涉及内容建设、市场推广、活动策划、用户维系、数据分析、规则维护的方方面面，对综合能力要求很高。伴随着用户数量的增长、用户群体的分化及用户需求的延伸，用户会倒逼产品进行界面、功能、服务上的优化，实现产品增长。独立型产品运营是最为标准的产品运营形态，贯穿于产品的验证期、启动期、成长期、成熟期和衰退期，我们将在下一节详细介绍具体的运营策略，在此不做过多展开。

第三节　产品生命周期与运营策略

传统产品生命周期曲线形态一般类似 S 形（图 2-1），该曲线揭示了不同阶段企业的销售和利润的变化情况。

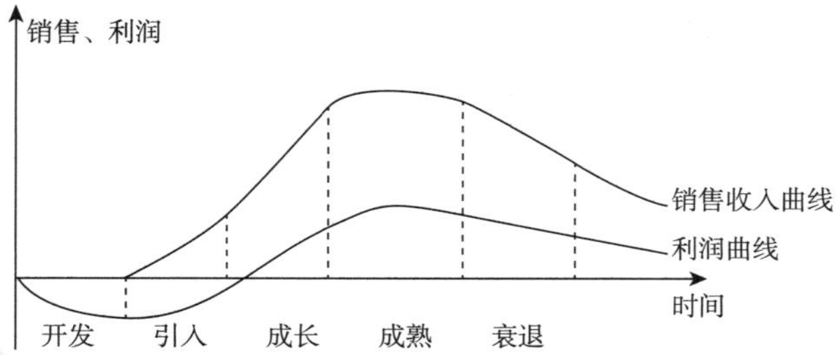

图 2-1　传统产品生命周期曲线

与传统产品“开发—推广—销售—售后”的模式不同，数字媒体产品赖以存在和发展的基础是不断吸引更多的用户使用，并尽可能地延长用户和产品之间的关联时间。基于对互联网产品模式验证的普遍关注，学界和业界将产品投入市场前的工作也纳入生命周期，以实际用户数据曲线趋势为基础，探讨互联网产品的生命周期曲线。因此，互联网产品生命周期常被划分为验证期、启动期、增长期、稳定期、衰落期五个阶段（图 2-2），每个阶段有不同的运营侧重点。

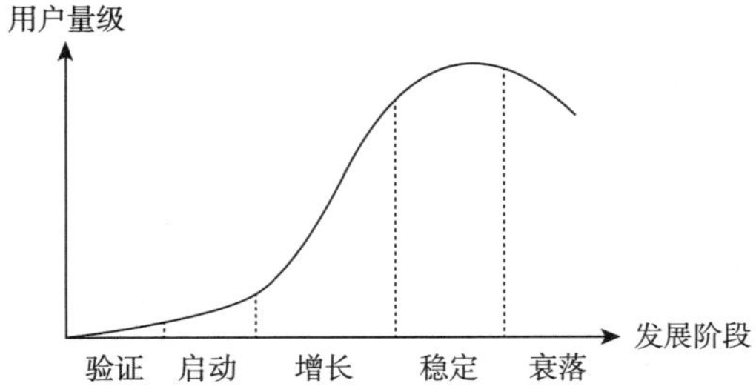

图 2-2　互联网产品生命周期曲线

一、验证期的产品运营

一款产品的开发要经过前期调研、立项、需求研发、设计、开发、测试、发布等过程，周期较长。为了快速验证用户需求与产品价值，企业往往先向市场推出极简的原型产品，然后通过测试并收集用户的反馈，快速迭代，不断修正产品，最终适应市场的需求。这一产品又被称为最小化可行产品（minimum viable product，MVP）[①]，如社交电商 App 小红书原名“香港购物指南”，最初就是通过 PDF 的形式向外流传，吸引了一批以女性为主的种子用户。

验证期虽然还没有成型的产品，运营人员也应当在产品策划阶段就加入团队。运营人员只有深入了解所负责产品的前世今生，充分认同产品体现的价值，才能正确地建立运营标准和把握运营方向。在这一阶段，产品运营的主要工作是通过多种手段收集用户对 MVP 的产品反馈与需求，验证产品概念是否可行。用户访谈、A/B 测试、利用现成的工具做产品的功能演示、制作产品概念视频、在众筹网站发起筹款、提供极简的数码原型或纸质原型等都是很好的方法，如团购网站鼻祖 GroupOn（高朋网）的创始人就使用了 Wordpress、Apple Mail 和 AppleScript 等工具，将网站收到的订单手动生成 PDF 优惠券发给用户。电子纸手表 Pebble 在产品开发出来之前就已经在众筹网站 Kickstarter 上筹得了上百万美元，并积累了大量对产品感兴趣的早期用户。

如果原型产品反馈较好，产品运营就可以参与到产品的正式开发过程中，预留好运营接口并进行小范围测试与反馈，为产品的正式上线做好准备工作。当然，在实际情况中，除了创业团队的初始成员，运营人员能完整接触从创意到成型阶段的机会其实并不多，更多的情况下运营人员面对的是已经成型或经过多次迭代的产品。

二、启动期的产品运营

启动期是一款数字媒体产品真正进入市场、面向用户的标志性阶段。考虑到大部分数字媒体早期产品只具备最基础的功能，商业模式和市场前景尚不明确，启动期一般只面对数量有限的早期用户，否则较高的用户流失、较差的用户体验不仅浪费推广资源与资金，用户的吐槽与口碑也会为后期产品推广带来隐患。这一阶段，产品运营的工作环境相对封闭，主要任务是识别、筛选、接触种子用户，在产品面向主流用户之前更好地了解市场、打磨产品。

---

① “最小化可行产品”概念最早由硅谷作家埃里克·莱斯在其创业学著作《精益创业》中提出，与常规产品不同，最小化可行产品更侧重对未知市场的勘测，用最小的代价来验证产品的可行性。

作为积极主动拥抱并采用产品的首批用户，种子用户具有以下特征：第一，有一定的经济、经验基础；第二，对产品有明确需求或潜在需求；第三，拥抱变化、积极尝试新鲜事物、开放冒险；第四，具有较强的传播力、传播性①。他们能够理解早期产品的不足，渴望参与提供反馈意见、帮助产品研发不断迭代完善，也伴随着产品一起成长，介入塑造产品独特性格的过程中。从某种意义上来说，种子用户是一款数字媒体产品的底层建筑，其群体属性在很大程度上决定了产品的生长方向与品牌面貌。

在引进种子用户时，要注意在梳理产品核心特色与卖点的基础上，清晰刻画种子用户画像，运营者可通过内部邀请、公开招募、典型场景地推等方式寻找到他们。产品运营应当有意识地引导种子用户深度体验产品，并在其提出反馈的时候及时给予回应，给予种子用户成就感和满足感。这些反馈可能来自公开渠道，如社交媒体平台、网页和论坛互动区等，也可能来自私下一对一沟通，如在线即时咨询窗口、社群互动、客服电话等。产品运营对这些较为零散、个人化的需求反馈进行整理挖掘，沟通调研进而提炼出需求，协助启动期产品优化迭代。产品运营还要注重与种子用户的私下互动，建立深度互动的亲近关系，如经常组织线下活动能够帮助用户建立深厚的情感关系，往往可以诱发口碑的外化。很多早期知乎、豆瓣的核心用户至今与官方运营人员都一直保持着相对紧密的联系。

种子用户往往是用户中的创新者和采纳者。产品在获得种子用户的青睐后，往往能够借助其影响力和关系链实现病毒式传播。运营者要尽可能通过企业资源、社交关系、商务合作等手段邀请在小范围内具备足够影响力的意见领袖型用户成为产品的早期用户。相反，低质量的用户引进得越多，不仅不利于产品性格的塑造，还会影响真正的种子用户对产品的认知，形成误导，甚至放弃使用产品。对于部分可能会对产品带来伤害的用户，或暂时不具备能力服务好的用户，产品运营应将其拒之门外。例如，知乎、微博等数字媒体都曾采用“邀请码”的机制来控制早期用户数量的增长，保证产品氛围的纯洁性和可控性。

---

① 唐兴通. 种子用户方法论[M]. 北京：机械工业出版社，2019：27.

Keep是一款具有社交属性的移动健身工具，上线105天即突破百万个用户，成为近年来爆红的现象级产品之一。Keep运营团队在产品上线前一个月就启动了代号为“埋雷计划”的行动计划，锁定近百个垂直社区及社群，在各种QQ群、微信群、BBS、贴吧，以及豆瓣小组里，通过长期连载品质较高的健身经验帖培养读者。在Keep正式上线后，运营人员通过积攒下来的关键意见领袖（key opinion leader，KOL）话语权告诉用户，这些都是一款名为Keep的应用能够带给你们的。这时再放出产品下载链接，推荐大家体验，形成用户转化。“埋雷计划”培养了Keep的第一批铁杆粉丝，形成了约4 000人规模的内测团队，在他们的帮助下完善了Keep的上线版本，并在SEO上得到了很高的曝光资源位。

（资料来源：柳不浪. 从零开始做运营：Keep的百日进阶[EB/OL]. http://www.woshipm.com/operate/747157.html，2017-08-10）

三、增长期的产品运营

增长期是产品用户量快速增长的阶段。这时产品模式已经得到了市场验证，产品具有一定的知名度和用户量。企业需要充分利用先发优势占领市场份额，并构筑一定的竞争壁垒来阻碍竞争对手的跟进。为尽快达到这一目的，企业往往投入大量资金进行用户补贴与刺激，全面铺开市场推广渠道，并积极联合外部资源展开话题营销、事件营销，持续保持产品热度。结合这一阶段目标，运营者面临的挑战相当大，围绕用户的拉新促活和围绕产品的优化迭代成为工作的主要方向，部分运营者从身兼数职开始走上“渠道运营”“社群运营”“用户运营”“活动运营”等明确的岗位。

（一）围绕用户的拉新工作

为了实现用户的快速增长，运营者需要持续关注各外部引流渠道的数据表现，综合运用社群运营、内容营销、活动策划等手段，有节奏、有策略地对用户指标进行刺激拉动。产品运营可充分利用前一阶段培育的种子用户，设置病毒传染机制推动种子用户的口碑和扩散，引发指数级的用户裂变来加速新产品的扩散，有效降低拉新成本。在理想状态下，数字媒体产品将在这一阶段迎来用户量急剧增加，运营由启动阶段的粗放逐渐转变为精细，用户分层运营成为常态。借助运营工具和产品设计进行批量、自动的引导可以大大提升运营效率，成为大部分数字媒体企业的共同选择。

2016 年 7 月 8 日，“新世相” 联合“一直播”和“航班管家”发起活动“4 小时后逃离北上广”，称前 30 位赶到北上广三地机场者，会收到一张未知的免费机票，前往 30 个目的地。在一线城市房价高涨、生活成本和竞争压力高企不下的背景下，逃离北上广本身已经变成一个时不时被提及的热门话题。虽然有勇气说走就走的人是少数，但命中大众痛点的创意和极具煽动性的文案已足够引起用户的疯狂转发。这场活动当天至少为“新世相”公众号带来 116 万次阅读量，公众号新增粉丝近 11 万人。活动发出 2 小时后，#4 小时后逃离北上广#微博话题阅读量达 1 322 万次，成为活动涨粉的标杆性事件。

“现在是早上 8 点，从现在开始倒计时，只要你在 4 小时内赶到北京、上海、广州 3 个城市的机场，我准备了 30 张往返机票，马上起飞，去一个未知但美好的目的地。

现在你也许正在地铁上、出租车上、办公室里、杂乱的卧室中。你会问：我可以吗？——瞬间决定的事，才是真的自己。

4 小时后，你就可以做自己的主。你可以改正现在的生活，去旅行、去表白，去想去却没去的地方，成为想当而没有当成的人。

只要你有决心，我就有办法。就趁现在，我们出钱，你出时间和勇气。新世相请航班管家支持，一起邀请你：

做自己的主，4 小时后逃离北上广”

——新世相《4 小时后逃离北上广》公众号推文

（资料来源：根据网络公开报道整理）

（二）围绕产品的改进工作

一般情况下，互联网公司每 2~7 周就会进行一次小版本的迭代更新，且产品投入市场初期更新较快，随着用户需求、产品的稳定性及完整性等的完善，大版本迭代更新时间有所加长[①]。产品运营是直面用户的人，敏锐的产品运营在用户沟通中可以第一时间觉察到产品的增长机会，协助产品经理对产品进行迭代改进。经过不断的迭代与打磨，幸运的企业可以尽早达到 PMF[②]（product-market fit，产品-市场契合点），我们可以通过一些用户数据标准来识别这一关键时间点：如一款用户级产品标准有：每周用户使用天数超过 3 天，新增日活跃用户（daily active user，DAU）超过 100，30%新用户次日留存，达到 10 万个用户量等[③]。这一里程碑往往可以提示我们已经拥有了一大群能与产品产生共鸣，认可并理解产品价值的用户，产品具备进入高速增长的能力。否则短期的产品数据看上去确实光鲜亮丽，而一旦经历撤资或是市场的大规模变化，丧钟就会随之敲响。

四、稳定期的产品运营

随着市场竞争格局相对稳定，用户良机趋向平稳增长，数字媒体产品进入稳定期。这为刚经历了一场跑马圈地运动的产品提供了休整的绝佳时机。一方面，产品团队有机会重新审视产品定位、功能，思考如何将前期涌入的大量用户服务好，持续提供优秀的产品、服务和体验；另一方面，稳定期的产品拥有相当的规模体量和行业影响力，这为产品的商业变现提供了强有力的支持。通过商业广告、增值服务和会员产品等创造营收，数字媒体产品能有效实现自我造血并保持高效运转。这一时期的运营工作，总体上会以用户促活、商业变现、品牌声量打造三大方向为重点。

稳定期的产品运营重点从拉动增量转向盘活存量，流量池的精细化运营成为这一时期的典型特征。产品运营要通过数据及时了解各层次用户的行为，及时通过周期性的活动、话题、功能等激活沉默人群，维持原活跃人群的活跃度和使用

---

① 田姣，刘吉昆. 传统产品生命周期曲线对互联网产品适应性探究[J]. 包装工程，2016，37（10）：131-135.

② 2007 年，网景公司的联合创始人 Marc Andreessen 提出 PMF 的概念，它是一家创业公司找到了一大群能与产品产生共鸣，认可并理解产品价值的用户的关键时间点。

③ AISSUER. PMF：为何硅谷大神把它念奉为创业公司“唯一重要的东西”？[EB/OL]. http://www.woshipm.com/pd/327126.html，2016-04-26.

频率，同时继续开展老带新等活动以保证用户群数量的持续稳定和增长，延长产品市场寿命。

除了用户活跃，产品运营还需要重点思考如何引导用户付费，实现将用户和流量进行转化进而实现盈利，以提升产品的商业价值。产品运营的主要目标就是通过各种活动运营、增值服务创造营收。主要关注的数据有付费用户数、付费金额、付费路径转化等。

此外，产品运营还应当具备长线思考的格局，注重用户忠诚度的提升，这需要产品运营能够持续强化提升产品对用户的价值和情感认同，促使用户成为衷心拥戴产品的忠诚用户，能够自始至终追随、参与到产品的发展中，成为产品的头号粉丝。产品运营可以联合市场团队进行品牌传播互动与事件的策划，特色鲜明地传递产品的价值内核。与此同时，产品、服务与体验的持续迭代仍在进行，产品运营要继续承担好产品与用户之间的桥梁作用。

数字媒体产品生长是一个动态变化的过程，进入稳定期的产品不会长期居于高位，但也不意味着它必然转向衰落。基于对行业趋势和用户心理的洞察，产品运营及团队能够持续以用户需求为核心，不断升级产品、服务与体验，通过新功能和新场景的延伸与转变获得用户的长久青睐。由此，产品的稳定期与增长期交替出现，产品的市场寿命不断延长，整体呈现持续向好的态势。

五、衰落期的产品运营

随着新技术的运用与新消费升级，新产品或新的替代品纷纷出现，原有产品的市场份额被抢占，用户数量停止增长甚至出现负增长，产品进入衰落期。根据企业与产品的具体情况，产品团队可决定采取继续策略、集中策略、收缩策略或放弃策略。

受资源与竞争环境的限制，多数衰落期的产品运营只能基本维持原有运营手段，面向流失用户的召回、承接和导流等工作较为常见。这些手段可以在一定程度上拖慢用户流失的速度，但无法从根本上解决问题。重新挖掘用户需求、重新评估产品优劣、将“老产品”当成“新产品”来重新评估产品优劣、重新进行产品定位、重新思考商业模式，数字媒体产品可能在衰落后迎来二次增长与破局。

第三章　数字媒体用户运营

用户是数字媒体企业重要的资产，任何产品都需要引入新用户、留存老用户、保持用户活跃、促进用户付费。随着移动互联网人口红利衰减、用户时间越来越碎片化，各大厂商都面临着流量获取成本居高不下、流量流失速度明显增快的共性问题。激烈的市场竞争驱使企业从“向外扩张的流量思维”向“向内深耕的超级用户思维”升级，尽量延长用户与产品的关联时间、充分挖掘用户的终身价值成为数字媒体企业的重要课题。

第一节　数字媒体用户运营概述

在新媒体时代，用户通常是指网络信息的使用者与网络服务的应用者①，具有个人性、自主性、互动性、参与创造性等鲜明特征。早期互联网用户体量较为有限，网络在线服务也较为单一，用户运营工作多以一对一、一对多的形式展开。工程师、产品经理也会经常上论坛和用户聊天，通过感情化的手段来维护用户、获取产品反馈。随着互联网用户体量的增长，技术改变了用户与企业、产品之间的关系，用户运营也从粗放式运营进入数据驱动下的精细化运营时代。

---

① 谢湖伟，吴静. 新媒体环境下如何创造用户体验[J]. 传媒，2011，(10)：47-50.

一、用户运营的概念

用户运营，顾名思义，就是以用户为对象展开运营。用户运营是用户研究的一种角度，其实质来源于传播学的重要研究方向——受众研究。数字媒体环境下信息的生产者、传播者、接收者、互动者之间的界限十分模糊，角色可以瞬间转换，因此用“用户”一词取代受众，意在消解单向接收、被动地位的受众概念。

目前业界和学术界对用户运营的概念形成了较为一致的看法。用户运营是以网站或产品的用户活跃、留存、付费为目标，依据用户需求，制订运营方案、机制。核心工作是开源（增加注册）、节流（减少流失）、维持（促进活跃及提高留存）、刺激（转化付费）[①]。用户运营的最终目的是提升和管理用户价值，其重点在于用运营手段提升用户的贡献量、活跃度和忠诚度，以利于产品价值增长与变现。

要实现拉入新用户，留住存量用户，转化出更多的活跃用户、忠诚用户和付费用户的目标，用户运营要确立“以用户为中心”的核心宗旨，以用户需求为起点制定运营策略。从功能满足、心理情感归属满足，再到尊重、成就、价值、自我实现的满足升级，用户因此与产品建立牢固关系，持续贡献用户价值。

二、用户运营的整体思路

面向不同阶段、不同的产品和环境，用户运营的目标不同，策略和手段也存在差异。例如，初创的公司、成长期的产品重在获得新用户，成熟期的产品重在留住用户、活跃用户，工具类产品重在用户数量及其对工具的使用，社交类产品重在用户质量及其参与和交流。无论是什么类型的产品，用户运营都可以按照“纵向促进”和“横向管理”的思路展开工作。

---

① 张亮. 从零开始做运营[M]. 北京：中信出版社，2015：22.

（一）基于用户路径的动态运营促进

这一运营思路的决策依据是用户增长 AARRR①模型，这一模型涵盖从注册到付费、从新用户到成为忠诚用户的所有环节，用户成长线索清晰。用户运营通过搭建用户增长周期的指标体系，促进用户沿着“获客—激活—留存—变现—自传播”的路径，实现用户“新用户—普通用户—活跃用户—付费用户—忠诚用户”的动态演进，有效提升用户价值。

（二）基于用户数据的分层运营管理

这一思路体现了大数据时代精细化运营的工作要求。用户分层是用户运营中常见的一个概念，简单理解就是指将用户分为不同类型，并根据不同用户提供差异化的内容和服务。借助这一思路，运营者可以通过策略、机制的具体设计，形成标准化“人群—策略—触达—反馈—优化”的工作思路，进而实现少数运营者从大规模用户的整体驱动和管理，使运营高效化、产品化。

无论是用户成长促进，还是用户分层管理，用户数据的掌握与分析都异常重要。今天，运营人员已经可以监测用户在各个生命周期阶段的结构分布和流转情况，根据分析结果为每个用户匹配定制化的增长策略，实现智能化的用户运营驱动管理。与此同时，线上线下高度的数字化也让用户更加渴望人性化的互动，以苹果、Meta（原 Facebook）、谷歌为代表的数字化巨头与用户建立了充满激情的、亲密的、持久的情感联结，成为教科书式的典范。未来的用户关系必将是数字化的又是人性化的②，也正是这一双重变革指明了用户运营工作的开展方向。

第二节　基于 AARRR 模型的用户成长体系

由于平台固化、付费获客渠道接近饱和、人们对广告越来越无视、各种工具降低运营门槛、竞争对手对变化反应更快等原因，互联网产品已经越来越难实现

① acquisition（获取）、activation（激活）、retention（留存）、referral（推荐）、revenue（变现）这五个环节的英文首字母即“AARRR”。

② 范·贝莱格姆 S. 用户的本质：数字化时代的精准运营法则[M]. 北京：中信出版社，2018：26.

用户增长。打破了依靠营销预算获得用户的市场思维，增长黑客[①]以极低甚至零成本获取并留存用户，帮助 Facebook、LinkedIn、Dropbox 等多家企业获得了爆发式和可持续的增长。增长团队普遍采用 AARRR 模型来搭建用户成长体系，优化业务逻辑（图 3-1）。

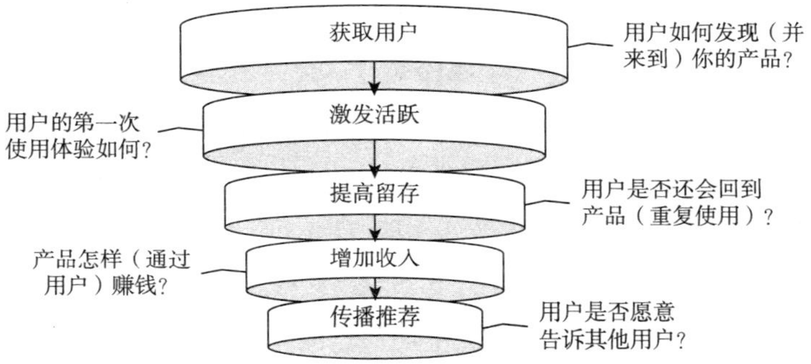

图 3-1 AARRR 模型

资料来源：https://slidemodle.com/templates/tag/aarrr/

一、AARRR 模型

AARRR 模型又称海盗指标[②]，由美国著名的风险投资机构 500 Startups 的创始人戴夫·麦克卢尔（Dave McClure）提出，有的团队在实际应用中还会加入挽回流失用户（resurrection）环节。伴随着国内互联网创业潮的到来，AARRR 模型也成为国内用户运营最常用的模型之一（图 3-1）。

该模型包含五个关键环节。

（1）获取：用户如何发现（并来到）你的产品？

（2）激活：用户的第一次使用体验如何？

（3）留存：用户是否还会回到产品（重复使用）？

---

① “增长黑客”（growth hacker）这一概念最早由互联网创业者 Sean Ellis 在 2010 年提出。增长黑客是介于技术和市场之间的新型团队角色，其精髓是以数据驱动营销，以迭代验证策略，通过技术手段实现数据的爆发式增长。

② 该模型又称海盗指标，pirate metrics，因其最初是为创业团队所用，暗示团队必须具备海盗的精神，实现掠夺式的野蛮生长，才能最终获得胜利。

（4）变现：产品怎样（通过用户）赚钱？

（5）推荐：用户是否愿意告诉其他用户？

AARRR 模型以用户获取为起点，构建起了外部渠道、用户导入、用户成长、反哺产品带来新用户的循环增长体系，运营者可以明确用户成长路径，拆分关键节点，有助于建立系统的运营机制。

AARRR 模型本质上还是一个衡量转化的用户漏斗模型，新用户在成长为一个成熟、忠诚用户的过程中，每一个关键环节都可能产生流失，反映出不同阶段中用户参与的行为深度。例如，某直播产品通过信息流广告投放获取了 10 000 名新用户，其中 6 000 名用户完成了激活注册，次日留存用户为 3 200 人，其中 1 200 人有过平台充值和主播打赏行为，有 300 名用户曾将产品推荐给其他朋友。用户运营的重要目标就是尽可能地减少每个环节的流失，实现可持续的增长。

二、用户成长的阶段特征与衡量指标

得益于如 GrowingIO 等数据分析产品的快速发展，运营者可以较为方便地筛选出不同类型群体的漏斗表现，通过转化率的横向、纵向对比寻找运营效果的突破点，关键用户群体指标的整体提升变得更简单。接下来，我们将对 AARRR 模型进行拆解，介绍各阶段的主要特征与核心衡量指标。

（一）用户获取

用户获取是指在确定目标用户群体后，最大限度地将他们转化成自己的产品（或服务）的用户的过程，也就是常称的开源或者拉新。它是用户增长的源头活水。在一个竞争激烈、充满同质产品的市场里拼杀，企业常通过付费推广、病毒传播、SEO、销售团队等方式吸引目标用户，市场与运营需要持续地追踪和评估每个渠道的效果，以筛选成本低、留存好的获客渠道。这一过程的重要指标有日新登用户数和获客成本。

（1）日新登用户数（DNU）：daily new users，一般指当日新注册并登录的用户数。根据实际情况的不同，也可以指首次登录或启动应用的用户。

（2）获客成本/用户获取成本（CAC）：customer acquisition cost，即产

品每新增加一个用户需要花多少钱。CAC 可分为“整体 CAC”和“基于渠道的 CAC”。最为理想的获客渠道应当是获取成本低、用户留存高的。

（二）用户激活

“新用户激活”包含从新用户首次登录、完成账号注册和必要的设置到第一次使用产品关键功能的这段过程，代表“新用户”向“有效用户”的身份转变。如果这个过程没有做好的话，第一阶段引入的流量就会白白流失。早期用户激活率只要提升一点点，对于后期的用户留存和盈利都有着极大的影响。

运营经常通过以下指标来检测用户激活的表现。

（1）激活率：是指新用户在一定时间内完成激活行为的比例。

这个定义涉及两个问题：我们如何定义用户激活的行为？这个“一定时间”是多少？不同企业对这两个问题的回答各不相同。首先，判断一个用户是否被激活，不能简单以用户是否注册、登录为指标，而应更进一步考察用户是否首次完成了产品的关键行为。这一行为往往和用户增长的北极星指标①密切相关。例如，电商平台北极星指标一般是网站成交金额（gross merchandise volume，GMV），我们可将用户完成首次购物行为视为激活。社交类产品的北极星指标一般是互动和时长，我们可将用户一次添加好友，一次聊天行为作为激活标准。其次，激活时间的选择和产品的类型有关，但是一般来说，根据产品的不同，采取首日、次日或首周较为合适。例如，某游戏应用的激活率=注册第二日返回用户/总注册人数。部分企业会继续关注用户注册后一到两个月的用户体验，帮助新用户不断发现产品价值，养成使用习惯。

（2）激活漏斗转化率：在追踪新用户注册和激活的全过程中，用户完成每一个步骤占进入这个步骤总人数的比例。用户运营常通过观察每一步的流失率，来寻找可优化的空间，并通过 A/B 实验测试方案寻找解决方案。

---

① 北极星指标（north star metric）又叫作 OMTM，唯一重要的指标。之所以叫这个名字，是因为这个指标一旦确立，就像北极星一样，高高闪耀在天空中，指引着全公司所有人员向着同一个方向迈进。这个指标是全公司统一的成功指标，同时也对应着给用户创造的价值。例如，对于 Airbnb 就是订房天数；对于淘宝就是销售额。

（三）用户留存

用户留存是用户成长体系中基础而重要的一环。根据《哈佛商业评论》，获得一个新客户的成本是留住一个现有客户的 5~25 倍。如果用户留存上不去，就如同漏水的桶一样，永远都存不住水，只能不停地注入新的用户流，企业运营成本将持续走高，为用户流失付出惨痛代价。部分数字媒体企业会通过追踪 DAU、周活跃用户数（weekly active users，WAU）和月活跃用户数（monthly active users，MAU）的趋势来感受留存，但活跃用户数是新用户加入和现有用户流失共同作用的结果，如果想清晰地看到用户随时间变化的留存与流失情况，留存率是一个更直观的指标。

留存率：用户在某段时间内开始使用应用，经过一段时间后，仍然继续使用该应用的用户，被认作留存用户。这部分用户占当时新增用户的比例即留存率。留存率反映了用户由初期不稳定的状态转化为活跃用户、忠诚用户的过程，是数字媒体产品是否具备持续满足用户需求和保留用户能力的重要指标之一。与激活率类似，留存行为的界定非常关键，运营可根据需求从用户是否继续登录、是否仍在完成关键行为等维度考察用户的留存情况。

一般而言，留存率会按照每隔 1 单位时间（日、周、月）来进行统计，尤其注重次日、第七日、第三十日等关键时间节点。次日留存率=当天新增且在第 2 天还在使用产品的用户数/新增用户数×100%；第 7 日留存率=当天新增且在第 7 天还使用产品的用户数/当天新增的用户数×100%。通过统计留存率随时间变化的情况并绘制曲线，运营者就可以追踪到每日新用户在接下来的每一单位时间内还有多少比例仍有“留存行为”。

次日留存数据往往说明了用户首次使用满意度，从指导实践的意义的立场来看，初期的留存更像是激活阶段的延伸，中长期的留存数据更能反映在度过“新鲜期”之后，产品是否能真正对核心用户形成吸引力。

（四）用户变现

留住用户的时间越长，从他们身上获得更多收益的机会就越大。可以通过出售更多产品、升级更多服务来盈利，可以利用庞大的忠诚用户群获得丰厚的广告收入，也可以通过持续的用户续订来提前锁定用户价值。在这一阶段，运营者需要着重关注用户的付费转化率(conversion rate，CR)、ARPU(average revenue per user，每用户平均收入）、用户生命周期价值（ life time value，LTV ）等核心指标状况。

CR：有付费行为的新用户除以总新增用户数。CR 可以作为后续产品和运营工作开展的重要参考，如当日注册转付费的比例方面的数据，就可以帮助我们判断是否需要强化付费产品对新注册用户的转化效率；多次付费率的比例相关的数据，则可以帮助我们比较直观地看到用户习惯是否已经养成。

ARPU：衡量一个时间段内某个付费产品或业务收入水平的指标，通常电信运营商或网络游戏公司等采用较多，而零售电商则较少采用。此外，还可以用 ARPPU（average revenue per paying user）进一步计算平均每付费用户的收入。

LTV：从用户第一次登录到最后一次登录的整个生命周期过程中，所贡献的全部经济收益价值总和。由于用户的生命周期通常难以统计，所以在实践中，更多采用“LTV_N”来统计新用户在首次登录后的 N 天内所贡献的价值总和。此指标更为灵活实用。一般而言，LTV > CAC，否则拉来的用户越多，公司赔的钱越多。

（五）用户推荐

用户推荐也叫作用户自传播，指的是通过口碑和活动推广分享等手段进行传播。用户在对某一产品和内容表示认同或赞赏后，主动在自己的私人空间发出，或是一对一的熟人邀请，或一对多的圈群分享，每一个用户的价值都被放大，形成了一个“增长闭环”。如图 3-2 所示，此时 AARRR 模型又回到了用户获取阶段，数字媒体企业因此实现可持续增长。

衡量用户推荐的重要数据指标叫 K 因子（ K-factor ），又称病毒系数。

K 因子：K=（每个用户向他的朋友发出的邀请的数量）×（接收到邀请的人转化为新用户的转化率），假设平均每个用户会向 20 个朋友发出邀请，而平均的转化率为 10%，则 K=20×10%=2。简而言之，K 因子代表平均每个老用户可以带来几个新用户。

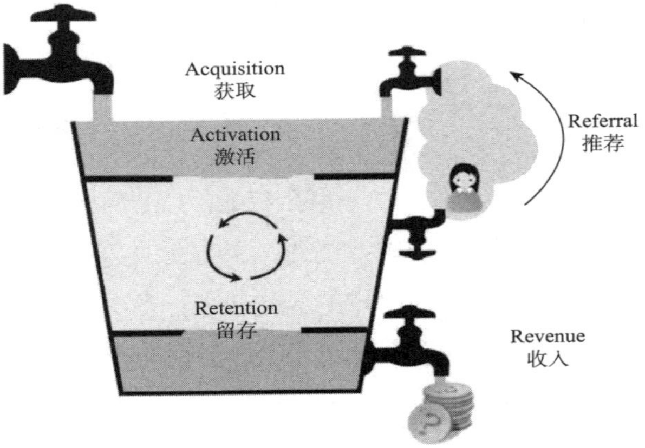

图 3-2 AARRR 模型里的增长闭环

当 $K>1$ 时，用户群就会像滚雪球一样增大，理论上这个产品完全可以实现自增长。当 $K<1$ 时，用户群到某个规模时就会停止通过自传播增长。在现实生活中，绝大部分情况下产品的 K 因子小于 1，也就是说，每个老用户带来的新用户数少于 1 个，由于成本低、转化率高、用户质量好，用户推荐仍然是性价比非常高的增长渠道。

第三节　用户运营的策略与方法

用户运营团队常常要面对数量庞大且需求各异的用户，借助完善的运营策略设计和自动化、数字化的运营工具，运营者可以有效引导和约束用户行为，实现“指挥棒”式的运营驱动效能。从实际需要出发，本节着重探讨用户拉新、用户促活、用户留存、用户召回、用户付费五大类别工作的核心策略与常见方法。

一、用户拉新的策略与方法

拉新是数字媒体用户运营工作的源头，是实现用户增长的真正开始。运营者的用户拉新工作通常按照如下步骤展开：①认识产品；②了解用户；③根据产品属性和用户特征列出所有可行的渠道；④按照一定的标准进行初步筛选；⑤根据投放数据评估渠道效果，优化和拓展用户获取渠道，降低 CAC。无论是付费渠道还是天然渠道，筛选渠道都应当综合考虑以下问题：该渠道是否能精准触达产品目标客群？该渠道是否支持数据追踪？该渠道的用户量有多大？该渠道的投放成本（包括付出的时间成本、金钱成本）有多高？

（一）市场渠道引流

目前营销渠道已经从线下拓展到线上及移动端。运营者可以综合采用手机厂商预装、应用商店优化（app store optimization，ASO）、流量运营（SEO/SEM①）、信息流广告投放、社交媒体营销、KOL 推荐、线下地推、公共关系（public relations，PR）传播等手段进行新用户获取。以 APP 为例，要想让更多的用户下载、安装，可以在应用商店做推广，做好 ASO，通过刷量、刷榜、积分墙等方式让应用居于热门行列，可以通过 SEM 与 SEO 提高关键词排名和产品曝光率，可以通过投放微博信息流广告、百度网盟广告、社交媒体营销、KOL 推荐、自媒体软文等方式进行硬广软广投放，还可以综合运用线下活动、地推、二维码推广等方式。

在产品冷启动阶段，抖音邀请和雇用了众多舞蹈达人、音乐达人、搞笑达人、网红 KOL 拍摄视频，并发布到各主流视频平台上进行宣传引流。2016 年 11 月，抖音推出了“A.me 赵丽颖最强应援战”活动。此次活动持续 4 天，#A.me 赵丽颖最强应援战#这个话题有 43 万次的阅读量，3 万次以上的转发量。通过此次活动，抖音付出了很低的成本顺利度过冷启动时期，并积累了第一批种子用户。

精准的用户导流是后续留存、转化表现的基础。在进行渠道拉新时，不应只关注拉新用户数量，还应当关注质与量的平衡。在产品早期为了使产品尽快活跃，运营者可以适当放宽引入标准和门槛。但是大量非目标用户的涌入则有可能破坏产品的氛围与口碑，降低转化率，从长远来看伤害产品。另外，要重视不同渠道

① SEM：search engine marketing，搜索引擎营销。

的数据化管理，衡量不同渠道的 CAC 并关注其引流质量，对于性价比高、投放效果好的渠道，持续优化，加大投入，以获得最大价值。对于表现不好的渠道，尝试改变策略，进行测试。如果结果始终不能改善，则说明目标用户可能不在这个平台上，或者竞争太激烈，那么可以考虑放弃或者维持非常低的预算，严格控制 CAC。

（二）用户推荐拉新

用户推荐拉新是利用产品现有老客户带新客户的低成本、高回报获客渠道。该方式基于邀请分享用户之间的信任，拉新目标对象明确，传播、推广的成功率较高，尤其适合具备社交基因的产品，以及市场预算不足的初创型产品。

激发用户推荐的动力主要源于两个方面：一方面是产品本身解决了用户某方面的痛点，带给用户超预期的产品体验；另一方面是从精神和物质两个方面着手，设置激励机制，让机制驱动用户传播。要刺激用户的分享与自传播，运营人员可以和市场、产品、设计、数据等团队一起开展工作。

1. 分享邀请机制的设计与完善

那些最成功的产品不是在产品上市之后再考虑增长，而是在打磨产品的同时就开始设计和实验产品内病毒传播、用户推荐和网络效应的种种机制。通过设计流程清晰、契合用户内在动力的分享机制，并在每次用户行动后给予反馈和奖励，可以有效激励用户带来新的用户。当然，这一策略产生效果的前提最好是产品本身能够提供价值，并给予用户“尖叫体验”。

2. 打造充满利益诱因的活动玩法

运营人员可以通过返利、红包、抽奖等利益刺激引导主动社交分享行为，并借助消息推送、应用内推荐等多种方式将富有吸引力的活动内容展现在用户面前。以拼多多为例，拼多多在产品问世之初，就对自己的用户界定得很清晰，利用这部分人碎片时间多、购物讲究性价比、喜欢占小便宜的心态，提供大量的爆款日用百货、小吃零食、服饰鞋帽等快消品拼团折扣。通过这种模式，拼多多几乎在没有做任何外部广告和渠道投放获客的情况下，成立仅仅三年就上市，成为仅次于阿里和京东的第三大电子商务平台。

3. 设计病毒传播激发社交分享

病毒传播和其他用户推荐方式最大的区别就在于扩散速度快、感染规模广。一般来说，有趣新颖、具有视觉感染力并且容易分享的东西，可以依靠这样的方式得到推广。2017 年 7 月底，在中国人民解放军建军 90 周年来临之际，人民日报客户端与天天 P 图合作推出了《快看呐！这是我的军装照》H5 小游戏。据“@人民日报”统计，这款 H5 于 7 月 29 日晚一经推出，浏览量迅猛攀升。截至 8 月 2 日 17 时，“军装照”H5 的浏览次数累计 8.2 亿次，UV 累计 1.27 亿个，一分钟访问人数峰值高达 41 万人。通过这次活动，人民日报客户端与天天 P 图两款应用赚足了人气，也收获了大量新用户。

二、用户促活的策略与方法

用户运营团队的促活工作包含两部分内容：一是尽快引导新用户激活；二是想办法维持老用户的活跃。前者需要尽快让新用户快速了解产品的使用方法、完成希望的关键行为，第一次感受产品价值；后者则常通过产品机制、内容推送、活动策划等方式与老用户发生接触，维护关系。

（一）新用户的快速激活

新用户的注意力窗口很短，受到的干扰很多。新手引导的运营目的就是通过一系列的“指定动作”让用户快速感受到产品的核心价值，避免不必要的流失。前 Facebook、Twitter 增长团队成员，Josh Elman 就曾说过，一个公司应该至少花和新产品开发一样多的精力在新用户体验上，甚至更多。

1. 引导新用户尽快熟悉产品

新手引导页面往往代表着用户对产品的最初体验。运营者应当通过简明扼要的流程设置与页面设计，图文并茂地告诉用户这是什么，有什么作用，可以从哪里开始体验。引导页面的内容设置讲究重点突出，忌产品手册式的全面宣导。运营者可以先根据用户痛点和需求展示产品的核心功能、价值和玩法，待激发用户兴趣后再进一步深入引导，否则用户很可能产生畏难情绪，提前终止产品体验。运营者也可以通过图文漫画、游戏互动、对话引导等形式降低新手教育难度，丰富用户体验。

2. 激励新用户尽快体验功能

美团会希望一个新用户马上开始点外卖，电商产品会希望用户立刻下单购物，如果会员制是产品的核心，那么这款产品就会想办法加快用户成为会员的过程。这主要是因为用户一旦体验过了需求满足的快感，后续流失的风险就会大大降低。这一工作经常通过新手任务的机制设置展开，大多数产品会将主要的新用户行为（如完善资料、签到、首单购买等）设计成任务关卡，用户在闯关的过程中可以按步骤体验一系列新手流程，并获得一定的物质或精神激励。会员积分、新手红包、限时会员体验、新会员专享优惠等物质刺激更是受到了用户的普遍认可，可以有效驱动用户完成相应行为。

以每日优鲜的新手礼包为例，运营者通过提供“100 元组合红包+1 元会员卡+新人特价商品”的组合优惠动作（图 3-3），既可以提高新用户下单率，又可以把新用户尽快拉到会员体系里来。1 元低价则包含了到期自动续费的默认选项。页面文案醒目地注明“开通会员可以享受 5%返现”。通过“低价+自动续费+返现”来激活新用户，并转化为正式会员。

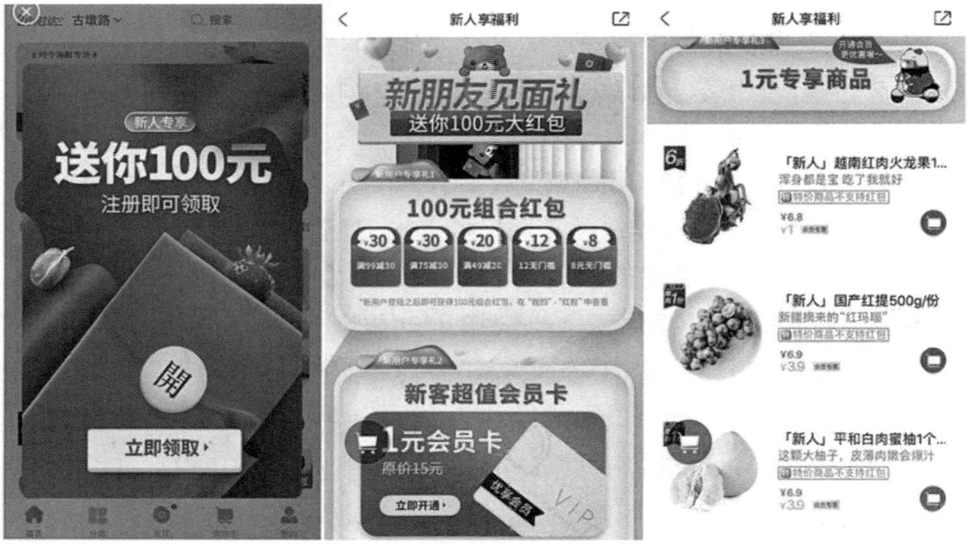

图 3-3 每日优鲜新手礼包和 1 元会员卡

（二）老用户的常态促活

人们常常会在使用一个产品一段时间后真正发现产品价值——产品为何存在、他们为何需要它及他们能从中得到什么，这一时刻也被称为“Aha！Moment”①。我们能从这个名字感受到用户惊喜雀跃的神情，用户对产品开始爱不释手，频繁使用。即便是这样，没有企业会天真地以为用户会一直活跃地使用自己的产品，更不用提还有很多产品尚未具备这一优势，仍需要进一步进行产品开发。因此，无论是什么产品，都需要在首次激活用户后不断地积极接触用户，保持用户的常态活跃，这是一项基础而持久的工作。

不同的产品对用户活跃有不同的统计口径，有的产品只要用户在指定时间内登录或启动一次就算活跃，有的则要求用户进行指定操作才算。例如，某款资讯类产品将活跃用户定义为每天阅读时间超过五分钟的用户。运营者可以通过产品功能的设置和常态运营活动两个维度来保证用户的持续活跃。以前者为例，各款产品的签到功能、游戏产品的首胜奖励功能等，都是从自然天的维度去刺激用户使用产品，并以精神奖励或物质刺激保证用户习惯的持续养成，起到了较好的留存效果；运营者还可以根据重要节假日、热点进行互动策划，可以定期发放优惠券、折扣卡来保持互动，也可以线上线下联动来维持活跃度。电商类网络与新媒体每隔一段时间就推出一个商品类目的折扣、优惠、秒杀、积分购物等活动，也是常态互动促活的实践体现。

三、用户留存的策略与方法

留存几乎是整个商业模式的验证和产品质量的验证，也是实现高利润率的决定性因素。无论是从收回前期流量获取成本的角度，还是防止用户导向竞争对手的角度，运营者都应当在关注用户活跃状态的同时，将视线投向用户中长期的留存情况。当然，用户留下最根本的原因是产品可以持续满足用户需求，给予用户在别处难以获得的愉悦体验。不断优化产品才是最本质的留存策略。与此同时，一些运营手段也可以有效提升用户的留存率。

---

① 埃利斯 S，布朗 M. 增长黑客[M]. 北京：中信出版社，2018：59.

（一）构建用户成长的激励通道

用户成长体系是将用户行为以积分、经验值、成长值、等级等方式数值化，以此作为判断用户活跃度、忠诚度、贡献度的标准[①]。从新用户到忠诚用户是一个漫长的成长过程。设立等级系统和激励系统，就可以有效驱动用户完成相应的关键动作，激励用户沿着产品指定的方向成长。例如，QQ 的用户成长通道是建立在会员特权和勋章体系基础上的一种特权等级制度，等级特权是对用户行为的及时认可与反馈，有利于形成正向循环。

（二）强化用户投入，提高沉没成本

沉没成本（sunk cost）是 2017 年诺贝尔经济学奖得主理查德·泰勒（Richard Thaler）提出的概念，是指已发生或承诺、无法收回的成本支出。用户并非绝对理性冷静的个体，在做决策时，我们往往会受到已经投入的成本（包括金钱、时间、精力等）的影响，在很大程度上延续原有的选择[②]。例如，亲密度为王者荣耀原创的游戏化场景设计，以用户间共同完成特定游戏场景下的特定任务为驱动，旨在激发用户间活跃度与用户留存，提高了用户每日使用产品的时长，同时也提高了用户流失成本，让用户不会轻易放弃产品。

强化用户投入可以从五个方面寻找思路，如表 3-1 所示。

表 3-1　常见强化用户投入的运营手段

用户投入	常见手段	举例说明
时间投入	通过持续性的任务达成设计与及时的正向鼓励，让用户感觉中途放弃很可惜	拼多多的砍单
金钱投入	通过限时优惠、打包优惠等方式鼓励用户尽早地、更多地投入金钱，让用户感觉离开产品有较大损失	年度会员优惠、大额充值优惠
内容投入	引导用户充分使用产品，强化内容投入与整合沉淀，增加用户迁移的难度	微信朋友圈、印象笔记等
情感投入	通过产品功能强化、社区氛围营造、鼓励用户互动等方式使用户倾注情感，形成情感依赖	网易云音乐、豆瓣

① 黄天文. 引爆用户增长[M]. 北京：机械工业出版社，2017：279.

② 这一现象又被称为沉没成本谬误。沉没成本是一种历史成本，对现有决策而言，是不可控成本，不会影响当前行为或未来决策。从这个意义上说，在投资决策时理性的决策者应排除沉没成本的干扰。

续表

用户投入	常见手段	举例说明
社交投入	通过形成稳定的圈子关系，强化用户的社交投入，社交关系越牢靠，用户对于产品的依赖性也越强	QQ、微信、微博

四、用户召回的策略与方法

召回一个老用户的成本和带来的效益要远大于一个新用户的获取成本。在移动互联网时代，用户一旦卸载应用，再让他们重新回归会变得十分困难。建立预警制度是解决流失隐患的重要工作。尽早地发现用户不满的迹象，就能尽早解决问题，避免产品未来的增长停滞或者全面溃败。与此同时，要挽回流失的用户，需要对以下问题都有清晰的答案：用户为什么会流失？流失的用户有必要召回/有可能召回吗？什么情况下他们愿意回来？如何挽回他们？

（一）建立流失预警制度

用户流失是指在特定时间段内离开产品的用户数量。数字媒体企业在发展的过程中新老用户的交替不可避免，但流失用户的比例和变化趋势能够反映出企业保留用户的能力、业务经营状态及预测未来的发展趋势，因此也被称为产品运营状态的晴雨表。

流失用户的挽回工作，首先，需要定义用户流失的标准，即用户出现什么特征时就可以视为流失，如电商平台可以用多久未发生购买行为为标准，资讯产品可以用多久未访问内容/登录为标准。在定义流失临界时间间隔时，建议以产品多数用户的行为时间间隔为准。其次，应当根据标准建立流失预警机制，当用户行为符合流失模型定义时触发后台警告，敦促运营人员定义流失用户类型、诊断流失原因，及时采取唤醒与召回动作。

（二）分析可能的流失原因

运营者常借助留存率分析、热点图来找到流失状况较严重的几个时间点，再借由事件分析与行为漏斗锁定几个可能导致问题的因素，但最终，我们还是必须进行一定的用户访谈与产品测试，才能够有效地找出问题的症结点。用户流失往往因为以下三类原因。

（1）用户的原因，即用户需求与产品核心功能匹配度较低，产品无法持久黏住用户。这可能是因为新用户引入不够精准、老用户兴趣转移或产品转型发展。无论是哪种原因，这部分流失用户都难以挽回，强行挽回意义不大。

（2）产品的原因，即产品在技术、交互与服务上存在问题，目标用户在使用过程中多次体验到不爽、不便从而转投竞争对手的怀抱。常见的问题有产品流程太复杂、访问速度慢、广告太多、客户关系经营不善等，因为产品问题产生的流失往往是致命的，产品和运营应当重点关注，并通过优化新手引导、完善产品功能、提升产品服务、关注售后体验等方式及时解决问题，告知所有用户。

（3）环境的原因，即宏观营销环境和微观营销环境变动导致用户流失。前者是企业无法直接控制的因素，如经济低迷导致奢侈品电商交易量回落和用户流失，企业能做的较少。运营者更为关注由市场竞争态势和竞争对手策略的变化导致的流失，尤其是竞争对手的产品功能、产品价格、产品服务、宣传手段等因素的重大变化，如同类竞争对手投入大量资金举行用户补贴活动、邀请明星代言等。面对环境的变化，数字媒体企业可以根据自身实力与状况采取快速跟进、差异化反击、创新引领、竞争合作等不同应对方式。

（三）选择恰当的召回方式并持续测试

常见的召回手段有电话、短信、EDM（E-mail direct marketing，电子邮件营销）、应用的 push、公关与品牌宣传召回等。无论是哪种渠道，召回内容的设计都必须准确表述用户回归后的价值，并选择合适的契机传达。常见的召回方式有：①利益驱动召回，如“今天对老用户有大额优惠券”；②社交属性召回，如“新的朋友与你打招呼并查看了你的照片”；③产品核心需求召回，如“我们新增了一款适合你的功能”。基于数据化运营的核心思路，挽回流失用户的工作同样需要在不断测试和反馈中寻找更优解。例如，Pokemon Go 是一款红遍全球的增强现实（augmented reality，AR）手游，自 2016 年 7 月首次发布以来，其下载量就已经突破纪录达到 8 亿次。为了保持用户的日活跃度，并重新挽回已流失用户或唤醒“休眠”用户，该游戏采取了一系列推送通知部署方案。不管是提醒用户在某个时间段内会有稀有精灵出现在附近，还是记录每日战斗场次，这些推送信息在促使用户打开 App 方面发挥了很大作用。

五、用户付费的策略与方法

用户付费是对产品价值的极大认可，也是产品和企业能可持续发展的根本底气。长期以来，受到互联网免费商业模式的影响，很多应用都把能不能建立用户黏性、用户规模能不能持续增长当作最重要的衡量标准，对用户付费并不看重。随着互联网 C 端人口红利的消失，移动用户增长见顶，互联网步入存量市场，资本市场从疯狂的“烧钱”行为转向较为理性的投资，对企业的估值判断也从流量获客为基础，向利润创造为导向转变。越来越多的产品经理和运营人员开始注重从人性和用户心理的角度，引导和培养用户为有价值产品付费的习惯。

（一）提供免费体验，尝鲜付费功能

人的消费习惯形成之后往往有不可逆性，即易于向上调整，而难于向下调整，这一现象被称为棘轮效应，也是我们常说的“由俭入奢易，由奢入俭难”。如果我们的产品确实能给用户带来便捷或好处，那么我们一开始的时候先免费，或者以低廉的价格让用户使用，当用户习惯了这个产品之后，会很难再向下调整。例如，爱奇艺针对新用户推出了“签到免费领 7 天 VIP[①]会员”的活动，用户一旦体验过会员的抢先追剧、专属片库、去广告等功能后，再退回到非会员的状态就觉得难以忍受，往往会选择主动付费以延续良好的用户体验。

（二）降低付费门槛，促使首次付费

从 0 到 1 和从 1 到 100 有着本质的不同。用户的首次付费（也被称为付费破冰）标志着用户从免费向付费用户的身份转换，意义重大。设计绝大部分人可以承受的小额付费活动可以有效推动这一过程。小额充值的精髓不在于能获得多少短期营收，而是着眼于扩大用户付费漏斗的人口基数，尽可能引导更多的用户产生一次完整的付费行为，为后续大额付费扫清心理上与行动上的障碍。例如，“1

① VIP：very important person，非常重要的人。

元体验黄金”“十元买定投”等是理财产品的常见活动手段，以极低的投资门槛吸引大量用户在不知不觉中完成产品注册、银行卡绑定、首次充值等关键动作。

（三）利用用户心理，推动持续付费

经过上面两个步骤，我们往往能够成功筛选出兼具付费意愿和一定付费能力的用户群。针对暂未唤起的潜在付费用户，运营人员也可以保持关注，挑选合适的契机进行再次转化努力。当然，能够让用户持续付费的永远是产品的核心价值，与此同时，精明的运营者有一套针对用户心理的常用技巧。

1. 消费动机的合理化

动机是促使人们付诸购买行为的潜在驱动力。通过告诉用户付费不是为了个人享乐，而是为了其他正当理由，就可以帮助用户确认消费是必要的，从而有效缓解用户花钱的负罪感，降低用户付费阻力。常见的正当消费理由有个人提升、自我嘉奖、馈赠亲友、公益责任等。

2. 付费金额的合理化

用户的心中都有一架天平，只有当“用户感受到的产品价值”匹配甚至高于“产品本身价格”的时候，用户才会觉得这样的购买是划算的。与其让用户在心里独自算账，反复权衡，更聪明的做法是我们主动解释价格的合理性，并帮助用户来算这笔账。例如，某工具类 App 的订阅价格是 199 元/年，运营者在转化页面上不仅详细展示了市面上其他高价产品的优缺点，在无形中确立了自身产品高价值的定位，同时还以算账摊平的方式醒目地强调“一周花一杯豆浆的钱，就能大大提升工作效率”，用户当然觉得非常划算。

3. 设置刺激马上下单

告诉用户现在的优惠是前所未有的，如果错过，产品会涨价，甚至售罄买不到，这会让用户害怕自己“错过机会”或“被排斥”，基于紧迫感快速下单。例如，喜马拉雅 FM 于 2016 年举办了首届“123 知识狂欢节”，推出了全场 1 000+ 精品课程 5 折限时抢的活动，以一年仅有一次的大幅优惠吸引了大量观望用户囤课。最终，12 月 3 日当天总销售额为 5 088 万元，相当于淘宝“双十一”第一年销售额。

第四节 数字媒体用户分层运营

用户分层是流量精细化运营的前提与必然要求。随着我国互联网网民数、移动用户数日趋饱和，互联网从增量市场转向存量市场，各大厂商都面临着流量的挖掘和留存的问题。从目前状况来看，公域流量竞争激烈、获取成本高，私域流量也由于用户的越来越多元化而变得黏性匮乏。在这种环境下，数字媒体一方面要扩展更多红利渠道、进行圈层精准引流；另一方面需要通过精细化运营为核心流量建护城河，以最小的成本使用户价值最大化。不管是对新流量的精准引入，还是对现有流量的精细运营，用户分层都非常重要。

一、用户分层

用户分层是指根据不同用户的行为特征划分成不同的用户群，针对性地提供营销与服务，从而充分发挥每个层级用户的价值，达成产品目标。用户分层是一种去平均化的思路，能帮助产品经理和运营人员快速定位问题、提示业务突破口，在实现运营资源高效配置的同时提高单位用户产出效益。

用户分层并不是一个新鲜概念。在传统行业里，企业早已有根据客户的属性特征进行有效识别和差异化区分，并针对不同级别客户展开针对性服务与营销活动的做法。例如，对于消费次数多或消费金额大的重要用户，采取设置服务专线、提供专属权益、定期颁发荣誉奖章等方法稳固关系；当重要用户可能出现流失时，及时发放优惠券、推送邮件等。

数字媒体产品天然拥有更加丰富的用户数据。随着云计算、大数据分析平台等互联网水电煤基础设施的不断成熟和开放，运营者可以根据用户属性数据、行为数据、场景数据对用户进行多维度的精准打标和动态追踪，实现用户运营全过程的数据驱动和自动化管理。例如，运营人员只需要为用户分层设定相应条件，所有满足条件的用户会自动打上这一标签，并触发此类标签人群的特定营销活动。

这样的自动化管理可以确保运营者对用户的认知永远是实时的，更能将运营人员从繁复的数据处理工作中解脱出来。

二、用户分层的常用模型

用户分层的前提是产品具备一定的用户量。数字媒体产品运营初期，由于划分样本不足，且公司的数据体系可能尚未搭建完成，运营人员可以选择一些基础的用户分层模型来简化问题。常用的模型包括 AARRR 漏斗模型、用户金字塔模型、用户生命周期模型等。例如，美丽说在产品早期将用户分为时尚达人、超级达人、活跃用户、需求大众四类，并针对每类用户给予不同的引导和服务；伴随产品的成长与用户体量的扩大，用户需求和价值呈现出复杂多变的特征，运用纯粹的单一指标或多指标也难以划分清晰。这时，我们可以借用因子分解机（factorization machine，FM）[①]模型或采用聚类算法对用户进行综合分析。无论采取怎样的方法，用户分层都有一个共同的底层逻辑，即基于底层的产品目标，根据不同的指标划分，找到不同用户的各类需求。

（一）用户金字塔模型

用户金字塔模型是一个简单有效的用户管理模型，其核心依据是二八法则，即占总数量 20%的核心客户为企业贡献了 80%的利润，企业却只需支付较低的运营成本；剩下的 80%用户是企业的普通客户、长尾客户，他们数量庞大但活跃度、忠诚度、付费意愿都远比不上核心用户，仅贡献了 20%的利润。

一个常见的用户金字塔模型提供了简单可行的分层运营方法（图 3-4）：运营者一方面要将运营重心放在顶端核心用户身上，同时也要创设鼓励底层用户向上流动的机制与活动，不断筛选出具有增长潜力的普通客户向高价值用户转化，而针对短期内没有升级潜力或无法升级的用户——如毫无忠诚度而言的“羊毛党”——则降低或不再投入运营成本。

① 因子分解机是由 Steffen Rendle 提出的一种基于矩阵分解的机器学习算法。目前，被广泛地应用于广告预估模型中。

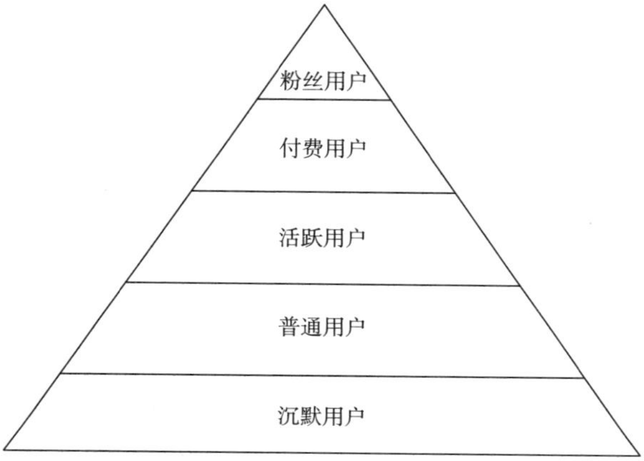

图 3-4　某知识付费社区的用户金字塔设计

（二）用户生命周期模型

用户生命周期模型[①]（图 3-5），是从企业与客户建立业务关系到完全终止关系的全过程，是客户关系水平随时间变化的发展轨迹，它动态地描述了客户关系在不同阶段的总体特征。

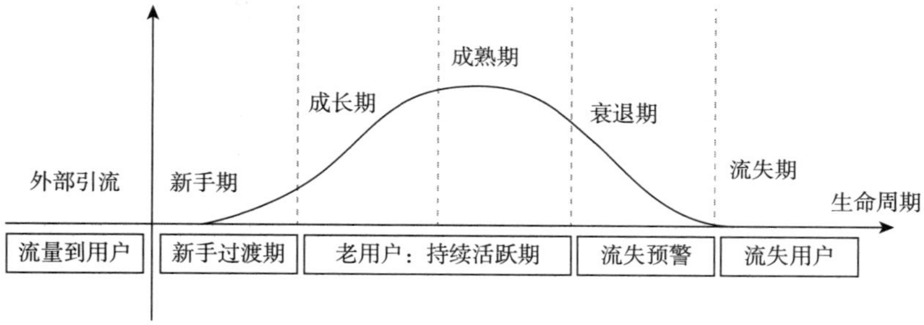

图 3-5　用户生命周期模型与用户价值

用户生命周期可分为新手期、成长期、成熟期、衰退期和流失期 5 个阶段。新手期是客户关系的建立期；成长期是客户关系的快速发展阶段；成熟期是客户关系的理想阶段；衰退期是客户关系水平发生逆转的阶段；流失期是客户关系完全终止的阶段。

① 注：用户生命周期是用户开始接触产品到离开产品的整个过程，和产品生命周期是不同的概念。

我们可以看到，用户生命周期模型本质上反映了用户与平台逐渐建立深度连接的过程，用户与平台的关系水平随着时间的推移，从新手期到成长期、成熟期直至衰退期依次增高。同时，用户价值随着生命周期的发展不断提高，新手期最小，成长期次之，成熟期最大。基于这一模型，运营人员需要尽可能地通过运营手段延长用户使用产品的时间（延长寿命），刺激用户深度互动（提升价值）。

2019 年 11 月 1 日，京东联合全球领先的监测和数据分析公司尼尔森发布《用户生命周期运营白皮书》。作为中国最大的 B2C 电商零售渠道，京东将平台累计近 10 亿个用户的消费行为数据有序梳理，提出“用户生命周期”的概念，并按照时间序列对用户在食品饮料、母婴、个护、清洁、酒类、宠物食品等品类下的行为数据进行有效捕捉，将潜在用户、留存用户再到流失用户全路径进行刻画。目前，京东已将用户生命周期沉淀到统一的数字化用户运营平台数坊中，基于用户生命周期模型，品类或者品牌的运营人员可结合行业发展趋势，监控用户在各个生命周期阶段的结构分布和流转情况，围绕各生命周期用户进行洞察分析，并基于分析结果为每个用户匹配定制化的增长策略，真正实现科学的用户精细化运营。

（资料来源：http://www.199it.com/archives/960974.html）

（三）用户价值模型——RFM 模型

RFM 模型是衡量客户价值、创利能力、活跃度的重要工具和手段，该模型依托用户最近一次购买时间（R）、购买的总体频次（F）及累计消费金额（M）三项指标来描述用户价值。RFM 模型在用户成长中主要用于监控用户的活跃度及流失可能性。利用 R、F 的变化，可以推测客户消费的异动状况，监控客户流失的可能性，再从 M 的角度来识别用户的重要程度，重点放在贡献度高且流失概率也高的用户上，重点拜访或联系，以最有效的方式挽回更多的用户。

1. 利用 RFM 模型对客户进行分类

在应用 RFM 模型（图 3-6）时，要有用户最基础的交易数据，至少包含用户身份认证（identity document，ID）、交易金额、交易时间三个字段。具体评分的规则可以根据经验设定分值区间，或者将数据平均分配，或者采用中位数、均值等作为分区的依据。例如，采用中位数作为分区依据，大于中位数记为高，低于中位数记为低，则可以将客户分为重要价值用户、重要发展用户、重要保持用户、重要挽留用户、一般价值用户、一般发展用户、一般保持用户、一般挽留用户八类（表 3-2）。

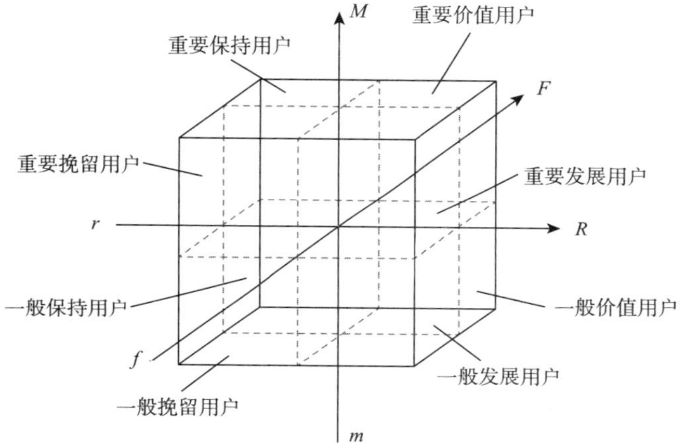

图 3-6　RFM 模型

表 3-2　RFM 模型与运营策略

用户类别	R 值	F 值	M 值	运营策略
重要价值用户	高	高	高	保持现状
重要发展用户	高	低	高	提升频次
重要保持用户	低	高	高	用户回流
重要挽留用户	低	低	高	重点召回
一般价值用户	高	高	低	刺激消费
一般发展用户	高	低	低	挖掘需求
一般保持用户	低	高	低	流失召回
一般挽留用户	低	低	低	视情况可放弃

资料来源：根据网络资料综合整理

2. 为分层用户匹配对应运营策略

如对于重要保持用户，统计周期内用户的 F 及 M 都为高，但是最近没有购买过，针对此类用户采取一些措施将其重新召回，促进客户再次消费。如果某个用户最近一次消费时间距今比较久远，没有再消费，但是累计消费金额和消费频次都很高，说明这个用户曾经很有价值也就是 RFM 模型中的重要保持客户，我们不希望他流失，所以运营人员就会专门针对这类型用户设计召回策略，这也就是 RFM 模型的核心价值。

值得注意的是，RFM 是基于客户交易行为产生的，RFM 比较适合传统企业里的运营商、银行、航空，或者互联网里的电商、出行，必须捆绑客户 ID，有一定频次的小额消费。针对其他的用户场景，只要我们找出与 R、F、M 相关的数据字段，做好字段的定义，证明这些字段是影响当前业务进展的最为关键的几个维度即可。例如，在不同的场景中，R、F、M 可以灵活替换。

R：最近一次登录时间、最近一次发帖时间、最近一次投资时间、最近一次观看时间；

F：浏览次数、发帖次数、评论次数；

M：充值金额、打赏金额、评论数、点赞数。

第四章　数字媒体内容运营

内容是用户感受数字媒体产品功能、价值和情怀理念的纽带，它既面向产品的“当下用户”，也覆盖还没有使用产品的“未来用户”，具有增强用户好感，提升产品价值的重要意义。当前，大数据、云计算、物联网、人工智能为代表的智能技术全面渗透到内容产业流程中，给数字媒体内容运营工作带来了全新的挑战。在内容运营中面临着两大问题：一是智能技术如何改变了内容生产、分发和商业化环节，又给内容运营工作带来了哪些新的挑战；二是内容运营的核心工作——内容生产、内容管理和内容流通有哪些常见策略与方法。据此，内容运营人员可以对智能媒体时代人-机协同的工作场景做好思维、知识、技能上的准备。

第一节　数字媒体内容运营概述

在“万物皆媒”的时代，无论是平台、路径，还是入口、消费者接触点，都需要大量内容进行用户沟通。根据内容发挥作用的不同，产品的内容可以分为辅助性内容和消费性内容两大类：辅助性内容主要帮助用户更好地理解和使用产品价值，如工具型产品的 UI 界面与功能说明、电商产品的商品信息等；消费性内容是直接供用户消费的信息资源，满足用户对资讯、娱乐、社交等内容的需求，如微信公众号的推文、抖音上的短视频、小红书里的美妆笔记、豆瓣社区里的帖子等。内容运营中的“内容”一般是指消费性内容。

内容运营是围绕产品内容展开的系统工作，内容运营需要全面关注数据驱动下的内容生产、管理、流通环节，掌握内容定位、策划、编辑、发布、粉丝互动、数据分析与数据工具应用等核心能力，是当之无愧的内容“掌门人”。

一、内容运营的概念

“内容运营”的概念脱胎于传统媒体时代的“编辑”。传统媒体时代的内容产品主要体现为报纸的文章与图片、广播节目与电视节目等，负责其内容的采写、编辑、审核、组织的人员一般被称为“编辑”。进入 Web 2.0 时代，伴随着“传者为中心”的内容生产思维向“用户为中心”转变，内容生产、传播、受众反馈等多个环节被重构，内容运营的概念由此产生。

早期业界多重视内容运营在内容产出环节的贡献，如张亮在《从零开始做运营》一书中指出：“内容运营是指通过创造、编辑、组织、呈现网站（产品）的内容，从而提高互联网产品的内容价值，制造出对用户黏着、活跃产生一定的促进作用的内容。”我们期待运营者具备天马行空的创意技巧、精湛绝伦的文字功底、游刃有余的剪辑水平。随着内容消费升级浪潮的到来，尤其是兼具智能化内容生产、分发、消费功能于一体的内容平台产品的崛起，内容运营从关注生产端拓展为对内容全流程的运营管理。黄有璨在其著作《运营之光：我的互联网运营方法论与自白 2.0》中提出，内容运营核心要解决的问题是“持续关注内容从生产到消费再到流通和传播的全过程，并通过自己撰写、编辑、组织加工、外部渠道传播等一系列手段去更好地促进这个过程的发生”。

无论是哪种定义方式，究其根本，内容运营是在理解用户与产品的基础上，以满足用户需求的内容来传递产品价值，提高用户黏性和活跃度，最终为产品创造价值的一系列运营工作。狭义的内容运营主要指的是通过内容策划、创意生产、渠道发布等一系列工作实现产品推广目标。这一语境下，内容运营的工作流程常包括选题规划、内容策划、形式创意、素材整理、内容编辑、内容优化、内容传播等环节[①]。广义的内容运营是指围绕“内容”这种信息产品开展的一系列运营活

① 勾俊伟. 新媒体运营：产品运营+内容运营+用户运营+活动运营[M]. 北京：人民邮电出版社，2018：100.

动，包括内容生产、内容分发、内容变现等关键环节在内的整个操作。在具体实践中，围绕着这三大环节还衍生出了内容的组织、优化、评估及管理等方面的相关运营工作。无论是哪一类内容运营，内容运营和数据的关系都变得愈发紧密。利用数据技术创新内容生产的观念和手段、优化分发和传播路径，以及进行多元化变现已经成为新媒体内容运营的共识，而数据工具的开发和利用正在让这一切变得更加便捷和高效。

二、内容运营的核心任务

无论是门户网站、电商网站、企业网站、政府网站、搜索引擎、社区论坛还是各类移动端应用，理论上所有的数字媒体产品都有内容，都需要内容运营。只不过不同形态的产品，内容类型不同、呈现形式不同，对内容运营从业者的要求也不同。例如，内容是诸如资讯服务类平台、泛娱乐平台、内容社区产品的核心竞争力，因此需要有专门的人员负责保障优质内容的稳定出产、对源源不断产生的内容进行有序管理和包装，并借助恰当的分发机制与流通渠道将内容曝光给对应用户。相反，纯交易型、工具型的产品中与内容有关的工作不会太多，内容运营的工作常囊括在其他运营的岗位职责里。

根据负责环节不同，内容运营工作可以大致分为以下三类，不同的岗位需求匹配着相应的职业技能。

（一）保障内容的持续生产

保障优质内容的持续生产是内容运营的重要职责，无论是自己直接采写、编辑、加工，还是通过激发用户、KOL 合作来产出内容，都需要运营者具备较强的网感和热点敏感度，深度理解用户需求，熟知常见内容的创作手法与传播规律。与此同时，前者对素材收集、文案撰写、图片处理、短视频拍摄、H5 页面制作等新媒体事务技能有较高要求，运营者需要能独立或与团队一起完成从选题到策划落地的一系列过程；后者则需要具备较强的策划能力与商务拓展能力，通过内容生产者激励与关系维护，保障稳定而优质的产品内容供给。

（二）负责内容的有序管理

内容运营不仅是内容生产环节的第一责任人，还应该是内容呈现的把关人。在信息爆炸的移动互联网时代，以今日头条、抖音、微博、哔哩哔哩为代表的平台产品汇聚了大量的用户和海量内容创作者，这无疑加大了内容审核与内容管理的工作难度。负责这一环节的运营人员要具备较强的风险意识和控制能力，同时善于协同机器算法、利用产品机制提高运营效率，营造适宜的社区氛围。

（三）促进内容的流通消费

内容是特殊的信息商品，要通过内容载体传达产品价值，就要让产品内容与用户“对路”，无障碍地进入流通环节，被用户消费。这一环节的核心任务是保证内容与用户的高度匹配。运营者要对内容优劣有准确判断，善于从内容的数据表现中发掘优质内容，并通过内容主题化、专题化、推荐等编辑手段实现对优质内容的二次包装与呈现；对机器算法与人工推荐有相当的认识，能够协调产品、算法等部门制定内容分发机制，根据数据优化用户个性化推荐策略；同时熟悉内容传播规律与流通渠道，实现内容的广泛流通与社交传播。

根据产品与内容规模的不同，运营者可以负责上述内容生产、内容管理、内容流通的一项或多项工作。但无论如何，运营过程中的数据监控与运营优化都必不可少。运营者都必须具备较强的数据运营意识与数据分析能力，敏锐地从数据报表中定位问题，不断促进优质内容的生产与消费。

例如，今日头条文史频道内容运营岗位招聘要求，包含了内容生产激励、内容质量把控、内容推荐优化三大任务。

（1）挖掘今日头条站内文史频道的优质内容，优化平台对垂类作者的激励机制；

（2）负责维护今日头条 App 各频道内容的画风，把控不同品类内容的优劣质量；

（3）负责内容质量分析，结合平台内容生态和用户反馈，优化今日头条优质内容的推荐策略。

第二节　智能媒体时代的内容运营

纵观人类社会的媒介发展史，技术的每一次重大突破都会将传媒业的发展带入新的阶段。在我国互联网二十多年的发展历程中，内容领域经历了逻辑上互为呼应的三阶段变革：Web 1.0 阶段以“连接”为基础，以四大门户网站为代表，作为新媒体的互联网多延续传统媒体的单向传播模式，以提供海量 PGC 为特征；Web 2.0 阶段以“互动”为核心，以微博、微信、博客等社交媒体为代表，以即时性、去中心化、开放共享的 UGC 为特征；Web 3.0 阶段以“智能”为依托，以今日头条等内容聚合平台为代表，基于算法的聚合型生产与个性化推荐成为内容供给的新模式。目前，我们正处于智能媒体时代发展的早期阶段，内容生产、内容分发和内容变现环节正呈现“人工智能+人类智慧”的特征，数字媒体内容运营工作也面临全新挑战。

一、智能媒体时代的内容生产

云计算、物联网、大数据、人工智能的持续发展和不断成熟，语音识别、图像识别、算法推送等人工智能技术在传媒领域大显身手，新内容革命首先发生在内容生产领域，在重新定义内容生产主体的同时，也重构了内容生产全流程。

（一）内容生产主体的多元共生

传统意义上的内容生产主体是媒介从业人员和专业媒介机构。社会化媒体和移动时代，作为内容消费者的大量用户和非专业组织进入内容生产领域，带来了内容供给侧的爆发式增长。随着人工智能在传播领域的全面渗透，内容生产主体的范围得到了进一步的拓展，机器人和其他企业组织也加入内容生产领域中。用户生产、专业生产、智能生产共生成为新的景观。

1. 用户生产

UGC 是指以任何形式在网络上发表的由用户创作的文字、图片、音频、视频等内容，是 Web 2.0 环境下一种新兴的网络信息资源创作与组织模式①。常见的 UGC 有公民新闻、原创视频、发帖与评论、网站弹幕等。社会化媒体实现了技术对个人的赋权，无论是用户的意见表达、自我展示与生活记录，还是基于认知盈余的知识分享，参差百态的用户内容都是内容生态的重要组成部分，在满足多样化的信息需求的同时，极大地促进了网络文化与内容生态的繁荣。用户的个性表达具有天然的趣味性、亲近性和鲜活感，在用户社会参与和流量方面拥有专业生产难以企及的优势。

2. 专业生产

业界对专业化生产多有 PGC 与 OGC 之分，两者以是否有职业身份并领取一定报酬作为分界，学界对此一般不做具体区分，以专业化生产统称。

具体而言，PGC 多指在垂直域里具有一定影响力的专业人士（如微博大 V、网络红人、科普作者等）生产的专业、深度内容，是短视频、直播电商、自媒体领域常用的内容生产与孵化机制，可以完成从内容生产到依赖粉丝变现的生态闭环。例如，优酷土豆是最早发力于 PGC 的视频网站之一，催生了《罗辑思维》《暴走漫画》《万万没想到》等多个优秀原创 IP。

OGC 的生产主体则是具备一定知识和专业背景的从业人员，如专业媒体或机构的记者、企业的官方运营人员，他们从职业身份出发参与生产并从中获得报酬，属于职务行为。OGC 对内容生产者的身份设置了较高的职业门槛，同时保留了传统的“把关人”角色，在内容核查与版权保护等方面有更严格的流程和标准，这使得 OGC 具有内容质量高、产出稳定的特征，受到用户的天然信赖。OGC 有自行创造和从外部花钱购入版权两种模式。

3. 智能生产

智能技术的发展使得媒介在为受众赋权的同时，自身也在不断智能化，拥有了机器自生产能力。2017 年 12 月 26 日，新华社发布了国内首条 MGC（machine-generated content，机器生产内容）视频新闻（图 4-1），该视频

① 赵宇翔，范哲，朱庆华. 用户生成内容（UGC）概念解析及研究进展[J]. 中国图书馆学报，2012，38（5）：68-81.

由媒体大脑[①]"会议报道模型"生成，分析网页 108 786 961 个，检索视频 15 793 分钟、音频 4 465 分钟，调用知识节点 437 个，计算耗时 10.3 秒。2018 年，在第五届世界互联网大会上，新华社联合搜狗发布了全球首个合成新闻主播——"AI[②]合成主播"。一系列技术领域的重大突破标志着智能机器正在全面进入信息内容生产流程，内容生产进入 AGC（algorithm-generated content，算法生产内容）与 MGC 时代。

图 4-1　全球首个 AI 合成主播

资料来源：新华社

AGC 与 MGC 是内容传播领域一场全新的范式革命。与人类相比，机器人写作在抓取海量信息、快速筛选内容、高效处理数据等方面体现出了与生俱来的明显优势。从传统主流媒体时代精英式的内容产出、社会化媒体时代的大规模用户生产到以算法为核心的内容智能生成的升级，大规模、高效率、精准化的内容生产成为可能。

事实证明，AI 完全可以胜任初级的、重复性的内容生产工作。当传播流程的

① 媒体大脑是我国第一个媒体人工智能平台，由新华社和阿里巴巴合资成立的新华智云研发。

② AI：artificial intelligence，人工智能。

大多数环节和细节智能化、程序化之后，内容生产者要面对的常常是人–机协作的工作场景。例如，在传媒内容生产的过程中，机器可以负责前端用户数据、内容素材搜集以及粗成品的写作，编辑负责审核加工、内容的策划及深入跟进，最后再利用智能生产完善媒介内容的可视化呈现、沉浸式设计和个性化推荐。

以“媒体大脑”为例，该平台实现了2410（智能媒体生产平台）新闻分发、采集、版权监测、人脸核查、用户画像、智能会话、语音合成八大功能，覆盖了从新闻线索发现、信息素材采集，到新闻编辑生产、稿件分发传播及受众反馈监测等新闻业务的全流程。基于“算法+数据+传感器”，升级后的“媒体大脑2.0”实现了媒体信息的串联，内容的即时生成、资源共享、多元传播、深度融合成为可能。国内各媒体机构均可在申请认证后使用“媒体大脑·MAGIC短视频智能生产平台”。借助这一平台，各家媒体无须再单独配备数据、算法、工程等部门，采编人员可轻松制作出优质的短视频。

（二）内容生产环节的智能变革

随着内容业务的全面数据化，有价值的各类信息转化为线上数据并不断被拆解细化为可标记、可检索的最小单位，再通过智能算法的调用，奠定了对海量信息资源的无限应用的基础。智能技术作为内容生产的新的底层支撑，正在带来内容生产全流程的智能化变革①。

在选题策划环节，借助实时舆情监测与智能化数据分析技术，生产者可以预知话题热度、挖掘新鲜视角，为生产者创作出更优质的内容创造了条件。

在信息采集环节，在“万物皆媒”的物联网时代，搭载智能设备和传感器的智能化物体作为信息的采集者、传递者甚至加工者，成为内容生产全新的信息源，信息全天候、全方位采集和关键信息要素的自动判断将大大拓宽信息来源的广度，提升采编效率。

在信息加工环节，基于对人类所创造的海量优质内容深度学习，智能生产的手段和形式越来越多元，机器人写作已不再局限于突发事件和灾难性事件报道，

① 彭兰. 智能时代的新内容革命[J]. 国际新闻界，2018，（6）：88–109.

还拥有图片配发、智能校检、专题整合等能力，在专业领域写作、个性化内容服务、受众互动、舆论监测与引导方面崭露头角。

在效果反馈环节，通过分析浏览人数、跳出率、跳出节点、用户评论，甚至情绪波动、情感变化、脑电图曲线等实时生理层面数据，获得用户对内容质量、表达方式、版面安排等的认可度、接受度、喜好度等，从而调整内容选题、形式创意、推送时间和方式等，使用户得到更好的体验。

目前，写作机器人在财经、体育、灾难性事件报道等领域的应用已经较为普及，涌现了诸如《华盛顿邮报》的 Heliograf、《纽约时报》的 BlossomBot、路透社的 Open Calais、美联社的 Wordsmith、BBC 的 Juicer、新华社的“快笔小新”、腾讯的 Dreamwriter 等一批智能机器人。AI 可以根据主题主动从互联网采集内容数据，对内容数据进行自动化的鉴定、审核与筛选，智能分类聚合。未来的智媒时代，AI 将打破传统媒体的桎梏，实现完全智能化内容创作、跨媒体语义理解和多媒体内容精细编辑。此外，AI 在编剧、谱曲、视频剪辑、图像生成等领域也开始应用。例如，在音乐领域，AI 已经能够参与到题材选择、初步生成、编曲、声音合成等各个环节。不过，目前 AI 尚不具备人类特有的情感、思维，只是限于辅助人类创作和替代完成部分低质量的重复工作。

二、智能媒体时代的内容分发

据学者 Carey-Simos 在 2015 年的一项研究推算，按照当时的互联网数据产生速度，每天已经能产生 12.5 万亿字节的数据量，在每天的每分钟内，有 456 000 条推特被发表，46 740 张照片被上传至 Instagram，1 758 万条状态和 3 060 万条评论出现在 Facebook，1.56 亿封邮件被发送，154 200 次 Skype 电话产生。在信息过载的时代，如何使人和信息更有效率地连接，这对数字媒体时代的内容分发提出了较大的挑战。

（一）主流内容分发机制

人类的信息分发模式迄今为止大体上经历了三个主要的发展类型：倚重人工编辑的媒体型分发、依托社交链传播的关系型分发、基于智能算法对于信息和人匹配的算法型分发[①]。这三种类型作为信息分发的主流模式依次出现，各有特色。

1. 人工主导的编辑分发

在移动通信设备广泛应用以前，报纸、电视等传统媒体是人们对信息的主要获取渠道。传统媒体在内容分发阶段，要由专业的记者编辑担任“把关人”角色，对媒体收集到的信息进行筛选、排版、审核等人工分发方式。这种分发方式可以解决社会的共性需要，把那些对于全局、所有人具有普遍意义的信息筛选出来，并以点对面的方式传播出去。它的价值在于解决了“头部信息”的社会化分发。但是它无暇顾及人的分众化、个性化、偶然性、体验性及高场景度的信息需求。

2. 关系主导的社交分发

2010 年 Facebook 主页访问量超过 Google，可以看作社交驱动的“关系型分发”在全球成为主流的“拐点”。在以社交为核心的分发机制下，用户不再麻木地被动接受，而是通过自己的社交结构主动拥有了无法复制的信息。在这种模式下，根据用户关注的对象与好友所形成的人际关系网络提供用户在海量信息中筛选和过滤的功能。社交分发模式激活了大众传播时代那些被忽略的极大量的“长尾信息”，实现了信息分发的“千人千面”——不同的人通过不同的“朋友圈”有了个性化的信息世界。但在社交网络经历过疯长并逐渐过载的现状下，基于社交分发的信息变得单调甚至劣质。在微信朋友圈里，微商、养生链接、炫富等垃圾信息的数量与日俱增。

3. 机器主导的算法分发

“算法”的概念来源于计算机领域。它是指解决问题的一系列明确指示，是系统地描述问题解决的战略机制。2012 年，今日头条率先使用算法进行内容分发。机器算法和内容推荐机制能够有效地建立“用户”和“内容”之间的匹配关系，推动内容的消费环节，内容库中的内容无论新旧、生产者身份如何，都能够被相应的用户所喜欢和反馈，这从源头上给予了内容生产者极大的动力。随着 AI 的深入发展，这种智能分发模式已经成为主流移动媒体的新选择。

目前常用的推荐算法有基于人口统计信息的推荐、基于用户内容偏好的推

---

① 喻国明，韩婷. 算法型信息分发：技术原理、机制创新与未来发展[J]. 新闻爱好者，2018，(4)：8-13.

荐、基于用户相似度的协同过滤推荐等（表 4-1）。对内容而言，每一个用户既是消费者又是决策者，被认可的内容得以进一步扩散，不被认可的内容则被系统纠偏，以免给更多人造成负面影响。对用户而言，每一次行为反馈都在不断地完善自己的用户画像，而系统的兴趣探索行为，也在进一步给这幅画像补充更多维度。

表 4-1　主流推荐算法介绍

主流推荐算法类型	代表性算法	核心思路	优点	缺点
基于内容的推荐	文本推荐	根据用户历史项目进行文本信息抽取、过滤，生成模型，向用户推荐与历史项目内容相似的信息	1. 可缓解冷启动问题。 2. 可解决数据稀疏问题	1. 无法有效处理非结构化数据，如音频、视频等多媒体数据。 2. 难以挖掘用户潜在兴趣和需求，容易造成过度个性化、“信息茧房”现象
协同过滤推荐	基于记忆的协同过滤推荐	通过匹配与该用户具有相似兴趣和特性的用户，根据相似用户的喜好向该用户推荐信息	1. 个性化程度高。 2. 可以处理音、视频等非结构数据。 3. 可以挖掘潜在需求	由于依赖系统内整个用户历史数据库作为其推荐系统的原料，当数据严重稀缺时，会存在推荐精准度下降、冷启动差等问题
	基于模型的协同过滤推荐	通过训练集数据学习得出一个复杂模型，再根据用户历史数据，预测用户喜好，进行推荐	1. 个性化程度高。 2. 可解决数据稀疏性问题。 3. 预测精准度较高	1. 建模复杂； 2. 存在冷启动问题
关联规则推荐	—	通过大量用户历史数据，挖掘数据背后潜在的关联与规则，分析用户潜在需求，进行推荐	可挖掘潜在需求	随着规则增多，系统管理难度越来越大
组合推荐	基于内容的推荐和协同过滤推荐的组合推荐系统最为常见	由于各种推荐算法都存在优缺点，在实际应用中，经常组合两种或几种推荐算法，整合优点，弥补缺点，以实现精准预测和推荐	可以整合多种算法优点，弥补各自缺点	具体的算法组合适用于个性化的应用场景，较难在其他应用中推广

资料来源：喻国明，韩婷. 算法型信息分发：技术原理、机制创新与未来发展[J]. 新闻爱好者，2018，（4）：8-13

如果我们简化算法推荐过程，将推荐的因素收敛到编辑、社交、模型三种因素，那么，一个内容在系统中的得分可以表示为下列公式：内容得分=a×编辑因素+b×社交因素+c×模型因素（a、b、c 分别为三种因素的权重）。如果我们把某种因素的权重设置为 1，其他因素的权重设置为 0，那么算法分发就能够等同于编辑分发或社交分发。从技术的角度上来说，算法分发或许可以称为终极解决方案[①]。

（二）对算法分发的反思

正如传播学者尼尔·波兹曼在《技术垄断》中的论断，每一种新技术都既是包袱又是恩赐，不是非此即彼的结果，而是利弊同在的产物。在给传播领域带来革命性改变的同时，算法背后存在的隐患也逐渐凸显，引起人们的警惕。算法型内容分发可能导致信息茧房、假新闻泛滥、算法偏见、把关权力迁移等现象，引发受众孤独倍增和新的“知识鸿沟”出现。当系统任由猎奇、低俗等人性本能需求进行个性推荐时，在价值导向和质量上就难以保证。此外，用户数据泄露等问题也给用户带来了新的困扰。人民网也曾连续推出文章《不能让算法决定内容》《别被算法困在“信息茧房”》《警惕算法走向创新的反面》三评算法推荐模式。

学界和业界对算法分发的热烈讨论甚至批判并不意味着否定算法，而是对人-机关系的深层把握与反思。算法是基于我们对现实世界的理解进行的抽象和建模，其内容生产和分发的规则都是由人来制定的。无论遵循怎样的运营思维和流量逻辑，都需要兼顾分发效率与公共责任、工具理性与价值理性、个性满足与社会整合，不能只有资本思维。技术的能量越大，越需要受到伦理和规范的约束，这既包括技术伦理、数据应用伦理，也包括新闻传播的专业伦理。我们常说“技术也有价值观”也正是此意。技术的价值观并不存在机器体内，而是存在于选择及使用这项技术的人脑海之中，依据人的价值观对机器行为进行判断与约束仍然是且长期是内容生产革命的核心。

---

① 闫泽华. 内容算法：把内容变成价值的效率系统[M]. 北京：中信出版社，2018：98.

也正是因为上述原因，我们熟悉的各类内容产品大多走上了一条多分发方式融合的道路——依赖中心化编辑进行引导和干预，发动去中心化用户进行生产传播，应用机器学习和智能分发提升分发效率，这本质上是一种人–机协同、相互校正的机制，通过对用户进行人工干预式的平衡推送或反向推送，实现对智能分发的纠偏。

三、智能媒体时代的内容变现

对于数字媒体来说，内容变现一直都是生存之基。在消费升级的大环境下，高质量的内容和高品质的内容服务成为新的需求增长点，以内容为入口，结合粉丝经济、社群经济，内容方通过广告、知识付费、会员制、内容电商、IP 开发与衍生品销售等方式，实现了内容产品的投资、生产、制作、分发、运营等各个环节的利益共创。根据付费的对象不同，直接通过内容盈利的模式可以大致分为售卖给广告商或售卖给用户两种逻辑。

（一）广告收入

在传统媒体时代，媒体先将内容产品以极低的价格卖给终端消费者（读者、听众、观众），然后将消费者的注意力售卖给广告商，以广告补贴发行。数字媒体内容的广告变现与传统媒体“二次售卖”模式一脉相承，其变现的本质是看中数字媒体的用户流量。一般而言，具有一定流量规模的数字产品可以通过合约售卖方式、自营广告网络、托管给其他广告网络、通过 RTB（real time bidding，实时竞价）变现等方式实现流量出售[①]，依据广告的曝光效果（cost permille，CPM）、点击效果（cost per click，CPC）、转化效果（cost per action，CPA）等方式与品牌主或广告交易平台结算，获得收益。

在大数据技术对海量用户数据进行挖掘和分析的基础上，智能算法可以对每一名用户进行从性别、地域、年龄、职业到兴趣、爱好、媒介使用习惯等全方位的立体画像，据此精准匹配广告素材，流量利用率和流量价值显著提升。随着在

① 刘鹏，王超. 计算广告：互联网商业变现的市场与技术[M]. 北京：人民邮电出版社，2015：16.

线广告技术和以实时竞价为核心的程序化交易市场不断成熟，流量交易会更加智能化、数字化、规模化。

（二）用户付费

传统互联网内容以广告主单边付费形式，向用户免费开放资源形式运营，而在时下 IP 为王，知识付费风潮兴起之下，用户付费和广告收入双引擎驱动了我国数字内容和网络版权产业迅速发展。

1. 基于版权意识的内容付费

数字内容凝结着创作者的心血，为内容付费是用户较为接受的互联网商业模式之一。国家版权局发布的《2018 中国网络版权产业发展报告》显示，2018 年中国网络版权产业市场规模达 7 423 亿元，用户付费规模接近 3 686 亿元，同比增长 15.8%。用户付费的内容更为多样化，网络视频和数字阅读为用户提供优质和个性化的内容，增强了用户付费意愿和黏性[①]。内容付费常体现为作品型付费，如快看漫画、掌阅等均以作者原创作品为单位向消费者出售，每一篇文章/漫画收取一定费用，多消费多支付，少消费少支付。

除了内容产品的单次收费，内容方还可以深耕垂直用户需求与价值，通过为会员打包一系列基于内容的产品与增值服务，收取会员费获得商业利润。随着二次元市场的迅猛发展，基于优质内容的 IP 运营与衍生产品开发也成为 ACG[②]内容的重要营收来源。例如，在动漫行业，《狐妖小红娘》《一人之下》《全职高手》等精品国漫通过影视游戏开发、IP 授权与衍生品销售等方式深挖内容价值，延伸变现渠道。

2. 共享经济下的知识付费

伴随共享经济的发展，人们为优质、稀缺内容付费意愿的不断增强及移动支付渠道的普及，知识付费的理念与市场日趋成熟。2016 年被称为知识付费元年，作为知识变现形式的分答、罗辑思维等知识平台开始试水阅读内容变现付费订阅，

---

① 国家版权局. 2018 中国网络版权产业发展报告在京发布[EB/OL]. http://baijiahao.baidu.com/s?id=1631853001006917805，2019-04-26.

② ACG 是 animation（动画）、comic（漫画）和 game（游戏）的缩写。

并取得了不错的成绩。目前，流行的知识付费场景有付费讲座、付费问答、付费课程、付费社群等。知识付费浪潮的兴起，一方面源于信息超载时代的现实困境，用户对优质的内容、良好的用户体验、个性化的增值服务极度渴望；另一方面，急速发展的社会中各领域的知识快速更新，花钱买知识成为用户缓解焦虑的重要出口。

3. 为信任买单的内容电商

内容电商是指以消费者为中心，以触发情感共鸣的内容为原动力，通过优化内容创作、内容传播和销售转化机制来实现内容和商品的同步流通与转化，从而提升营销效率的一种新型电商模式。内容电商交易发生在用户阅读、观看或者互动的内容消费过程中，其动因主要是用户对内容的情感认同及对创作者、内容平台的信任追随。例如，用户会因为信任“罗辑思维”而购买微商城推荐的图书和商品，因为喜欢“凯叔讲故事”参与线下书屋社区互动和购买绘本。在这一模式中，无论买什么东西，本质上都是精神消费，用心来维护与用户之间的关系是重要的商业逻辑。

4. 为喜爱充值的粉丝打赏

随着用户参与的深入，互联网内容产业的粉丝经济效应也越来越明显。打赏是内容创作者人格魅力和铁粉黏性的直观体现。常见的打赏场景有文学网站（打赏作者）、直播（打赏主播）、社区问答（打赏答主、微博博主等）、创意制作（打赏制作者，如微信表情制作者）等。由于网络支付便捷化，媒介内容产品与盈利能够直接对接，激活并强化了媒体与用户的关系链，实现了商业闭环。

四、智能媒体时代的内容运营新挑战

智能技术的引入，并不是要把内容生产带向一个机械化的粗制滥造的时代，它的终极目标是通过人-机协同提升我们对复杂世界的认知能力[①]。当内容生产、分发、商业化被智能重构后，内容运营的工作场景、职业素养、评估方式都有了新的变化。这对内容运营人员提出了更高的要求。

---

① 彭兰. 智能时代的新内容革命[J]. 国际新闻界，2018，(6)：88-109.

（一）快速适应人-机协同的内容运营场景

“人-机协同”将运营者从烦琐、低效的程序性事务中解放出来，内容运营者的工作内容与角色定位也在发生转变，这要求我们重新找准并发挥人相对于智能机器的优势。在智能机器合作的过程中，运营者可能身兼多个角色，成为智能机器劳动的把关者、创意灵感的设计者、气氛意见的引领者、数据分析的决策者①，运营者要注意觉察技术带来的弊端和陷阱，在与算法工程师等技术工作者合作的基础上，一步步探索出人-机协同的具体模式，持续推进计算机的深度学习和机制优化。

（二）善于运用智能高效的内容运营工具

为了帮助内容运营者运用数据来了解用户需求、优化内容生产、定制分发内容、评估和预测传播效果、提升付费或广告收益等，媒体机构和第三方技术公司开发了多样态的智能平台与运营工具，实现了内容这一特殊信息产品的运营升级，这也对运营人员的素质与技能提出了更高的要求。运营者要善于借用智能工具进行内容生产，提升内容生产的效率，如借助智能工具洞察用户行为、解剖粉丝画像，进行热点内容预测、内容监测、效果评估、自动化内容生产及实时内容优化，在这个过程中，运营人员自身也实现向数据分析师的角色跨越。

（三）注重建立实时多维的内容监测体系

围绕内容从生产到消费全流程，运营者搭建起核心指标的数据监控体系，并根据反馈数据制定下一步的内容运营策略。一般而言，运营者需要持续关注并提升 UV/页面浏览量、点击率、内容消费时长、内容访问深度、用户互动数（如评论、点赞、收藏、转发）等和内容直接相关的数据，建立日常的监控机制与概念。由于内容运营是为产品服务的，运营者还应当关注产品的数据，寻找内容对产品的拉动。由于用户的认知需要培养，优质内容被发现和扩散需要时间，因此放到较长的时间段里看数据更具有参考性，更能体现内容运营的价值。值得提醒的是，

---

① 王泽华. 智媒时代媒体传播者的职能转向[J]. 青年记者，2018，(13)：11-12.

数据的精准性在很大程度上可以纠正人的经验判断的偏差，使内容运营和优化工作有据可依，我们也需要警惕这背后的风险，避免出现唯指标论的盲目短视。

第三节　数字媒体内容生产策略

当技术革命打破了媒体与媒体之间的界限后，硬件、算法、数据等便不再是坚不可摧的护城河，优质内容才是最强有力的抓手。内容生产环节的运营重点是"优质的内容如何生产"及"如何保证内容的持续生产"。为了实现这一目的，数字媒体企业可以设置专门的岗位负责内容的直接生产，也可以邀请专业人士、鼓励广大产品用户实现内容的间接生产，这两者在运营策略上存在较大的差异。

一、直接内容生产的策划要领

数字媒体的直接内容生产主要由官方的运营人员完成，传统内容生产体系中的采写、编辑、审核、校对流程仍然保持在互联网内容产品的生产过程中。运营者需要精确描绘用户画像，聚焦用户需求进行选题策划；围绕具体的选题进行内容素材的搜集、整理，确定内容的形式创意并进行编辑创作；以用户喜闻乐见的形式进行内容的呈现与传播；根据内容浏览量、评论转发等用户互动数据实时反馈、调整内容与方向。在这个过程中，有以下几个问题值得注意。

（一）保持价值主张，树立品牌调性

在数字媒体同质化产品的市场竞争中，真正打动用户的往往是产品独特的价值主张。例如，资讯平台"网易新闻"倡导"各有态度"，自媒体品牌"罗辑思维"主打"有种、有料、有趣"，二手书交易平台"多抓鱼"主张"真正的好东西值得被买上两次"，无不吸引着有相似价值观的用户追随，形成圈子文化。数字媒体产品的官方内容正是传达产品价值与品牌调性的重要载体，每一次内容的生产与触达都可以视为对产品内涵的新诠释，对用户关系的新沟通。因此，大到整体定位的把握，小到具体内容的演绎，内容运营应当保证一贯的价值主张，持

续输出独立、稳定、优质的品牌内容。用户在消费内容的同时接收到品牌独特的性格内涵与价值观念，从而形成鲜明的品牌印象与亲密契合的深度关系。

（二）瞄准用户需求，激发用户参与

传统的产品内容生产常从企业角度出发，想尽办法从不同角度反复告知产品功能，单向灌输的无趣自嗨不仅容易带来用户厌烦，运营者也不得不面对选题雷同、内容枯竭的困境。调转角色回归本心，“穿上用户的鞋子”去真实感知我们的产品如何被使用，基于细致、动态的用户研究来思考内容，围绕用户的疑问、苦恼和兴趣来生产内容，我们因此获得了源源不断的新鲜素材。正如舒扬在《共鸣：内容运营方法论》一书中谈到，“所有的内容被创作出来，其实都是为了追求用户的共鸣感”。从这一角度来说，无论是关系用户切身利益的解决方案、满足用户兴趣与好奇心的信息分享，还是激发用户共鸣的情感故事、鼓励用户参与的互动设计，这些通通都是好内容。

（三）深耕垂直领域，坚守质量把关

从文字、图片到视频、短视频、直播，从报纸、电视、广播到电脑、手机及其他智能设备，技术风口渐次爆发，网民内容消费习惯和偏好不断升级。不同消费者的需求配合多元化的内容消费场景，衍生出了丰富的数字内容产品。从内容消费的发展趋势来看，未来个性化需求会促使更多的长尾市场出现，垂直性的高质量内容输出将成为市场主流趋势。这要求内容运营者能通过专业化、持续性的内容来直接满足细分市场的消费诉求，并且以社交媒体与消费者建立强力的连接作用。无论内容的形式如何变化，用户对优质内容的渴望是不变的。内容运营者应当肩负起把控内容价值引导的社会责任，在关注数字媒体内容传播效果的同时，不能唯点击量论，坚持用真实、客观、健康、优质的内容塑造自身风格，真正赢得用户的口碑。

（四）布局多元主体，共创丰富内容

官方直接生产内容有利于把控内容质量、塑造品牌形象，但在题材丰富性、内容多样性、个性化生产等方面存在一定缺陷。因此，包括主流媒体和互联网巨

头在内的信息企业都在某种程度上展开了内容生产的整体布局，通过“专业+用户”“人工+机器”等方式建设多元化内容生态池，从量到质保证不同类型素材的有序生产。以短视频平台“梨视频”为例，除了自身团队和版权引进的高质量内容，梨视频在全球范围内布局其拍客系统，其中既有官媒和机构身份入驻的“机构拍客”，专业媒体人“拍客 plus”，也有经过接受过专业培训的拍客或者兼职媒体人身份的“商业拍客”，以及遍布各地的“普通拍客”，这一拍客体系可以有效保证素材的宽度和深度。

二、间接内容生产的促进手段

多元化的生产主体使得传媒生产被重新定义，并重塑着传媒生产的系统与流程。用户不仅可以自主生产内容，凭借庞大的基数优势、网络化的高效连接和多渠道的资助，内容的众包、众筹生产都成为可能。要保障优质内容的秩序性生产，内容运营者需要对不同身份的内容生产主体进行分层管理，给予不同的运营激励政策，为内容生态的运转注入持续动能。

（一）对头部创作者的重点维护

数字媒体平台的头部创作者往往是在特定领域具备较大影响力和知名度的明星、网红、意见领袖，他们的数量占比较少，但是可以贡献和确保绝大部分优质内容的稳定生产和供给，而且可以起到较强的品牌形象宣传与带动效应，需要特别关注和重点维护。无论是独立的个人创作者，还是已经被 MCN（multi-channel network，多频道网络）机构收入麾下的签约创作者，头部创作者的个人品牌已较为成熟，变现模式清晰，他们更为看重的是平台方的影响力和实际利益。

因此，运营人员常通过以下方式维护头部创作者：①通过一对一私下邀约、MCN 机构合作、专属平台补贴等方式邀请优秀创作者的入驻；②通过流量倾斜、编辑推荐等运营手段保证头部创作者的持续曝光；③不断优化产品的变现渠道，通过内容分成、粉丝打赏、内容电商等手段捆绑内容创作者的物质利益；④注重与内容创作者及其所属 MCN 机构的情感联结与长期关系维护。

为了满足用户日益高涨的内容消费需求，喜马拉雅 FM 非常重视对内容生产者的激励与扶持，一方面通过加 V 认证等审核手段对内容、主播严格筛选：另一方面对潜力草根主播提供包括资金、资源、培训、服务和工具在内的一系列支撑，培育具备一定专业素养的平台认证主播和大 V。喜马拉雅在 400 万名草根主播中选出 8 万名认证主播，其中既有罗振宇、郭德纲、王自健、韩寒等 6 000 位自媒体大咖投身音频“微创业”，也有采采、窦超等诸多草根主播通过平台孵化的声音大咖，他们共同创造了平台内 2 000 万条专业有声内容。这些内容成为实施知识付费的基础和入口，将庞大的用户真正转化为变现能力。

（资料来源：http://www.ebrun.com/20160618/180091.shtml）

（二）对中长尾创作者的批量激励

去中心化的时代，中长尾领域的内容也有自己的想象空间。数字媒体平台的中长尾创作者往往是具有一定创作热情的草根创作者，他们创作质量良莠不齐，创作行为难以持续化，但正是他们的存在使得平台内容生态百花齐放，摇曳多姿，满足了用户的个性化需求。面对这样一群专业化程度较弱、数量庞大的创作者，需要采用批量化、平台化的运维手段进行维护，并不断从中孵化具有成长潜力的优秀创作者。

具体而言，运营者需要：①通过产品设计与运营引导，降低内容生产的门槛，提高内容产出质量；②营造特定的话题与场景，激发用户的内容生产兴趣，如美拍的话题活动、抖音的“尬舞机”模式都吸引了大量用户的主动参与；③健全用户创作奖励机制，通过积分、等级、身份标签、编辑推荐等精神激励和内容变现等物质激励手段，给予创作者及时认可；④尊重长尾的力量，发掘真正具有创作能力的潜力作者，进行及时孵化培养。

（三）与 MCN 机构的合作共赢

MCN 是舶来词，最早出现于 2009 年，是一种跨平台的音视频内容生产组织者业务，直到 2014 年这一词语才被 YouTube 正式定名。MCN 将不同类型和内容的优质 PGC 和 UGC 联合起来，在资本的有力支持下，为内容创作者提供内容运营、版权管理、宣发推广、商业营销等专业化服务，保障内容的持续输出，从而实现商业的稳定变现，获取广告或销售收益分成。目前，中国 MCN 行业的整体规模、业态及呈现形式等早已远超海外，整体市场规模已达百亿级。

MCN 机构是内容平台重要的内容供应商，可以大大降低内容平台的运营成本，承包大量的运营指导、包装孵化、日常沟通的工作。为了自身产品 IP、红人 IP 能够在平台上获得足够的流量曝光，市场化 MCN 机构也会在平台购买大量资源做推广露出。因此，平台与机构是相互依存的关系。MCN 在进行平台选择时多考虑平台流量分发机制、关注关系、粉丝沉淀、粉丝价值、平台文化与政策、变现渠道等。平台在不断提升自己的流量价值、内容价值、创作者价值及创作者的收益，吸引优质创作者和机构留在平台。

具体而言，运营者需要：①设置一定的机构筛选标准和准入门槛。例如，抖音对机构准入的门槛是中国境内合法机构，拥有账号 5 个以上，总粉 1 万个以上。②建立分级合作机制，提供机构运营扶持与资源倾斜，帮助 MCN 机构持续成长。例如，微博对机构的分级管理主要根据 MCN 的账号规模、内容规模、内容质量进行，将签约的 MCN 机构分为战略合作伙伴、全面合作伙伴、普通合作伙伴。不同等级的机构享有专属权益、绿色通道、策略服务等政策支持，还可以享受数据监控、商业对接、专属活动等资源服务。③开拓丰富的变现通路，通过内容收入、直播带货、品牌合作等多元方式为机构提供更多商业化机会。

第四节　数字媒体内容的管理与流通

当大量内容被源源不断地创造和激发出来后，内容运营的重点从生产环节转向消费环节。为了保障无论新旧、优质或长尾的内容都能够被消费，不至于淹没在互联网的信息海洋中，内容运营人员需要对内容进行规范化审核管理，在保证内容健康度的同时充分挖掘内容价值，通过运营手段持续拉动用户消费内容、传播内容，形成内容流转的良性循环。

一、数字媒体内容的规范化管理

内容规范化管理的目的是防止劣质的内容驱逐优质的用户，确保目标用户在产品中能够持续体验到归属感和存在感。

（一）内容安全的审核把关

随着互联网行业的井喷，在在线用户规模不断增长的同时，内容乱象也日渐凸显。网络内容中如有色情、暴恐、低俗等不良信息会带来极其恶劣的影响。确保内容安全合规成为互联网内容平台的普遍共识。数字时代内容的生产量级呈指数级井喷，利用 AI 等技术手段实现对文本、图片、声音、视频的自动识别，不断提高机器的召回率和准确率，能够有效提升审核效率。例如，Facebook 推出了 DeepText 引擎，利用深层神经网络架构去理解那些帖子的内容，它能够以近乎人类的精确度，每秒同时理解数千篇文章的文本内容。YouTube 也推出了内容识别系统 Content ID，监测并删除涉及色情和暴力等违规视频。但时至今日，机器还是很难理解内容背后的深意，很难作出准确的“人的判断”。Facebook、Google、今日头条等互联网巨头仍拥有数量庞大的人工审核团队，借助机器审核和人工审核的流转协作机制保障内容安全。

（二）入库内容的结构管理

一个产品的内容一般具有相似性，在产品还未启动的时候，就要清楚考虑未来的内容具有怎样的特征，通过结构化内容管理系统设计、分类体系与标签体系实现入库内容的清晰管理。以音乐为例，音乐的直观表现形式是一首首歌曲，进一步分解之后，一首作品的结构化信息有演唱者、唱片公司、专辑名称、发行日期、曲风……对于音乐作品，运营人员并不是把音频文件一股脑地塞进硬盘里就完事，而是需要花费不少的精力做好结构化信息的抽取。良好的信息结构既是未来的内容推荐的基础，用户搜索和浏览体验的保证，也为下一阶段的内容传播提供具有统一标准的规范资源。

（三）内容氛围的持续把控

在产品冷启动期和成长期，内容氛围往往由运营人员在端内注入初始化的优质内容决定。这个过程需要切准用户需求，了解用户最感兴趣的选题、素材、音乐、特效，以用户最喜欢的呈现形式让目标群体沉浸，这也奠定了产品最初的产品调性。在产品发展的中后期，伴随着产品的全面推广与多元化内容生产者的入驻，内容质量水化和氛围的变化往往导致核心用户的不满甚至出走——这一行为往往是永久且致命的。因此，内容运营者要特别注意内容调性氛围的持续把控，可以通过内容生产范本引导、重点资源位编辑干预、加强人工审核、算法降权与内容隔离等方式，保证不同圈层在满足个性化需求的同时也能继续感受到较为统一的调性，在众多竞争者中建立独特的风格辨识。

二、数字媒体内容的流通促进

内容的流通，即通过某种方式让内容流动起来，让新旧内容更有效率地展现在用户面前。流通可以分为内部流通和外部流通。内部流通需要较为高效的匹配机制与浮出机制，“算法推荐”+“编辑推荐”双管齐下是较为主流的手段。外部流通则是将站内的优质内容流通到外部平台上，带来内容的传播和用户转化，这依赖于内容分发矩阵建设和用户的社交分享。

（一）内容推荐的运营干预

智能技术形态下，内容分发权限在很大程度上让渡于算法。当用户打开内容应用时，提交给系统的信息包括时间、地理位置、网络环境、手机设备型号、登录用户 ID 等。基于用户 ID，推荐系统会从数据库中抽取出用户的画像数据，并根据不同的召回方式构建适合用户的内容候选集并进行排序，最后将得分靠前的内容推荐给用户，并根据用户的观看数据不断优化推荐体验。用户的画像越完善，就越能让一次查询的语义变得丰富，从而获得越多的候选集合，进而可能得到越好的推荐体验。

完善用户画像既可以通过尽可能多的外部渠道数据塑造用户来实现，也可以借助产品设计和运营活动引导用户多沉淀行为来实现。以支付宝为例，一次过年的集五福活动，就让它收集了数以亿计的关系链数据。紧随其后的蚂蚁森林、蚂蚁庄园等轻社交游戏，间接地丰富了用户的线下支付数据、用户的健康数据等。

为了保证系统的可扩展性和有效性，我们希望在算法推荐中尽量避免人工的直接干预。但是，不直接干预并不代表缺位。当发现主观上觉得好的内容没有得到应有推荐量的时候，当发现主观上觉得差的内容得到过高推荐量的时候，内容运营者都应当及时发挥“纠偏”的作用。例如，对低俗内容、标题党的清理，重要新闻的置顶、加权、强插，低级别账号内容降权都是算法本身无法完成的，需要运营者及时处理，并联合产品和技术进一步完善推荐机制与规则。与此同时，内容平台也没有将算法作为平台内容分发的唯一手段，如新版的微博在关注频道的旁边放置了热门频道，提供不依赖订阅关系的内容推荐服务；微信亦上线了实验室功能“看一看”，尝试推荐分发。

（二）重点内容的聚合包装

借由内容的聚合可以有效提升短期内被用户集中消费的可能性，如定期策划制作专题、编辑话题、相关推荐、编辑精选等形式，可以将平台上的优质内容（包括新、旧）进行重新收录与包装，并通过消息推送、核心资源位曝光等方式对感兴趣的用户进行传播，让内容重新被“看到”。同时，还可以将部分精华内容包装成电子书或其他素材对外传播，既能充分发挥内容的最大价值，也能吸引新的用户，并且对内容生产者也是极大的激励，一举多得。例如，知乎的优质内容主要通过以下三种渠道推荐：一是知乎问答社区网页版的线上传播；二是知乎内容产品移动端的传播，包括知乎社区 App、知乎日报 App、读读日报 App、知乎新浪官方微博和知乎微信公众号等；三是知乎线下出版的系列图书。

（三）内容分发的矩阵建设

内容并不能孤立地存在，必须依赖媒介、平台进行传播。好的内容分发矩阵能保证优质内容的充分传播。分众传播时代每个渠道端口都有独特的受众。渠道的融合可以将各个渠道中的“小众”聚集起来汇成“大众”，从而辐射更大的用户群，形成强大的传播合力。运营者需要了解各大平台的特点进行垂直化运营，同时，结合数据分析，对内容进行有效推广。

BuzzFeed 是一家美国新闻聚合网站，它也被称为美版“今日头条”。在这家公司的内容创作和分发过程中，反馈闭环（feedback loop）是出现频次最高的术语：将市场环境和读者反馈数据尽可能地量化和结构化，以及时反馈给运营人员、内容编辑，从而构成一个辅助创作的闭环。由于很早就树立了“将内容分发到用户常驻的平台，而非吸引用户到自己的平台看内容”的思路，YouTube、Facebook、推特、Vine（一款视频分享移动应用）等一众平台都成了 BuzzFeed 的战场。为了更好地理解用户反馈，BuzzFeed 追踪收集并汇总了各个平台上的阅读传播和互动数据。比起阅读量、分享量这些结果指标，其更关心内容分发和传播的过程。因为社交传播对内容的影响力贡献巨大，BuzzFeed 在衡量内容价值时，会更看重社交分享所带来的阅读量，并以病毒传播提升系数（viral lift）指标来衡量这一过程。

（资料来源：https://www.sohu.com/a/240146396_455313）

（四）用户分享的运营激励

在智能化生产与分发的算法中，用户节点的权重会上升，用户会对内容的流向与流量起更大的作用。运营人员要想办法激发用户的主动分享。一方面，产品的流程设计与体验，如分享是否顺畅、操作步骤是否简单等，会直接影响用户的分享意愿，需要运营者持续关注用户反馈并加以改进；另一方面，运营者可以通过一些简单的激励手段对用户进行刺激，如分享积分奖励等，促使用户进行内容传播。此外，还可以通过分享打卡的活动设计、社区氛围的建设等，培养用户养成乐于分享传播的习惯。

第五章　数字媒体活动运营

如果说数字媒体内容运营的常态是细水长流般的坚持，潜移默化地影响用户，活动运营则着力于通过精心策划带来短期内运营指标数据的爆发式提升。活动运营流程繁杂，涉及公司内部产品、开发、市场、财务、风控及外部合作伙伴与渠道之间的协同合作，对策划能力、项目管理能力、跨部门协调能力、执行能力、数据分析能力等有较高的要求。

第一节　数字媒体活动运营概述

活动是企业根据既有的运营节奏或突发情况，做出带有目的性的策划事件，如吸引新用户、品牌曝光、回归用户、提升用户活跃度等，一般附有奖品或福利，往往还会调用一些内部资源或外部资源进行推广①。在数字媒体经营市场竞争日益白热化的形势下，活动运营成为互联网品牌实现竞争突围的重要手段。

一、活动运营的概念

活动运营是根据既定目标，通过策划并执行短期活动，在一定时间段内快速提升产品指标的运营手段。这一通用概念对活动运营的“前提”“主体”“目

① 丁华，聂嵘海，王晶. 互联网产品运营：产品经理的 10 堂精英课[M]. 北京：电子工业出版社，2017：111.

的”进行了简明扼要的阐述。首先，活动运营有序开展的前提是明确且可量化的目标，运营者必须时刻提醒自己，单纯为了活动而活动的行为无法为企业带来任何实际的利益和价值；其次，活动运营需要对活动主题、时间、对象、方式、目标、预算、流程等环节进行整体设计与落地执行，兼顾创意性与可操作性的方案在很大程度上决定了活动的参与情况与最终效果；最后，活动运营的目的是实现短期内产品指标的快速提升，将活动效果数据与初始设定目标对比，可以直观地衡量活动是否达到预期效果，投入产出比如何，优化空间在哪，为后续活动开展沉淀宝贵经验。

在具体工作中，活动运营经常和“市场”“公关”等工作混为一谈。维护媒体关系，负责标杆性核心活动、事件等的策划和传播，持续创造、传递和管理好无形价值，常规情况下是一家公司市场部的主要职责[①]。由于在大量中早期互联网公司内部，“市场”和“运营”的职责划分往往不是那么清楚，此类工作也经常落到运营头上，或是由两个团队一起协力举办。

从长远来看，活动运营人员既需要有务实的一面，瞄准具体的用户使用场景或转化场景，将活动落实到网站流量、用户活跃度、内容数量、核心环节转化率等具体数据的提升上；也应当具备“务虚”的格局，掌握做品牌层面大型宣传、发布会、事件、活动的意识与能力。

二、不同目的的运营活动

根据目标不同，常见数字媒体的活动可以分为以下三类。

（一）用户驱动类活动

用户驱动类活动主要是指为了驱动用户行为，实现与用户有关指标增长而展开的运营活动，包括拉新、促活、留存、转化、回流活动等。要想通过活动运营驱动用户行为，其关键在于找到撬动用户互动意愿的关键因子。三节课联合创始人黄有璨曾将其概括为 8 个指导原则：物质激励，概率性事件，营造稀缺感，激

---

① 黄有璨. 运营之光：我的互联网运营方法论与自白 2.0[M]. 北京：电子工业出版社，2017：52.

发竞争意识，赋予用户某种炫耀、猎奇的可能性，营造强烈情绪和认同感，赋予尊崇感和被重视感，通过对比营造超值感[①]。这八大原则背后其实分别对应着马斯洛需求理论的不同层次。

（二）营销转化类活动

营销转化类活动主要是指为了刺激消费，实现营利目的而展开的运营活动。这类活动常见于电子商务、教育、游戏等平台，活动手段与主题相对直接简单，形式上多采用限时优惠、价格折扣、满减满赠等，主要考虑的是如何提升各个环节的转化率和人均贡献。

（三）品牌声量类活动

品牌声量类活动主要是指为了增加品牌曝光、强化品牌认知、提升品牌美誉度而展开的运营活动。比起营收与转化数据，这类活动更关注的是品牌话题在公共平台上的发酵程度和影响力，适合新上线的产品打造品牌认知，或者进入成熟期的产品进行品牌焕新与用户忠诚度建设。形式上可以采用事件营销、公益活动、跨界营销等方式。这些活动的共同点是它们虽然没有直接地进行大量的转化变现，却在微博、朋友圈等社交平台掀起了一阵转发的风潮，在短时间内形成了“病毒”营销态势，使品牌被人迅速熟知。

当然，一场活动的目标往往是复合体系，存在主次关系，如一场主要目标为新增用户的活动，次要目标可能设定为品牌好感度和品牌影响力。一个优秀的运营人员要避免营销短视，从产品运营的全局思考，选择从根本上利于产品价值增值、品牌口碑增长的运营方案。

第二节　数字媒体活动运营的基本流程

数字媒体活动运营工作拥有相对固定的通用流程。以活动上线与下线的时间进程为节点，一次完整的活动运营工作可以分为筹备、执行、复盘三大阶段，每

① 黄有璨. 运营之光：我的互联网运营方法论与自白 2.0[M]. 北京：电子工业出版社，2017：226.

个阶段又包含若干需要重点关注的事项（图 5-1）。无论活动性质、规模大小、创意形式如何，运营者都能依据该流程把握整体进程，瞄准关键环节，有效保障活动顺利进行。

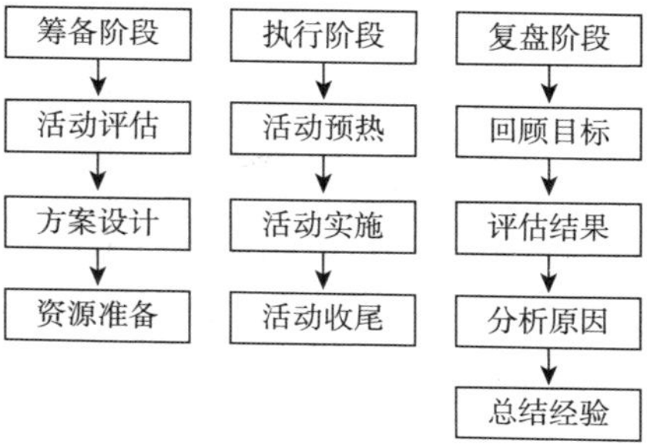

图 5-1　数字媒体活动运营的三大阶段

一、前期筹备阶段

筹备阶段指的是活动正式上线前的准备阶段。本阶段的主要任务是明确活动的必要性，根据活动目的与现有资源敲定活动主题与形式，形成具有操作性的方案文档，进行活动上线所需的人员、物料、推广渠道等准备工作，并完成相关工作的全面验收，等待活动正式开启。

（一）活动评估

数字媒体活动是快速刺激运营指标的手段，只有活动是实现运营目标最佳手段时，才有必要策划一场活动，否则应当尽量少做或不做。

1. 明确活动目的

活动是有目的性的策划事件，目的是策划活动的起点。牢牢把握好这一方向，在后续的活动执行步骤中就不会偏离初衷。如果是以用户指标提升为导向，活动设计中需要加入撬动用户参与的关键诱因；如果是以销售指标提升为导向，则需要寻找切实提升付费转化金额与行为的途径，做到“叫好又叫座”；如果是以品牌传播为核心诉求的活动，需要结合宏观环境、用户情感与产品基因，向外输出品牌价值观和好故事。

2. 细化活动目标

如果说活动目的是活动要达成的任务的清晰表述，如“本次活动的任务是快速提升 GMV”，活动目标的表述则体现为明确、具体的数据，如“在××期间内使××平台的成交金额提升××%”，这一细化表述更有利于未来活动成果的评估考核。

在实际制定活动目标的过程中，不仅要有明确的目的、目标及意义，还要进一步将总体目标在纵向、横向或时序、数量上进行分解，形成目标体系。以一场“在国庆期间将店铺销售额提升 50%”的活动为例，根据销售额计算公式，运营者将目标拆解为用户总量、付费率、ARPU 三个指标，其中任何一个单项的提升都可以带来销售额的增长。从这一过程可以看出，目标拆解的过程是使整体目标得以有效实现的支撑基础，可以有效指导后续运营玩法的设计。

3. 评估现有资源

在确认活动必要性的基础上，运营者应当进一步确认活动开始时间、持续长度、能调动的资源等重要问题，确保活动具有可行性。为了在预算有限的情况下实现既定活动目标，运营者经常需要衡量多个方案取向的成本与难易程度，选择最适合的路径。还以上文提到的案例来说明。若资金、资源丰富，就可以考虑通过广告投放等方式引入外部流量拉动用户增长；若提高 ARPU 更容易，就可以通过关联销售、多买多赠等形式提升客单价；若提升付费率空间更大，就可以通过限时优惠、会员体验等方式促进用户的付费转化。

（二）方案设计

活动方案设计中最重要的是对活动形式的策划设计，即要确定举办什么样的活动，它影响着活动的开发时间、成本及活动效果。在确定活动形式时我们主要考虑活动关联度、吸引力及可执行性，力求通过创意新潮的形式设计、简单易懂的规则设计、打动人心的利益设计，激发用户的主动参与和自发传播。

2017 年 1 月 6 日，淘宝上线了年货节的特色活动，用户只需在淘宝搜索“年货大街”即可瞬间“穿越”到清明上河图版的年货大街中。在超长画卷中，淘宝一共植入了近 70 个品牌，点击每个招牌，可以“调戏”，也可以“进店逛逛”，

“调戏”掌柜还能获得店铺红包（图 5-2）。

图 5-2　淘宝年货大街《清明上河图》

如此清奇的画风，也是为迎合年轻群体喜欢猎奇和追逐有趣的心理。淘宝年货大街让买年货这件传统文化中的大事和流行文化相结合，让消费者在场景互动体验中买买买，复古精美的插画设计和趣味横生的活动体验激发了网友的刷屏传播。

活动最终取得成功，不单单需要极具创意的形式设计，活动方案的具体筹划也非常关键。策划活动一般要遵循的原则是 5W+2H 法，why、what、who、when、where、how、how much 分别对应活动目的、活动内容、面向对象、活动时间、活动载体、活动形式、经费预算七大因素。细化后的活动方案体现为相对规范的活动方案文档，活动方案通过公司内部需求评审后，正式立项进入活动开发与排期等环节。

（三）资源准备

一场数字媒体活动的顺利进行需要统筹协调设计资源、开发资源、传播资源、运营资源，涉及视觉、前端、技术、测试、运维、市场、财务等多部门团队的通力协作。运营人员根据活动上线时间倒推制作排期表，列出时间节点和各个环节负责人要提交的内容，进一步更新活动细则、风险预案、客服须知等执行方案细节，并严格按照执行方案推进筹备工作，确保各环节交付内容按时按质，准确无误。其中，活动物料与推广渠道的筹备尤为重要。

1. 准备活动物料

活动物料是一场活动能顺利进行的“保障”。形式精美、参与简单、易于传播的活动物料能够有效增强用户的参与意愿，打造刷屏级话题热度。线上物料，如活动落地页面、H5 小游戏、宣传海报等资源需要运营人员协调相关职能人员进行设计、开发、测试、数据埋点，线下物料，如活动所需要的奖品、场地布置材料等则需要按照相关采购流程规定有序进行。

2. 布局推广渠道

一场数字媒体活动可依赖的推广渠道有内部、外部之分。内部渠道主要是产品资源位、消息推送、老客户群发营销等，需要提前向公司申请，并得到审批许可。外部推广渠道则一般涉及付费购买或资源合作。尽可能地整合自身资源，寻求异业之间的资源互换、跨界合作成为大多数企业扩大活动规模、壮大活动声势的共同选择。

二、中期执行阶段

经过前期的周密筹备与反复确认，活动各方已准备妥当，活动运营工作从策划变为落地。为了使活动顺利推进，运营者需要在“活动预热”“活动实施”“活动收尾”三个环节按照既定方案精准执行，全程监测活动数据，把控活动节奏，处理突发状况。

（一）活动预热

一场完整活动的启动是从预热环节开始的。一场活动策划到落地执行往往需要耗费大量的人力、物力、财力。为了保障活动效果，运营方需要注重前期传播造势，让话题预先达到一定热度，为正式引爆蓄积能量。例如，电商平台“双十一”的活动预热往往提前数十天就会展开，预热的火热氛围不断地卷入潜在用户，并利用倒计时、秒杀、数目统计等不断制造紧张、急促、刺激的氛围，撩起受众参与的欲望。

活动预热的核心目的是提前积累流量，锁定用户。为实现这一目的，运营方需要提炼活动的核心利益点，广泛告知潜在目标用户活动的具体信息。针对较为复杂的活动，有经验的运营者会通过悬念广告、软文植入、线下线上结合造势、限额预约等方式激发用户参与的热情，让爆点被提前挖掘，自觉成为传播的话题，带来二次传播和爆炸性的曝光。

此外，活动预热的情况可以为活动最终效果的预判提供参考。如果预热的效果极佳甚至超过了预期，则判断活动很受欢迎，会有超出计划参与人数的可能，这时可以提前做好准备迎接更多的参与者，如增强用户接待能力、增加备货数量等；如果预热的效果不佳，没有很好的响应，则可能是活动本身出了问题，要么是奖品不够吸引人，要么是形式问题，需要及时分析调整。

（二）活动实施

活动正式上线后，活动通过既定渠道推送给各场景下的用户，并不断在各社交媒体平台传播与发酵。在活动执行阶段，运营者要打起十二分的精神，职能主要体现在“跟踪”“调整”“传播”三个方面。

“跟踪”主要指的是运营者需要紧盯活动的发展情况，关注用户参与的情况，把握活动过程中的各个细节。“跟踪”环节可以收集到活动数据、异常波动、用户反馈、公关口碑等信息，为后续“调整”工作提供参考依据。

借助于数据分析与经验判断，必要时运营者会根据实际情况对活动方案进行部分微调，以保证活动顺利进行，达到甚至超过既定目标。以一场电商促销活动的数据监控为例，活动上线后，运营者实时监控页面的流量数据和各选品的数据表现，根据点击数据、转化数据等调整页面产品，采取高流量低转化甚至零转化选品更换，低流量高转化选品调整至显眼位置，高转化爆品追加等动作，这样的动态优化直至活动结束。

活动一旦开始，就会不断催生有价值的运营素材，如数据的波峰与波谷、活动现场的照片、名人大V合照、用户的宝贵意见、有趣的用户故事、运营调整的优化心得等，运营者要做的是充分发掘其价值，对内及时记录，对外巧妙传播。尤其在活动下半场，用户新鲜感和参与热情往往会出现疲软状态，运营者要充分发挥“催化剂”的作用，通过图文、语音视频、H5等多媒体形态向社会公众发布数据战报、实时排行榜、活动精彩瞬间集锦等，继续吸引新老用户参与，激发活动推向新的高潮。

（三）活动收尾

活动的实施讲究有头有尾。随着活动进程接近尾声，各项活动数据已接近预期。这一阶段运营者的主要职责是公开、透明、及时地做好活动结果公布、活动奖品和承诺兑现等工作，实现活动的完美收官。运营方可充分利用新闻网站、社交媒体等媒介发布感情充沛的公告，提炼和回顾活动亮点，获得更大的传播价值。呼声较高的活动可以顺势增加“返场”，回馈用户。收尾阶段的官方表现往往能反映出企业的公关水平与品牌温度，高水平的收尾能有效增强用户黏性与情感链接，忽略这一阶段的工作则容易伤害用户情感，得不偿失。

在活动（如线上课堂）结束后，建议保留用户的联系方式，如果通过微信群举行活动，则建议把微信群转化为粉丝群，一方面为用户提供了交流平台；另一方面成为下一次活动的用户储备。在此基础上继续开展活动，用户留存度会更高。

三、后期复盘阶段

活动下线之后，对外部公众来说活动已全部结束，但是企业内部还需要做好活动效果评估、活动经验提炼的工作，运营者一般借用“复盘”①的方法论来帮助个人和团队获得更好的成长。复盘是一种结构化的总结方法，一次完整的复盘包括四个步骤。

---

① 复盘的概念来源于围棋界，指的是对局完毕之后复演该盘棋的记录，检查对局当中招法的优势与得失关键。联想集团创始人柳传志先生将其引入企业管理领域，形成了系统的方法论。

第一，回顾目标：当初的目的或期望是什么。既然要复盘，就要有一个参照物，首先拿出当初做活动时定下的运营目标，计划新增多少用户，次日留存率是多少，有多少新增付费用户，ARUP 值是多少。客观地把当初的活动目标再拿出来看一遍，这时候也可以试着让团队成员来回顾，看是否每个人都对活动目标足够清晰。

第二，评估结果：结果与目标之间，可能会产生不同情况，完成、超预期好或超预期差，或过程中新添加了事件。结果对比的目的不是发现差距，而是发现问题。

第三，分析原因：围绕目标完成率的情况，逐一分析活动所采取的具体措施与表现情况，通过团队讨论、自我剖析等方式进行重点讨论。

第四，总结经验：通过以上的分析找到事物更有效、更符合本质规律的做法。例如，目标超额完成，主要是因为什么措施得当？有无能够复用的活动模块？若离预期目标有差距，主要是因为什么环节需要提升？

复盘是一个不断学习、总结、反思、提炼和持续提高的过程。它不仅是对已经发生的行为和结果的归纳，更是对未发生的行为进行虚拟探究，以找到新的方法和出路。以复盘的方法论来审视运营工作，无论是企业还是个人都可以得到持续提升。当以上的步骤基本上都完成后，要将这些认知及时归档，形成企业和团队宝贵的经验沉淀，以备后续有类似活动时遵照执行，继续优化。

第三节　数字媒体活动运营的整体规划

活动运营不能凭运营者的主观想法来独立设计，而是应综合企业整体目标、团队运营规划和网民关注的热点等，进行统筹规划。成熟的新媒体活动运营团队一般以年为单位，提前设计全年的活动规划。制定全年活动运营整体规划有如下好处：其一，有利于全年活动的统筹管理与预算分配，确保大、中、小型活动排期间隔得当，预算分配科学；其二，有效减少运营的随机性，防止运营者“临时抱佛脚”，不断追随热点而没有运营主线；其三，有助于相关执行者灵活安排时间，提前筹备活动海报、活动文案等素材，避免活动交缠在一起搞得自己焦头烂额，顾此失彼。

一、活动运营的全年规划

设计全年活动规划，首先需要梳理企业下一年的整体目标和预算情况、新媒体整体运营规划和互联网热点预测评估，其次分别推导出年度活动的主题、每月活动规划及热点活动规划，最后汇总形成全年活动规划。

（一）结合企业下一年的整体目标，设计年度活动主题

年度活动主题即企业全年的新媒体活动主线与整体调性。企业全年的新媒体活动看起来是由一个个零散的活动组成的，但好的新媒体活动一定是围绕活动主线展开的。特别是细节执行中的海报、文案、视频等，其风格需要围绕整体调性来设计。设计企业年度活动主题需要了解企业的整体目标包括产品目标、品牌目标、销售目标等。

（二）结合新媒体整体运营规划，设计每月活动规划

企业新媒体部门一般会提前规划出第二年的运营工作，如某时间在线上发布新品、某时间进行降价促销、某时间推出会员新福利等。运营者需要参考上述的新媒体整体运营规划，设计每个月的活动主题、活动形式和活动玩法。

（三）预测与评估重要节点，设计重点活动规划

在一年中，有一些特殊的时间节点自带巨大流量，且发生的时间、带有的属性相对稳定，是可预测的固定热点，这往往成为新媒体活动重要的由头和借势对象。在进行全年活动策划时，运营者可以梳理出全年的重要营销节点，并从中挑选与自身品牌契合度高、关联性强的时机，提前做好借势活动的策划准备。

二、全年活动运营时间节点

一般而言，运营者需要重点把握的节点来自外部环境和企业自身。

（一）传统节假日

节日是一年中被赋予特殊社会文化意义并穿插于日常之间的日子，是人们丰

富多彩生活的集中展现，是各地区民族、国家的政治、经济、文化、宗教等的总结和延伸。目前我国主流节日包括春节、清明节、端午节、中秋节、重阳节等中国传统节日；元旦、劳动节、国庆节等法定节假日；儿童节、母亲节、教师节等国际通用节日；彝族的火把节、傣族的泼水节等民族节日；情人节、感恩节、圣诞节等西方舶来节日等等。大部分沿袭至今的节日都具有深厚的群众基础，包含了诸多约定俗成的“礼仪”形态，也催生了相应的消费热潮，成为活动营销发力的重要契机。

（二）主题日和公众事件

主题日一般是为了宣传、纪念重大事件和重要人物而设立的，如国际消除种族歧视日、抗日战争胜利纪念日、世界粮食日等。主题日具有主题鲜明、链接特定情感的特征，适合运营者根据自身价值取向进行强关联的主题活动策划，在用户心中留下更深刻的记忆点。此外，还需要关注次年即将发生的公众热点大事件，如高考、春运、全国两会、各地两会、奥运会、世界杯等。

2019 年 12 月 1 日是第 32 个世界艾滋病日，腾讯游戏追梦计划积极响应推出校园公益活动，在武汉理工大学开设“蓝桥咖啡馆”快闪店，以温暖治愈、寓教于乐的形式帮助防艾工作走进高校。在游戏体验区里，同学们纷纷掏出手机体验中国首款防艾游戏《蓝桥咖啡馆》，这款游戏由中国性病艾滋病防治协会与腾讯游戏追梦计划联合开发，游戏中玩家需要扮演咖啡店长，倾听三位艾滋病毒携带者/患者感染的原因，陪他们经历心路转变，一起重新拥抱人生。在游戏的“店长手册”中，玩家还可以查阅到有关艾滋病的知识科普，包括传播途径、监测机构，以及暴露后预防、治疗措施等。借助年轻人喜闻乐见的娱乐化方式传播防艾知识，腾讯游戏追梦计划为游戏助力公益关爱做出了重要的表率，也收获了满满口碑。

（三）网络节日

近年来，在互联网的发展、资本的助推和人们日益增长的物质文化需求的共同作用下，涌现出一大批如“双十一购物节”“517 吃货节”“520 网络情人节”“37 女生节”等新兴网络节日。网络节日代表着互联网时代网民表达价值观、抒发情感、自我宣泄的需求，是自发创造的网络民俗文化，也成为商家与企业刺激节日情境下消费者狂欢的重要载体。2009 年之前，11 月 11 日还只是人们口中调侃的“光棍节”，淘宝率先瞄准了节日背后的营销契机。十余年间，“双十一”已经成长为中国电子商务行业的年度盛事，全民购物狂欢的背后，更是媒体、大众和行业共同构筑的互联网时代奇观。

（四）企业自造节事

企业自造节事是企业搭乘“节日经济”思路下的主动营销创新。随着电商造节运动的鼻祖淘宝的大举成功，京东、苏宁易购、唯品会等互联网企业纷纷加入造节行列。大家熟知的有京东 618 店庆、小米米粉节、阿里 88 会员日、喜马拉雅 123 知识狂欢节等。互联网企业自造节具有命名巧妙性、节点可调控性、受众细分化和传播强议题性的特点[①]，是企业品牌资产的重要组成部分。如何找准电商大促和情感诉求的平衡点，与用户达成有效沟通，是品牌的营销难点。

（五）常规活动节点

常规是指能够长期坚持进行的活动，此类活动一般规模不大，但周期性强，需要持之以恒的日常运营，但对用户习惯培养和用户黏性维护有很大帮助。例如，交通银行信用卡“最红星期五”是该银行每周定期举办的主题营销活动，该活动以都市族群周末经济为出发点，在每周五集中推出包含各个生活领域的优惠活动，且将消费的 5%以刷卡金的形式返到参加活动的信用卡中，吸引了一群忠实粉丝的重点关注。

三、节点运营注意事项

重大节事自带流量和话题，给数字媒体活动运营提供了借势捷径。在恰当的时间节点上搭载品牌创意活动，能够较大程度地吸引受众目光，实现覆盖范围广、影响力大的营销效果。

---

① 张笛. 传播仪式观视域下的电商造节现象研究——以天猫“双十一”为例[D]. 重庆大学硕士学位论文，2017.

（一）找到产品与节点关联

建立关联，也就是建立消费者与产品功能之间的触动点，同时找到消费者的精神渴望，输出品牌精神，达到高度共识，令目标消费者产生对品牌的好感。品牌必须拥有边界感，蹭热度也要考虑品牌特性，打动用户情感诉求，不能为了博人眼球而迷失自己。目前，市场上仍充斥着太多胡乱蹭热度的活动案例，有被玩烂的恶俗段子、不明所以的病毒视频、强行借势的游戏抽奖，扎堆营销的背后既无对品牌理念的正确延展，也无产品推广的合理动机，不仅消费者审美疲劳，也会导致活动效果堪忧，最终沦为“品牌自嗨”。

（二）强化节事情感内核

大部分沿袭至今的节日和纪念日，都有较为深厚的文化或情感内核。它们之所以吸引人，不仅仅在于假期或消费热潮，更在于它们自身承载的某种情感或祝福。因此，与节日相关的内容具有天然的情感优势，更容易引发观众的共鸣，而情感上的共鸣是最有效的营销手段之一。它可以拉近节目与观众的距离，让观众找到群体认同感和归属感，从而建立信任关系。共鸣的点，让营销创意和策略更具有穿透力。

值得注意的是，对于品牌来说，节点营销是活动的好时机，但仅仅到了节假日才做活动是远远不够的。运营者既需要兼顾节假日、主题日、网络节日等基于公共注意力资源的活动造势，也要重视企业自造节事、日常活动节点的建设，找到属于自己的活动运营节奏。

第四节　数字媒体活动运营的设计策略

一场活动其实就是一个小的产品，它的核心也在于如何满足用户的需求，激励用户认知、参与、停留、分享。为了更科学高效地进行数字媒体活动运营的形式设计，避免“见木不见林”的弊端，我们不妨从玩法层面和传播层面对活动运营的工作策略进行拆解。前者的挑战在于设计用户愿意参与的活动形式，后者则侧重打造用户愿意传播的活动方案，两者的业务价值和思考角度存在差异。恰当地基于不同的业务目标综合运用下述策略，可以帮助运营者胜任拥有更强的用户互动、更深度内容价值和更广泛传播范围的高级策划任务。

一、活动运营的玩法设计

好的玩法设计能显著提高用户参与度。在玩法设计层面，运营者考虑的是通过趣味性高、互动性强、参与门槛低的活动吸引用户，以贡献更多的点击和停留，运营者进而将业务顺畅地植入玩法中，以实现活动流量的利用和转化。

（一）常规玩法的业务植入

一场活动的玩法众多，常见的有小测试、投票、评选、征集、抽奖、话题互动、直播等几十余种，玩法与玩法之间又可以灵活套用、组合、创新，衍生出更丰富的形态。活动只是手段，重点要考虑如何在活动参与中代入产品价值，达到快速提升业务指标的目的。

（1）植入产品和品牌信息：自然地将产品或品牌信息融入活动定制化页面中，在用户交互过程中实现品牌元素的有效曝光和互动。根据业务需求的不同，既可以是提示性的 Logo 露出、产品展示，也可以是高级的理念植入。

（2）发放品牌福利：将品牌优惠券、积分等以奖品的形式植入页面游戏和互动的过程中，刺激用户获得福利后进行兑换，活动效果与福利的优惠力度以及用户群体的匹配度有关。例如，“翻牌”是天猫超市的经典营销小活动，用户购物满 88 元并确认收货可获得翻牌机会，享受有 1 分钱购买的商品、可超低价购买的品牌礼包、超值店铺优惠券等福利。翻牌机会 20 天内有效，翻牌获得的福利 6 小时内有效，力度超强的限时优惠成为用户复购下单的诱饵，网友甚至在论坛分享翻牌攻略，互相安利。

（3）结合业务操作：将活动预约、公众号关注、分享传播等业务操作植入玩法，通过玩法带动用户预约、关注、分享等操作量。例如，英语教育 App 通过单词测验小程序、亲子网站通过天赋测评 H5 将活动页面流量转化为实实在在的用户关注。这是一种业务指标拉动效果明显的方法，设计时需要注意诱导分享的风险和用户精准度问题。

（4）融入打卡机制：将活动周期拉长，通过用户激励的长线奖励配合活动本身的趣味性，拉动用户重复的访问，在更长的周期留住用户。例如，百度知道“天天爱答题”活动，用户每天回答一个带有#天天爱答题#标识的问题，才能完成一次签到。持续签到 20 天，可以领取 20 元话费。如此一来，用户通过活动和产品建立了连接，他们从“想要奖品”这个利益点驱动的用户变成了既“想要奖品”又“使用产品”的真实活跃用户。

（二）成熟玩法的灵活套用

在进行活动玩法设计时，运营者一般会尽量参考和借鉴已经被用户熟知的成熟玩法，一方面可以减少重复开发的成本；另一方面可以节省大量的用户教育成本，提高活动参与度。利用成熟玩法不代表全盘照抄，运营者应当在原有玩法的基础上灵活调整创新，不断创造简单、有趣、有效的活动方案。

例如，微信里随处可见的写评论送奖品活动，如果仅仅是普通的留言则意义微小，但改成评论新产品、新功能，点赞前三名送奖品则为参与用户设置了“体验产品”这一门槛，效果也会有所不同。又如，同样是用户红包活动，2019 年春节期间，淘宝、百度、腾讯等公司就分别推出了猜画夺宝、新年红包雨、集卡分红包、玩游戏领福袋等方式，让补贴更具趣味性。

2019 年春节，淘宝直播淘 Live 首次上线“猜画夺宝”活动（图 5-3），消费者可单人闯关也可组队挑战，在规定时间内能够完成 AI 指定的主题绘画并被 AI 识别成功，就有机会获取现金红包等多种奖品。该活动吸引的互动总人次超过 1 亿，全场直播的猜画游戏参与率超过 97%。10 天里通过组队完成 12 道题目并获得淘宝权益大礼包的有 268 人，更有 30 位幸运儿获得了 2 019 元的现金大奖。这一活动的玩法并非纯创新，而是融合了用户熟悉的“你画我猜”“组队 PK”“抽奖”多种形式，加入了 AI 元素随机出题和识别更增添了活动的新颖性，得到用户的青睐。

（资料来源：https://tech.huanqiu.com/article/9CaKrnKhVxZ）

图 5-3 淘宝“猜画夺宝”活动截图

（三）趣味玩法的推陈出新

除此之外，有能力的企业也可以独立开发具有首创性的活动玩法，新奇的活动创意具备强自传播性，往往可以成为其他平台难以复制的标杆性优势。例如，

2018 年春节前夕，一款叫作“汪年全家福”的 H5 突然走红，占领了许多人的朋友圈（图 5-4）。作为一款互动类 H5 小游戏，它足够简单、好看、有趣、应景，当用户亲手设计出一张富有美感的全家福时，更有动力转发朋友圈，也能让每个人借此展现自己选择的生活方式和对“家”的个性诠释。

图 5-4　网友自发创造的“汪年全家福”

上线仅 3 天，这款小游戏的点击量就突破一亿次，独立访问 300 多万次，游戏的策划方（一家为 3~12 岁的小孩提供生活产品的儿童生活品牌）在游戏中呈现出的创新、安全且具有美感的品牌理念，使品牌在产品正式上线前就收获了 8 万名来自主动搜索的微信关注者。

当前，技术正在成为营销行业变革的核心推动力量。在大数据、AI、算法推荐、5G 及短视频等为主要标志的后新媒体时代，数字媒体品牌方不断推陈出新，全景虚拟现实（virtual reality，VR）、AR 红包、魔性长图、AI 换脸等创新活动，带给用户前所未有的创新体验。

（四）跨界玩法的协同共赢

活动运营的跨界可以从不同的层面展开，如产品跨界、内容跨界、圈层跨界、IP 跨界、渠道跨界等[①]。跨界活动的“跨”体现在多方面：一是打破线上线下传

① 勾俊伟. 新媒体运营：产品运营+内容运营+用户运营+活动运营[M]. 北京：人民邮电出版社，2018：162.

播渠道的界限，实现线上线下受众互通；二是打破不同受众群体的圈层界限，实现不同领域的粉丝转化[①]；三是打破品牌之间的界限，实现品牌资产与营销渠道的相互借用，实现更广泛的用户覆盖。用户在经历了传统营销的多轮轰炸后表现出审美疲劳，渴望更具创意与特色的拉动方式。一旦找到了契合的引爆点，社交媒体用户和消费者的热情就会被点燃，从而转化为消费力。

人民日报新媒体于 2019 年 5 月 10 日“中国品牌日”发起“有间国潮馆”，并与国潮品牌中国李宁推出联名款潮流单品，引爆社交媒体。30 年前，《人民日报》刊登了李宁品牌商标征集的胜出作品，这也是李宁品牌商标的首次媒体曝光。30 年后，被称为“国货之光”的李宁，推出多款联名潮品，在衣服上印满了人民日报，打造真正的“报款”（图 5-5）。这次跨界探索和尝试，成功实现了线上线下的传播整合，制造了传播热点，为传统媒体在后新媒体时代拉近与受众的距离、获得关注度及突破流量瓶颈和圈层壁垒提供了参考。

图 5-5　人民日报×李宁联名“报款”帽衫

资料来源：https://www.digitaling.com/projects/66149.html

① 张益铭. IP 跨界营销赋能新媒体传播方式的创新发展——以人民日报社新媒体中心为例[J]. 出版广角，2019，（21）：70–72.

在进行跨界活动策划时，应当把握“和而不同”的原则。

“和”基于目标人群和消费需求的共性进行跨界对象的选择，从品牌量级、目标人群、用户场景的契合性出发挑选合作伙伴，从多个品牌的多个角度服务于同一个用户群体，强调以用户为中心的服务体验。跨界合作，往往要求双方期望一致。如果在品牌调性、目标受众、话题点等方面逻辑不自洽，便很难持续产生内容的吸引力，更谈不上超预期的销售转化效果。

“不同”则体现在不同品牌在功能上、体验上应当具有差异性，如数字媒体与传统品牌的跨界、线上品牌与线下品牌的跨界、时尚品牌与大众消费品牌的跨界等。跨界营销将原本不相干的品牌与元素进行重新组合，实现的品牌元素之间新奇碰撞，能在短期内引爆市场话题，唤起广泛的市场关注。

跨界的结果必须是有惊喜但不违和，有很多案例，冲突和反差是有了，但违和感极强，这属于纯粹为了博眼球而制造反差，这类跨界的产物其实很难被用户真正接受，最终可能也就停留在品牌的自嗨阶段。

二、活动运营的传播促进

活动之于投放，之所以有四两拨千斤的机会，靠的就是转发、分享、点赞等社交传播行为。运营者借助微博、微信等社交媒体渠道激发用户的主动传播，低成本放大活动效果，扩大活动影响。否则只靠一部分初始用户，活动的效果会很快衰减下去。具体而言，传播力强的活动在设计时往往都预埋了“利益”“情感”“社交”“热点”中的一个或多个因素。

（一）提供利益刺激，打造参与诱因

利益刺激是互联网产品迅速聚拢用户、培养用户习惯、抢占市场份额的常见手段之一，如微信支付在推广期连续几年举办“8·8无现金日”活动，通过鼓励金、代金券和现金红包等显著推动了线下场景用户支付的应用绑定。

作为用户参与和分享的直接诱因，利益刺激类活动应用广泛，如用户补贴、优惠券、抽奖、答题、打卡、投票、竞猜、用户征集、拼团、秒杀、免单、满减、

搭售、预售等，万变不离其宗，其核心都是利用利益刺激尤其是物质刺激来驱动用户进行某项行为，达到用户增长和销售促进的运营目的。

利益刺激类活动具有门槛低、零成本、有收益、易分享、能累积的特点，主要针对利益敏感型的用户。在进行利益刺激类活动策划时，要特别注意运营预算和方案的平衡。以用户补贴活动为例，我们可以从当前的市场情况、竞争情况、补贴类型、用户群体等多个维度调研细分，设计不同的活动策略以达到最优的效果。将阳光普照补贴的普惠政策与针对性补贴的特别优惠政策区分开，给予不同价值用户不同力度的激励、根据不同的场景设计不同的补贴策略。例如，饿了么等外卖平台会综合考虑天气、环境、季节、时令、消费时段给予不同补贴，如盛夏中午白领外卖需求显著上升，此时可以下调补贴额度且配送费加价，雨天等恶劣天气用户出门不便，平台又可以增加特定补贴积累用户口碑。

在实际操作中，利益刺激一般会结合社交分享机制，以将传播成本降到最低。例如，近年来支付宝、微博、微信等各大平台纷纷掀起“锦鲤转发”的全民狂欢热潮 社交化、平民化、具有诱导性的传播形式搭载“转运”的加持，展现出传播速度快、覆盖范围广的独特优势。

（二）重视裂变机制，激发倍数增长

无论是饿了么式的红包分享、拼多多式的助力砍价、每日优鲜的 0 元吃水果、携程的助力抢车票，抑或是朋友圈现象级的网易云荣格心理测试、支付宝的春节集三福，不论转化导向还是传播导向，往往都是围绕“裂变”模型展开的。以砍价玩法为代表，一个用户拉来几十个人协助砍价，用户获取利益的过程接入裂变模型中，能实现短期内大量的裂变流量的涌入。

裂变策划的关键不在于玩法有多创新，内容有多共鸣。用户非常明确地为了获得某个利益而参与裂变，所以策划裂变方案，关键点在于如何培养用户的固定习惯，在明确的预期下进行分享操作，然后通过明确预期的分享内容引入更多目标的用户。在活动策划时，运营者要注重活动规则的表述尽量简单、直观，让用户一眼就能看出“去做什么，就能得到什么”。活动页面的介绍要突出用户收益。

裂变的奖励一般是以现金优惠或者能兑换成现金的虚拟点数，或者是能够让目标受众群体感到价值的虚拟奖励。

裂变往往就是基于业务的互动，可以直接促成有效的业务产出。但是，此类活动相对简单粗暴，要注意频次和力度的控制，避免反复刷屏过度消耗用户的社交圈，给品牌带来反效果。

（三）激发情感共鸣，传递品牌价值

随着消费水平和市场竞争格局的提升，现代消费观念已经进入了重视心理价值、精神价值高过生理满足和功能价值的时代。数字化世界主宰我们生活的这一刻越来越近，用户比以往任何时候都渴望人和人的互动，更需要情愫的共鸣。站在用户的角度设身处地感受用户遭遇，设计能够承载用户情感的方案，往往能够造就一场传播面广、影响深远的刷屏级活动，在用户心中留下深刻的品牌烙印。

首先，情感共鸣活动设计的起点是找到共鸣点，实现情感动员。用户的集体共鸣点可能是来自对国家富强、民族振兴、人民幸福时代主旋律的赞美讴歌；来自真、善、美的永恒精神的热爱传递；来自对遭受不合理待遇弱势群体的鼎力支持；来自对用户价值观与话语体系的真诚对话；也可以来自对普通个体情感的真诚关照。活动既能唤起用户的正向情感，如自豪、骄傲、幸福，也可能激发用户的负向情感，如痛苦、迷茫、仇恨、嫉妒等。只有当传播内容使受众产生心理认同和情感共鸣时，才能促使受众从单纯地接收内容变为主动分享内容。

其次，情绪唤起之后，用户的情绪需要及时宣泄和顺畅表达，活动成为承载情绪和解决问题的渠道。运营者可以针对不同的场景展开如点赞、投票、众筹、企业赞助等活动，充分展现数字媒体产品在审美、教化、认知、娱乐、社会文化、公益等方面的功能，与用户产生“同呼吸共命运”的共鸣感受，为活动启动注入充沛的情感能量。

最后，在活动的收尾阶段，当用户的情绪开始回落时，运营者应当适时推出相关活动素材，如海报、H5 等，吸引用户将注意力转移到数字媒体产品本身上来，

实现情感迁移与品牌形象表达态度，体现价值观和精神共振（图 5-6）。例如，滴滴在 2016 年春运期间推出的“滴滴春运回家”活动，“打开车门，就是家门”鲜明的活动主题非常契合外部大环境，能够引起用户的情感共鸣，主题非常明确，非常成功地让用户了解自己的产品（顺风车），并且完成体验需求。

图 5-6　情感共鸣类活动实现路径

（四）借势热点事件，掀起传播高潮

互联网热点主要分为突发热点和常规热点两类。突发热点一般没有征兆，运营者只能随机应变，如明星事件、社会事件等。常规热点具有周期性，运营者可以提前预测。在活动预热过程中，遇到突发热点，首先需要快速反应，跟自己的活动做匹配分析，看能不能找到契合的点，判断要不要借这个势。切忌盲目地借势，不相关的或者负面的热点，不应该追，轻则浪费资源毫无效果，重则引起反感甚至触犯道德法律底线；而对于确实合适的热点，也要考虑以怎样的方式借势才是最好的。

借势活动策划一定要“快、准、狠”，要在突发性热点爆发的两天内完成热点的借势，这样可借助热点的传播周期完成自身品牌的传播。这种借势，对策划人员的创意能力、应变能力的要求较高，也考察了一个团队短期内的策划创意能力和执行力。我们还可以通过捕捉热点事件，利用用户的炫晒秀心理，打造话题性社交活动，再利用社交网络的持续发酵，促使老用户自发地为自己宣传，形成病毒式传播。

在改革开放四十周年之际，百度联合新华社，发起了“给旧时光上色”活动（图 5-7），利用百度的黑白照片上色技术“焕彩”，还原老照片本来的色彩，让记忆中的黑白照更加鲜活。家庭、童年、军旅、潮流、朋友、婚恋，六大主题，预设的 41 组旧照，勾起对改革开放时期的种种回忆。

图 5-7 “给旧时光上色”H5

资料来源：新华社客户端

改革开放四十周年，这是国之庆典，也是百度 AI 业务对外的一次绝佳的展示。为了能更好地上色，百度工程师在迭代算法的时候让生成器学习了 67 616 张黑白图[1]。借由官媒的力量，百度巧妙地将自己融入主流媒体的“狂欢”之中。通过与新华社的合作，用户能更深刻地感知到百度 AI 技术，这对加深百度的技术形象，有至关重要的意义。

互联网是一个用户数量庞大、信息传递迅捷、全民信息共享的公共空间，伴随着公众对热点活动的关注、讨论及社会舆论意见整合，可能会出现群体情绪失控、舆论跑偏走调的风险，甚至给不怀好意者可乘之机。因此，执行此类活动要特别注意做好用户引导和舆论管理工作，要建立相应的监控机制，第一时间积极

① 新华社客户端：这支 H5 揭开老照片的秘密，原来 40 年前爷爷奶奶就这么时尚[EB/OL]. https://baijiahao.baidu.com/s?id=1620062128786117338&wfr=spider&for=pc，2018-12-17.

回应用户反馈和疑问。同时，对负面口碑保持高度敏锐，注重传播过程中舆论领袖的作用，公开、透明，保证活动有序进行，塑造良好的品牌形象。

第五节　数字媒体活动运营的常用工具

一场活动的顺利进行需要人、事、物多方资源的统筹管理与协调。作为活动项目的管理者，运营人员往往要跨团队整合各方资源，驱动营销、商品、仓配、供应链、产品技术、客服等众多角色共同协作。是否能够准确、恰当地采用活动运营工具提升活动开发与管理效率，是对运营人员业务水平的重要考核。

一、活动流程绘制工具

活动策划过程中经常需要对活动流程步骤做出计划和安排，为了使这些流程更清晰易懂，经常需要借助一些流程图进行展示。有很多软件工具可以用来帮助我们绘制流程图，使用各种软件工具绘制流程图的方式大同小异，只要按照思路从绘图工具栏中拖动出需要的符号进行组合即可。常见的流程绘制工具有以下几种。

（一）Visio

Visio 是 Office 软件系列中负责绘制流程图和示意图的软件，是一款便于信息技术（information technology，IT）和商务人员就复杂信息、系统和流程进行可视化处理、分析和交流的软件。使用具有专业外观的 Office Visio 图表，可以促进对系统和流程的了解，深入了解复杂信息并利用这些知识做出更好的业务决策。

（二）亿图图示

亿图图示是一款基于矢量的绘图工具，支持 Windows、Mac 和 Linux，可解决跨平台、多领域的图形设计、图文混排和工程制图等需求。在设计时它采用全拖曳式操作，结合 4 600 多个常用图形模板库和用户自定义实例库，可以简化用户的工作量。

（三）ProcessOn

ProcessOn 是一款成熟的 Web 在线作图工具，可以在线画流程图、思维导图、UI 原型图、统一建模语言（unified model language，UML）、网络拓扑图、组织结构图等。同时它还加入了协作功能，可以与同事、朋友共同实时完成图表的制作，便于跨部门的流程梳理、优化和确认。用户不仅可以将在线制作的图表下载到本地使用，而且可以通过分享发布的方式，生成一个公开链接供其他用户在线查看。

二、活动设计与开发工具

随着互联网商业的快速发展，各种新产品和创新应用层出不穷，企业为了让自己的产品脱颖而出，经常需要通过运营活动提升产品的知名度和影响力。但是，运营活动执行频率高、上线周期短，给企业带来了很大的挑战，主要面临开发周期长、调试复杂、效率低等问题。因此，活动设计与开发工具的运用很有必要。

（一）创客贴

创客贴是一款多平台（Web、Mobile、Mac、Windows）极简图形编辑和平面设计工具，包括创客贴网页版、iPhone、iPa、桌面版等。创客贴内置海报、名片、公众号图片、PPT、邀请函等 65 个场景模板，运营者不需要有设计专业背景，通过简单的拖拉拽操作和简单替换就可以设计出精美的活动物料。

（二）易企秀

易企秀创意营销平台提供免费 H5 微场景、海报、长图、表单、视频、互动游戏、建站、小程序八大制作工具及秀推智能营销平台，可以帮助运营者高效完成内容创意、传播获客、数据管理、效果转化的活动营销闭环。

（三）凡科互动

凡科互动是一款游戏活动营销产品，能帮助中小微企业快速创建符合自身特点的互动营销小游戏，一键生成微信吸粉、门店引流、现场活动、电商引流等多样化的营销场景。凡科互动提供游戏抽奖、裂变引流、商业促销、投票答题、长期活动等几十种活动玩法，以软性植入品牌的方式，在有趣的娱乐互动中，实现品牌推广，活跃客户，提升销售转化。

三、活动进程管理工具

活动是运营者全权负责的项目，这个环节更主要是体现项目经理（project manager，PM）的角色。运营活动能否取得成功，活动的执行是否到位起到关键作用，涉及活动进程的统筹管理，当中涉及时间、成本、人员、资源、文档、风险、质量各方面。为了更快捷方便地进行活动管理，市面上有许多工具可以协助运营者对活动进程进行管理。

在众多活动进程管理工具中，甘特图（Gantt chart）可能是最容易理解、最容易使用的一种。甘特图又称为横道图、条状图（bar chart），以提出者亨利·劳伦斯·甘特（Henry Laurence Gantt）先生的名字命名。甘特图基本上是一个线条图，横轴表示时间，纵轴表示活动，线条表示在整个期间计划和实际的活动完成情况，它以图示的方式形象地表示出活动的实施顺序、开始时间和持续时间等（图5-8）。使用者可以直观地看到活动的进展情况，了解活动在什么时候进行、还剩下哪些工作要做，以及实际进展与计划要求的对比情况。

活动推进表																	
项目	日期	5/10	5/11	5/12	5/13	5/14	5/15	5/16	5/17	5/18	5/19	5/20	5/21	5/22	5/23	5/24	5/25
		周三	周四	周五	周六	周日	周一	周二	周三	周四	周五	周六	周日	周一	周二	周三	周四
类别	事项	筹备期					预热期				进行期				发酵期		
微信·发起	软文撰写		■	■	■												
	客服话术					■											
	软文推送									■							
微博·推广	海报设计			■	■	■											
	文案撰写	■	■														
	广告投放										■	■	■	■	■	■	
线下·推广	宣传单设计		■	■	■												
	宣传单印刷				■	■	■	■									
	宣传单散发										■	■	■				
……	……																

图 5-8　简单活动的甘特图示例

绘制甘特图主要包括以下步骤。

（1）明确项目牵涉到的各项活动、项目。这一步将项目按照“类别”“事项”的分类方式进行拆分细化，明确到具体子项目，并确定相应任务的开始时间、持续时间、任务类型（依赖/决定型）和依赖于哪一项任务。

（2）创建甘特图草图。将所有的项目按照开始时间、工期标注到甘特图上。最原始的绘制甘特图的工具是纸笔，但修改起来不方便，在实际工作中运营者一般采用甘特图的专业绘制工具来完成。

（3）确定项目活动依赖关系及时序进度。使用草图，按照项目的类型将项目联系起来，并安排项目进度，即哪个任务先完成，哪个任务后完成，哪个任务完成之后其他任务才能完成，哪些任务可以同时完成。此步骤将保证在未来计划有所调整的情况下，各项活动仍然能够按照正确的时序进行。也就是确保所有依赖性活动能并且只能在决定性活动完成之后按计划展开。

（4）根据单项活动任务的工时量、活动任务的人员数等按需适时调整工时，确保任务量和时序安排合理、可执行。

常见的甘特图绘制工具有 Gantter、Microsoft Office Project、Excel 等，前文介绍的亿图图示等绘制软件也内置了甘特图模版，可以综合使用。此外，运营者还可以借助如 Teambition 等团队协作工具来进行任务分解、进度提醒、沟通协调、文档共享等常见工作，无论身在何处，都可以在线与同伴协作，统筹保障活动的有序推进。

第六章　数字媒体运营的数据驱动

将产品运营、用户运营、内容运营、活动运营等工作抽丝剥茧，背后隐藏着一个共同的驱动力——数据。数据是反映产品和用户状态最真实的一种方式。运营者总是无时无刻地依据各种数据去评估运营工作的效果，并根据数据决定下一步的运营策略和措施。大数据与精细化运营的背景下，数字媒体运营工作对数据分析的要求越来越高。

第一节　建立数据运营的基本意识

在数字媒体产品领域，数据的范畴具体为有关产品运行和用户行为的一切数据。它是反映产品和用户最真实状态的一种方式，运营人员通过数据来验证取得了什么样的效果，决定做出什么样的决策。建立数据化运营意识，是数据运营体系的基础支撑和价值认同，具有重要的意义。

一、什么是数据运营

狭义的数据运营单指“数据运营岗位”，主要承担数据规划、数据采集与清理、数据可视化、数据分析与策略支持等角色功能，属于和业务结合紧密的支撑团队。在一家互联网企业中，数据运营可以是纵向的专门性团队，共同支撑各条业务线的数据需求；也可以是横向的“虚拟团队”，数据分析师下沉到各业务部门及项目中去，成为业务团队中的一员。

广义的数据运营则是指“数据（化）运营思维”，泛指通过数据分析的方法发现问题、解决问题，用数据指导运营决策、驱动业务增长，是各类运营岗位必备的思维方法和技能。如非特别说明，本章主要从广义数据运营的维度展开论述，重点探讨数据如何驱动具体业务向精细化方向发展。

数据运营首先需要的就是要认同数据的价值。它不是数据分析师或数据团队的专属，而应当成为数字媒体企业的共同认知。企业决策者、管理层能否从战略上高度重视数据运营的价值？公司能否形成数据驱动业务的观念？产品、研发、运营、市场能否正确认识数据的价值及用数据来驱动自己所负责的业务？只有数字媒体企业从上至下都认可、理解并相信数据的价值，数据分析工作才能够真正落到实处，驱动业务增长。

数据运营成功的保障来自对业务的精确把握，脱离了业务谈数据分析一切都是空谈。数据分析的最终目的是服务于公司的各项目标，因此需要对所在行业的背景、业务内涵、产品、用户有着深刻的认知，只有弄清楚整个业务体系才能有效地定位数据运营的价值，实现最终的增长目标。成功的数据运营需要对数据分析有清楚的定位，既不能轻易地否定数据分析的价值，也不能将数据分析神化。

二、数据运营的整体架构

从数据流转的角度审视数据运营体系，可以分为四个层次：数据采集层、数据处理层、数据决策层、数据反馈层。每一层架构都逐步演进互相依赖，每一层都不可缺少[①]，如图 6-1 所示。

数据采集层：以用户和产品交互为输入，原始数据为输出。这一过程是数据运营体系的底层支撑，这一过程采集的流量数据、行为数据、业务数据、外部数据成为后期运营决策的重要来源。

---

① 秦璐. 从零开始，构建数据化运营体系[EB/OL]. https://www.niaogebiji.com/article-14284-1.html，2017-02-06.

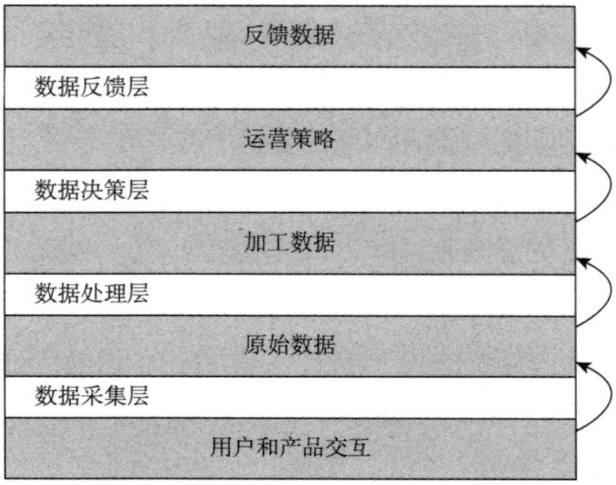

图 6-1 数据运营体系的四个层次

数据处理层：以原始数据为输入，以加工数据为输出。原始的数据往往不能直接为运营所用。数据处理层由计算机对原始数据按照一定的标准进行处理，转换成业务方可以调用的加工数据（如用户标签、运营指标、算法结果）及直观、可视化的数据产品。

例如，某用户在微信朋友圈看到一则活动觉得不错，于是下载 App，注册后参与了活动。微信朋友圈的浏览，记录的是用户微信的 openId 和 cookie，下载后则对应的是产品自身的 userId，两者无法对应，这就需要数据整合，将 cookie、手机号、userId 等信息映射到同一个人，实现技术层面的数据清洗。这个过程被称为 ETL[①]。

数据决策层：以加工数据为输入，以运营策略为输出。这一过程将加工数据按一定的数据模型或计算逻辑进行分析处理，从数据中发现可以指导下一步行动的运营策略，是数字运营的核心所在。

数据反馈层：以运营策略为输入，以反馈数据为输出。这一过程通过尽快执行、验证数据分析所得出的运营策略，实现用户触达，并获取用户点击、留存、转化等反馈数据，为后续优化、迭代提供重要参考。

---

① 是英文 extract–transform–load 的缩写，用来描述将数据从来源端经过抽取（extract）、转换（transform）、加载（load）至目的端的过程。

如图 6-2 所示，从交互输入—原始数据—加工数据—运营策略—反馈数据，我们能清晰地看到数据价值随着数据运营过程的推进不断流动。用户产生的反馈数据又可以作为新的交互输入，数据运营的闭环得以良好运转。当然，在智能运营时代，好的数据化运营体系也是高度自动化的运作，如个性化推荐这一运营机制的形成，可以将服务器实时计算后的结果直接推荐给用户，显著提升运营效率。

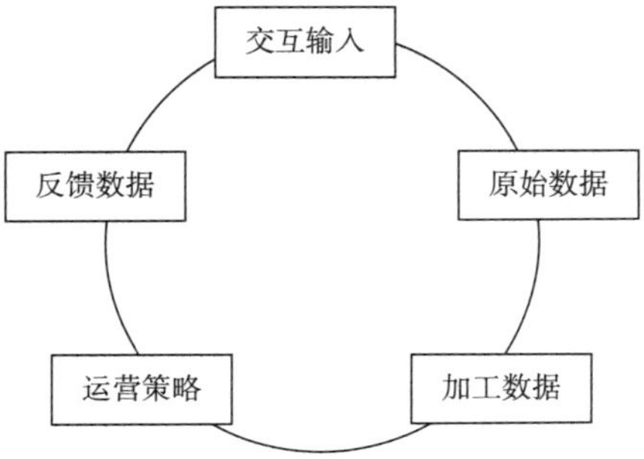

图 6-2　数据运营闭环

三、数据运营的意义

数据运营能够把隐藏在一大批看似杂乱无章的数据背后的信息集中和提炼出来，总结出所研究对象的内在规律，贯穿于数字媒体经营的过去、现在和未来。

（一）运营现状分析

数据给运营者提供了关于产品和用户的全貌和细节，清晰地告诉运营人员已经和正在发生什么，这是下一步决策的前提和基础。无论是企业领导者还是业务人员都要养成定期关注核心数据的习惯，时刻把握产品和业务线的健康度。运营现状分析一般通过日常通报来完成，如日报、周报、月报等形式。例如，电商类型网站的日报中的现状分析会包括订单数、新增用户数、活跃率、留存率等指标同比或环比上涨还是降低了多少。

（二）运营数据异常原因分析

运营者所负责业务线的数据每时每刻都在发生变化，这是相当普遍的场景。有些波动属于正常范围内，无须特别处理。有些数据的变化则可能暗藏玄机。运营者的重要职责之一是根据业务指标的上升和下降、环比和同比的变化找到可能的原因，进行合理解释并进一步调整。例如，某电商网站某一天的日报中某件商品销量突然增加，那么就需要针对这件商品销量突然增加做专题分析，看是什么因素影响了该商品销量大增。

（三）预测分析

数据的意义不仅在于过去和现在，还在于未来。从企业战略层面，在了解企业运营状况以后，有时还需要对企业未来发展趋势做出预测，为制定企业运营目标及策略提供有效的参考与决策依据，以保证企业的可持续健康发展。预测未来是机器学习的领域，通过数据建模，获得概率性的预测，如用户是否存在流失风险，用户会不会喜欢和购买这个商品，新上线的电影是否会获得好评……运营者可以利用这些概率针对性地运营。

第二节 数字媒体运营数据的采集

狭义的数据运营岗位技术性较强，需要扎实的数据挖掘知识、挖掘工具应用经验和编程能力，一般由专业的数据分析团队承担。随着现代企业数据驱动意识的显著增强，需要数据运营支撑的业务和场景越来越多。这要求一线业务人员也要懂数据、会用数据，真正做到用数据指导运营决策、驱动业务增长。在这个过程中，首先需要解决的是日常运营工作中数据从哪来的问题。

一、搭建运营数据指标体系

要获取数据，首先需要思考要什么数据。这一思考的前提是运营者对自身业务状况和问题的充分理解。在前面四章我们可以看到，产品运营、用户运营、内容运营、活动运营的业务场景均有大量数据需要关注，如果日常数据出现变动，从单点的数据中很难发现问题，不仅浪费时间，还使人精疲力竭。

搭建运营数据指标体系是公认的解决方案。运营者通过梳理业务流程，摸清指标之间的关系，将零散的数据串联成体系，能够显著提升数据监控与数据分析的效率，保证业务在正确的道路上运行。

数据本身是分层的，我们在思考指标的时候，也应该有一个层级的概念。通常我们将指标体系分为三级。

（一）一级指标：公司战略层面指标

一级指标是企业用于衡量公司业务/战略目标达成情况的核心指标，代表企业上下对用户价值和公司成功关系之间的共识，必须反复讨论并深刻贯彻，指导每个基层员工在日常工作中的一次次决策和执行。

一级指标的选取可以参考 OSM 模型，即从业务目标（object）、业务策略（strategy）、业务度量（measure）进行思考。同时这类指标往往有可参考的行业标准指标，如对于社交类产品来说，MAU（而非注册用户数）非常关键；对于电商类产品，GMV 很重要；对内容类产品，观看时长则比较关键。正确地、诚实地制定一级指标能够确保公司的运营策略永远对用户价值负责，选择错误的或者虚荣指标则有可能引导企业走入假性繁荣的陷阱。

（二）二级指标：业务策略层面指标

为了实现一级指标，企业会做出一些策略，二级指标通常与这些策略有所关联，可以简单理解为一级指标的实现路径，用于更快定位一级指标的问题。例如，一级指标是销售金额，根据销售金额达成公式，销售金额可以拆分成访问流量、下单转化率、支付转化率、客单价四个可操作的二级指标。

（三）三级指标：业务执行层面指标

三级指标是对二级指标的路径拆解，用于定位二级指标的问题。三级指标的要求：一线人员看到指标后，可以快速做出相应的动作。例如，在刚才的案例中二级指标访问流量有波动时，运营者可以根据不同渠道、不同设备等维度拆解，快速定位问题所在。

二、运营数据的采集

在确立了数据分析的指标体系之后，如何能够客观、全面、有效地采集到第一手的数据原料，就成为需要解决的关键问题，数据埋点是重要的采集方法。

埋点是数据采集领域的术语，指的是针对特定用户行为或事件进行捕获、处理和发送的相关技术及其实施过程。通常埋点主要针对曝光类事件、浏览类事件和交互类事件。埋点将产品数据分析的深度下钻到流量分布和流动层面，是数据驱动产品和精细化运营的基础。团队协作工具 Teambition 的增长团队就曾通过数据埋点发现，他们的用户大多都通过浏览器搜索来进入网站，于是产品在官网上增加了用户提示，鼓励用户将网站加入收藏夹，功能上线后用户留存又上了一个新的台阶。

目前主流的埋点方式有三种：代码埋点、可视化埋点、无埋点/全埋点。

（一）代码埋点

代码埋点是较为传统的埋点方式，即在需要统计数据的关键位置植入代码，追踪用户的关键行为，得到想要的数据。例如，想要收集用户注册数，就在注册按钮处加载相应的代码。代码埋点通常由数据产品经理、业务线数据分析师等根据需求设计埋点方案，研发人员在相应位置植入埋点代码，并由测试人员进行埋点测试保证数据可以正常上报。

作为一种手动编码方式，企业可以自定义事件和属性，精准控制监控对象，传输丰富的数据内容。但由于每一个事件的监控都需要添加相应的代码，工作量大、周期长，有一定的技术门槛，还会经常出现漏埋、错埋的现象。

（二）可视化埋点

可视化埋点也称框架式埋点，就是指用框架式交互手段来代替纯手工写代码，固化相应代码作为软件开发工具包（software development kit，SDK），方便直接调用。由于可视化埋点技术门槛相对较低，使用与部署较简单，运营人员可以直接操作，自动向服务器发送数据，避免手工埋点的失误。国内外主流数据平台如 Mixpanel、TalkingData、GrowingIO、神策等都提供了可视化埋点方案。不过目前可视化埋点能够覆盖的控件还比较有限。

（三）无埋点/全埋点

无埋点是先尽可能收集所有控件的操作数据，然后再通过界面配置哪些数据需要在系统中进行分析。这等于做了一个统一的埋点，因此又被称为全埋点。无埋点是一种相对省时省力又能比较全面地收集数据的技术手段，减少了开发人员的开发成本及技术人员和业务人员的沟通成本，避免了因需求变更、埋点错误等原因导致的重新埋点繁复工作，能显著提升数据收集的效率。目前市场上主推无埋点全量行为抓取和分析的主要是 GrowingIO 公司。

总体来说，无埋点和可视化埋点更侧重结果的展现，对过程追溯少，更适合分析基础的产品功能流畅度、用户体验、产品路径设置等。代码埋点不仅能展现结果，也会记录用户行为过程，支持深度的行为分析和偏好洞察，还可将行为数据与业务数据打通，适合深度使用。目前市场上主流数据平台均提供了多样的埋点解决方案，企业可以根据业务场景和产品阶段按需选择，灵活组合。

三、运营数据的提取

数据工程师把不同来源的数据采集好，然后通过清理、转化等环节统一到数据平台上，产品经理、运营者、数据分析人员等就可以通过数据系统提取数据。常见的数据获取方式有以下两种。

（一）从企业自建数据分析平台提取

数字企业常常会搭建自己的数据分析平台，满足产品、运营、市场、销售、客户支持等各个一线部门的数据需求。数据分析平台需要承担运营效果监控、产品优化效果评估、内容智能分发、A/B 测试实验平台等职能，利用大数据和 AI 构建企业的商业智能。

运营人员通过查询开放的数据平台，可以直接看到各类数据报表及导出明细进行进一步处理。功能齐备的数据平台还可以根据分析需要，自助地选择字段（表头）进行自助报表的配置和计算生成。例如，腾讯内部的数据门户，承担了诸多产品的数据报表、数据提取、数据报告的功能。

与此同时，还有一些非标的数据没有现成的报表开放，需要人工查询。例如，提取某一批销量较好的商品及其相关字段、提取某一批指定条件的用户信息等。数据提取可以由专门的数据工程师按照需求提取。但为了保证数据与工作的时效性，企业也往往要求运营者掌握基本的结构化查询语言（structured query language，SQL），用于日常的业务数据自助查询。

（二）从第三方数据服务平台获取

基于数据的量化产品设计和运营策略优化已经成为行业共识。中小企业往往没有能力自建智能数据分析平台，但是又存在着数据驱动的需求，可以借助第三方数据服务平台来降低开发成本，提升运营效率。目前国内主流的数据分析平台有友盟+、TalkingData、GrowingIO、神策等，可支持客户端、服务器日志、业务数据库、第三方服务、历史数据导入等全端数据采集，支持多种埋点方案，为企业建立完整的数据仓库、深度挖掘数据价值提供了巨大的帮助。企业在选择时要均衡考量相关工具接入成本、产品体验、数据准确性、数据稳定性、数据安全性等，选择更合适的平台接入。

相比传统图表与数据仪表盘，如今的数据可视化致力于用更生动、友好的形式，即时呈现隐藏在瞬息万变且庞杂数据背后的业务洞察。无论在零售、物流、电力、水利、环保领域，还是交通领域，通过交互式实时数据可视化大屏来帮助业务人员发现并诊断业务问题，越来越成为大数据解决方案中不可或缺的一环。例如，阿里云旗下的 DataV 可以帮助非专业的工程师通过图形化的界面轻松搭建专业水准的可视化应用。DataV 提供丰富的可视化模板，满足会议展览、业务监控、风险预警、地理信息分析等多种业务的展示需求。每年天猫“双十一”购物节的实时作战大屏就是用 DataV 数据可视化引擎搭建的。

第三节　数字媒体运营数据的分析

有了数据之后，就可以对数据进行分析和应用，从而为运营决策提供依据。数据分析的主要流程：明确目的—获取数据—处理数据—寻找异常值—分析原因—得出结论—验证结论[①]。不同于数据分析师，业务场景下的数据运营弱化了

① 张文霖，刘夏璐，狄松. 谁说菜鸟不会数据分析[M]. 北京：电子工业出版社，2011：17.

对编程统计的要求，更强调运营者在数据工具的基础上灵活使用分析方法。一个好的运营者一定要及时发现问题、定位问题、提出可行性解决方案。这需要运营者熟悉并且梳理清楚业务逻辑和关键用户行为，掌握数据分析的常见方法和基本工具。

一、常见数据分析方法

数据本身是没有意义的，要通过数据分析来得到想要的结果。选择什么样的数据分析方法要依据业务类型来定，合适的数据分析工具能够让数据分析达到事半功倍的效果。例如，漏斗分析监测网站的转化率、A/B 测试监测分析产品功能和运营策略的优化。

（一）趋势与对比分析

数字和趋势是最基础展示数据信息的方式。在数据分析中，我们可以通过直观的数字或趋势图表，迅速了解市场的走势、订单的数量、业绩完成的情况等，有助于决策的准确性和实时性。我们还常通过对比分析的方法，将两个或两个以上的数据进行比较，分析它们的差异，从而揭示这些数据所代表的事物发展变化情况和规律性。对比的维度包含了与预期目标对比、不同时间段的对比、与同行对比、与运营前的效果对比、不同用户间的对比、不同操作间的对比等。

由于核心业务指标的监测具有重要的意义，我们通常会在数据分析产品中建立核心指标的数据看板，对关键数据进行实时更新，并自动标识异动数据。中小型企业可以借助第三方数据工具，减少在数据采集、数据清理、数据可视化上的时间。例如，友盟+U-App 移动统计提供“自制看板”功能，运营者能够自定义关键指标，实时把握业务发展趋势（图 6-3）。

（二）多维度拆解分析

数据本身是分层的，在很多情况下，单纯监测和观察一个数据指标值并不能找出什么问题和规律，我们需要通过不同的维度对数据进行分解，以获取更加精细的数据洞察。常见的数据分层拆解维度如表 6-1 所示，包含人口属性、设备属

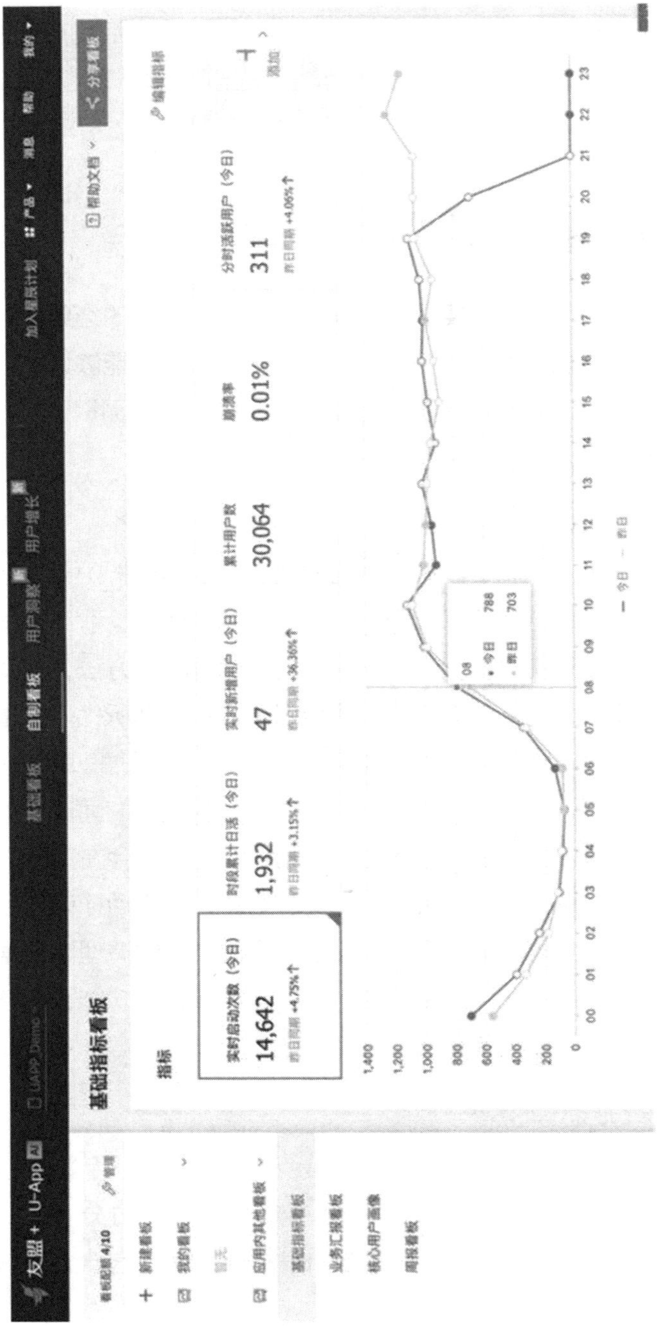

图 6-3　通过友盟+U-App 数据看板查看关键指标的变动情况

性、流量属性、行为属性等[①]。

表 6-1 常见的数据分层拆解维度

维度类别	具体维度
人口属性	性别、年龄、爱好、城市、地区、国家
设备属性	平台、设备品牌、设备型号、屏幕大小、浏览器类型、屏幕方向
流量属性	访问来源、广告来源、广告内容、搜索词、页面来源
行为属性	活跃度、是否注册、是否下单

以流量指标为例，我们可以从访问来源、广告来源、搜索词等维度出发，观察哪一类用户比重更大、哪一类用户价值更大，从而提升运营的效率。例如，某电商平台对过去 7 天用户下单情况按广告来源维度进行拆分，发现来自头条信息流广告的用户成交总额最高（图 6-4）。

（三）漏斗分析法

漏斗分析是我们最常见的数据分析手段之一，无论是注册转化漏斗，还是电商下单的漏斗。通过漏斗分析，可以从先到后还原用户转化的路径，分析每一个转化节点的效率。其中，我们往往关注三个要点：第一，从开始到结尾，整体的转化效率是多少？第二，每一步的转化率是多少？第三，哪一步流失最多，原因在什么地方？流失的用户符合哪些特征？

图 6-5 中注册流程分为 3 个步骤，总体转化率为 45.5%；也就是说，有 1 000 个用户来到注册页面，其中 455 个成功完成了注册。但是我们不难发现第二步的转化率是 56.8%，显著低于第一步的 89.3%和第三步的 89.7%，可以推测第二步注册流程存在问题。显而易见，第二步的提升空间是最大的，投入回报比肯定不低；如果要提高注册转化率，我们应该优先解决第二步的问题[②]。

① GrowingIO. 数据运营手册：方法、工具、案例[EB/OL]. https://www.growingio.com/ebook/data-operation，2017-04-20.

② GrowingIO. 用户行为数据分析[EB/OL]. https://www.growingio.com/ebook/user-behaviour-analytics-playbook，2019-10-25.

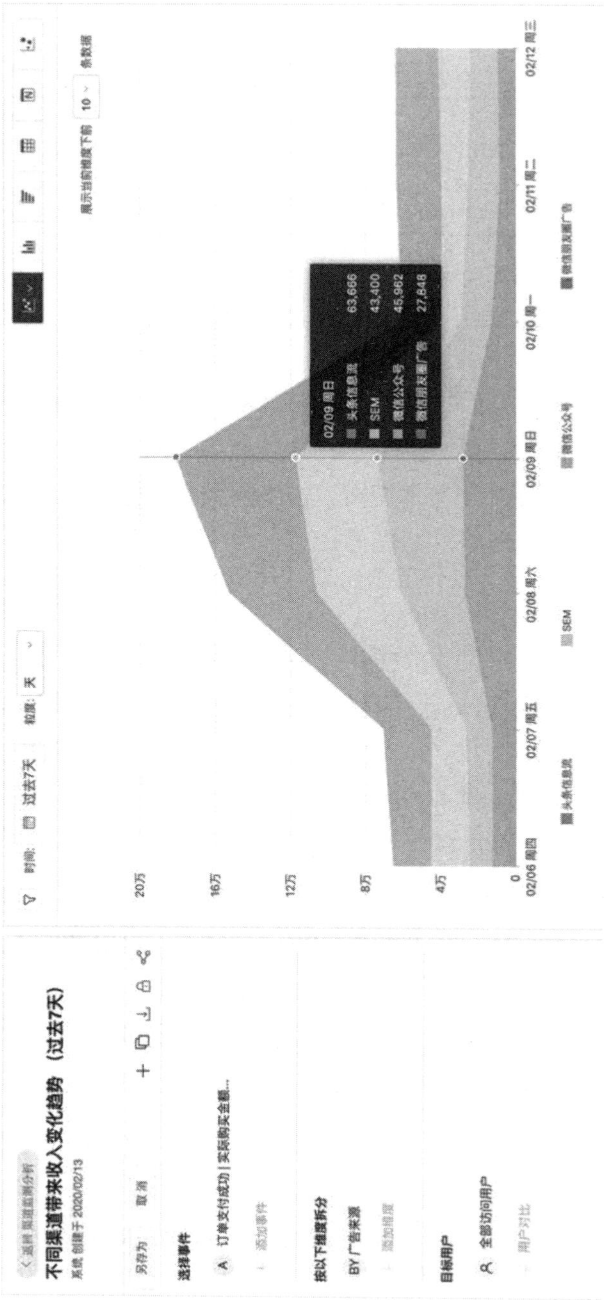

图 6-4 多维度拆解分析举例

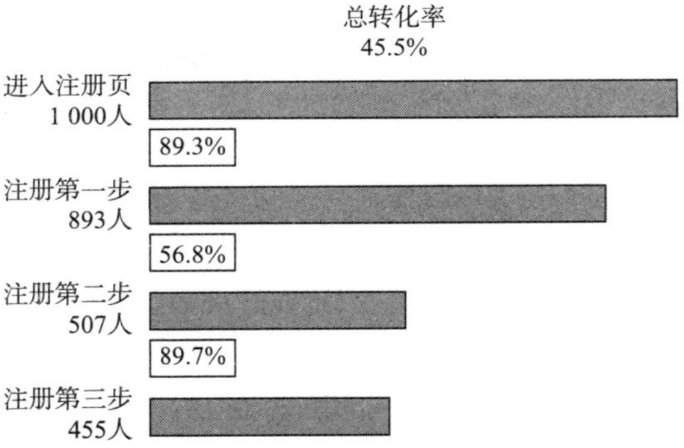

图 6-5 某网站注册漏斗

（四）A/B 测试

A/B 测试也称桶测试，本质上是一个对照实验，即为 Web 或 App 界面制作两个（A/B）或多个（A/B/n）版本，在同一时间维度，分别让组成成分相同（相似）的访客群组（目标人群）随机地访问这些版本，收集各群组的用户体验数据和业务数据，最后分析、评估出最好版本。例如，在图 6-6 中，50%用户看到 A 版本页面，50%用户看到 B 版本页面，结果 A 版本用户转化率 23%，高于 B 版本的 11%，在保障实验科学性和样本流量规模的情况下，我们就可以判定 A 版本效果更好，是下一步优化的具体方向。

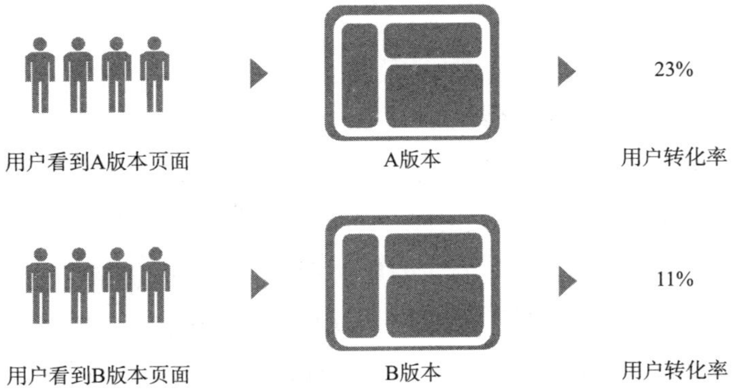

图 6-6 A/B 测试图示

A/B 测试是撬动理性决策的重要方法之一，能有效避免经验主义带来的创新阻碍。产品按钮如何改动使用户体验更好？电商爆款宝贝的主图选择哪一张效果更佳？信息流广告哪一类标题更受用户青睐？运营者均可以通过流量分割和小流量测试的方式得到有代表性的实验结论，进而推广实施。A/B 测试可以反复进行，以建立数据驱动、持续不断优化的闭环过程。

除此之外，常用的数据分析方法还有用户分群、典型用户细查、用户留存分析、热力图、数据建模等。主流第三方数据分析平台为运营者提供了功能完善的分析工具辅助，可以根据业务需求灵活选用（图 6-7）。

时间	当周	1周后	2周后	3周后	4周后
概况	100.0%	10.7%	6.54%	5.29%	4.33%
10月10日至10月16日	100.0%	10.7%	6.40%	5.41%	4.33%
10月17日至10月23日	100%	10.1%	6.49%	5.19%	
10月24日至10月30日	100%	10.5%	6.75%		
10月31日至11月6日	100%	11.3%			
11月7日至11月13日	100%				

图 6-7 通过留存分析查看同期用户的留存情况

二、数据驱动运营的应用

在大数据时代，数字媒体企业只拥有海量的数据是远远不够的，更重要的在于企业里的“人”可以正确高效地使用数据。数据的使用方法可以分为后验和先验两类[①]。

（一）后验得出归纳性结论

后验就是指对过往采集到的数据进行挖掘分析，从中发现和归纳新的知识，透过现象看本质。在日常运营场景中，后验可以有效定位问题，辅助运营决策，应用非常广泛。例如，在流量运营工作中，通过多维度分析渠道流量数据，我们可以优化渠道 CAC 和留存质量，解决产品用户从哪来的问题；在产品运营工作中，我们可以通过数据分析和异常指标监测，找到用户使用产品的“怒点”，帮助产品有效改进；在用户运营工作中，我们根据用户生命周期表现与核心指标，能有

① 36kr. A/B 测试：数据驱动的产品优化[EB/OL]. https://36kr.com/p/1721015812097，2016-01-19.

效展开精细化运营，实现用户价值最大化；在内容运营和活动运营工作中，数据能帮助运营者有效评估传播效果，为下一次投放提供优化策略。

值得注意的是，后验主要是通过总结和归纳得出结论，数据的真实性和有效性必须得到保证，要时刻警惕来路不明或者经过处理之后的二手数据，否则运营决策有可能出现方向性的重大偏差。

（二）先验得出预测性结论

通过数据方法预测出某一决策在真实环境中的表现，这就是先验。相比产品发布以后再去收集数据验证指标，先验的好处在于只需要通过很少的样本数量就能够得出代表全部样本的确定性结果，这样尽可能降低风险，减少损失。Airbnb经常用灰度发布和 A/B 测试进行对重要页面的修改和流程上的调优，通过灰度发布到 1%或者 5%的用户，看其实际对用户的数据影响（访问时间增加、留存提高、下单率提高等），决定此修改到底是 100%发布还是被砍掉。

目前，数据运营主要是通过数据分析得出洞察来支持人的决策。随着大数据和 AI 进程的加快，AI 技术通过机器深度学习，可实现对用户的智能匹配、智能预测、智能沟通，未来 AI 能替代人高效地做出实时洞察决策，实时调整策略与算法，实现数据运营工作的千人千面，以数据智能驱动产业快速发展。

第四节 数据运营报告的撰写

数据运营报告是产品和运营人员必不可少的工作，无论是周报、月报，还是新版本表现的分析报告，都需要在围绕报告目标的基础上，对数据进行整理、分析并提炼要点，最后形成一份有指导意义、易读且美观的数据运营报告。

一、数据运营报告的分类

常见的数据运营报告有日常运营报告、专项研究报告及行业分析报告三类。其中，日常运营报告属于定期报告，专项研究报告则属于不定期报告，行业分析报告既可以定期报告也可以不定期报告。

（一）日常运营报告

日常运营报告是新媒体运营者需要定期呈报的工作报告，一般以周报、月报、年报等形式呈报。日常运营报告的直接对象是直属上级和同事，并可视需要抄送相关人员。以周报为例，主要内容包括本周工作回顾总结、主要事项分析复盘、下周代办事项推进等。

工作报告是一件意义重大的日常事务。从团队管理层面，有利于上级快速了解下属各团队的业务完成情况，从策略、资源等方面给予反馈和支援；从业务执行层面，有利于团队成员及时同步业绩和问题，展开团队协作与联动配合；从个人成长层面，有利于养成定期整理工作的习惯，对外沟通反馈争取更多资源和指导，对内凝练反思形成有效的工作复盘。

（二）专项研究报告

专项研究报告的目的明确，主要是指围绕特定项目或特定问题进行的相关数据汇总和分析，如《××渠道流量异常分析报告》《双十二广告投放效果专项报告》《2020 新春抢红包活动运营报告》等。专项运营报告围绕某特别事件展开，重点在呈现过程与思路，展现结果与数据，挖掘原因和经验。

（三）行业分析报告

行业分析报告是对整个行业动态的洞察与汇报，需要大量的数据支撑和分析，含金量较高。行业分析报告可以是对内发布，呈现行业趋势、竞争者发展状况和可能的增长点；也可以是对外公开发布，有利于增强数字媒体企业在行业内的权威公信力，具有较强的引领示范作用。国内外互联网公司和咨询机构是权威行业分析报告的主要发布者，能够为客户和社会公众提供极具前瞻性的数据观察。

二、数据运营报告的写作要求

不同作用的报告组织内容、结构、侧重点都各不相同。

（一）根据报告对象确定报告重点

数据运营报告撰写首先需要根据报告对象的区别，确定报告的写作重点。

如果报告主要是面向上级的，如公司业务线的例行汇报、新产品或新版本上线情况汇报，这时报告要突出的就是关键指标的完成情况，并需要通过拆解成细化的指标来简要说清楚问题出在哪里，或是优秀表现的原因是什么，最后总结团队下一步的改进计划；如果是面向团队内业务同事的，那么报告的侧重点就是同步进度和展现问题点，并提出改进方案或建议，要起到的是用数据驱动团队的作用；如果是对外公开的报告，则一般侧重的是结果和趋势的发布，需要重点进行数据处理与图表呈现，对过程的推导则可以相对略去。

（二）注重报告内容的逻辑呈现

数据运营报告的写作要求条理清晰，层次分明，逻辑严密。运营者可以按照金字塔原理①进行结构化思考和呈现（图 6-8）。

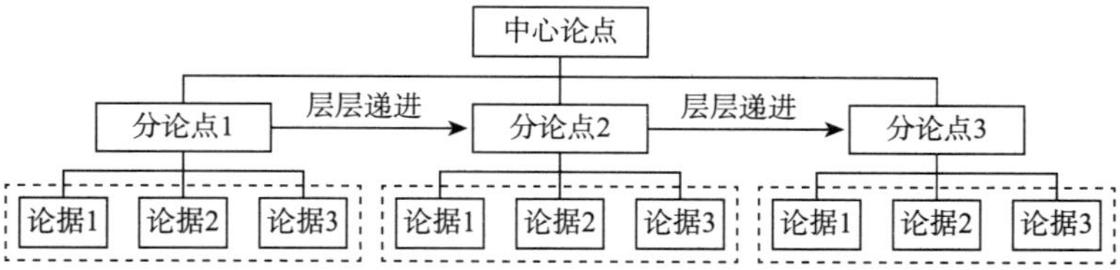

图 6-8　金字塔原理图示

以年终总结报告为例，该报告的报告对象是老板，站在领导的层面他更关注的是员工今年的工作是否为公司创造了价值。因此中心论点应当以价值为导向，结论先行，重点总结本年度的价值产出和来年价值预估。其次，根据以上统下的原则，分论点可以按照“完成的成绩—遇到的问题—未来的计划”层层递进。每个模块还可以继续按照逻辑拆解，如未来的计划可以分解为主要目标、具体措施、可能存在的问题等，然后把碎片化的素材信息整理到框架相应的位置中。

① 金字塔原理由麦肯锡国际管理咨询公司的咨询顾问芭芭拉·明托（Barbara Minto）提出，旨在倡导结构化的写作、思考、演示逻辑。金字塔原理有四大原则：结论先行、以上统下、归类分组、逻辑递进。

（三）保证报告数据的有效和准确

一份优秀的数据报告不等于酷炫的PPT和漂亮的可视化图表，而在于准确的数据来源和严密的逻辑推导。数据是客观的，但是解读数据的人是主观的。只有正确地认识数据，才能正确地利用数据。保证数据运营报告的结论坚实，需要严格核对数据来源、确认指标定义逻辑、查验数据提取处理过程和提供数据口径说明。在此基础上，选择恰当的图表和处理方式可以将分散在数据表格单元格的每个独立数据关联起来，清晰、直观地表现出其发展规律和变化趋势。

第七章　平台型数字媒体运营

平台，从经济学视角出发，可以理解为设定一个大的载体将相关产品（或服务）汇聚在一起，通过优化整合向用户推荐多个产品（或服务），从而实现集中营利的目的。随着社会的进步和技术的发展，平台变得愈加重要，大多数互联网企业在经过初期产品运营成功之后，为了减少重复开发成本，谋求产业的战略性扩张，通常会打造平台以创造更高的资源集成分配效率。

平台型数字媒体运营是数字媒体运营的重要组成部分，也是互联网企业战略升级的必要手段。在对平台型数字媒体运营有了整体认识之后，着重分析不同类型的平台型数字媒体的运营特色与成功案例，对整个平台型数字媒体运营实践具有一定的启发意义。

第一节　平台型数字媒体运营概述

平台型数字媒体是诞生和发展于互联网的一种原生新媒体，它依托于成熟的互联网新技术、开放的内容供给及海量的用户流量，进行内容生产、传播与分发，是技术平台与媒体运作的结合。平台型数字媒体的运营模式与其他数字媒体不同，它不直接提供产品或服务，而是通过连接产品或服务的提供方与使用方，满足他们的需求，为他们提供互动机制，最终让处于中介地位的平台从中获益。这种低成本高收益的运营模式被应用到诸多领域中，如 SNS、在线游戏、电子商务、搜索引擎等，帮助企业盈利并持续扩大版图。本节将从平台型数字媒体运营的概念、方式与原则出发，构建起平台型数字媒体运营的基本框架，为后续分析各类型平台型数字媒体运营实践打下坚实的基础。

一、平台型数字媒体运营的概念

2014 年 2 月，美国社交媒体人乔纳森·格里克在《平台型媒体的崛起》一文中首次创造并使用了合成词“platisher”（平台型媒体），即结合了 platform（平台商）和 publisher（出版商）之义。之后，撰稿人杰罗姆综合了一些美国学者的说法，对这一名词做了进一步阐述：“‘平台型媒体’是指既拥有媒体的专业编辑权威性，又拥有面向用户平台所特有的开放性数字内容实体。”①换言之，平台型数字媒体并不是单靠自己的力量创作和传播内容，而是通过打造一个良性的开放式平台，运用恰当的算法技术与专业的团队运营，服务于双边或多边市场，具备开放性、聚合性、多元化等特征。

平台型数字媒体运营则是指以平台思维为基础，围绕双边或多边用户的需求，对用户实现多方位、高情感服务的一种开放的、高效率的互联网商业运营模式。从我国平台型数字媒体的实践发展历程来看，中国的平台型数字媒体经过不断转型换代，大致涌现出五种类型：网络资讯服务类平台、网络社交类平台、网络泛娱乐平台、电子商务类平台及生活服务类平台。每一类数字媒体平台的构建都代表了一种独具特色的平台运营模式，本章将在后面几节中对以上五类平台型数字媒体及其运营特色详加论述。

二、平台型数字媒体的运营方式

一个成功的平台型数字媒体并不简单满足于渠道或中介服务。平台型数字媒体运营的重心在于打造一个开放的、完善的、发展潜能巨大的“平台生态圈”，它拥有独特的运行机制与规范，能有效连接两个或多个市场群体，激励他们进行

① 杰罗姆. 平台型新媒体（Platisher）是有效的商业模式吗? [J]. 中国传媒科技，2014，(23)：71-75.

互动，并通过持续的高质量内容输出，不断满足用户需求，从而形成良性的循环机制。具体而言，平台型数字媒体的运营方式主要包含以下几种。

1. 定位市场使用群体，解决用户痛点

平台型数字媒体运营的基础是定位市场使用群体，连接双边、三边甚至多边市场群体。一般来说，平台型数字媒体主要服务于双边群体，如淘宝、京东等电子商务平台的“买家”与“卖家”，滴滴平台的“车主”与“乘客”等，这种同时连接和服务于双边市场群体的平台模式，称为“双边模式”，如图 7-1 所示。

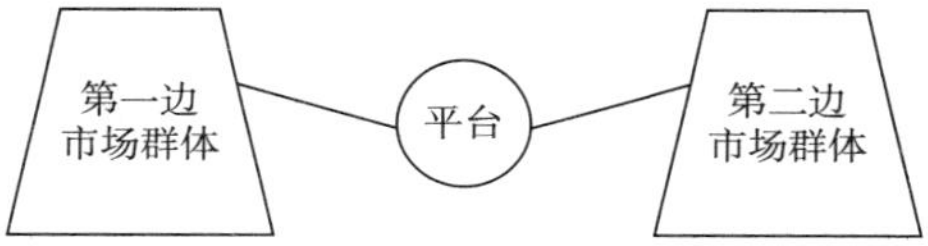

图 7-1 双边模式基本架构

资料来源：陈威如，余卓轩. 平台战略——正在席卷全球的商业模式革命[M]. 北京：中信出版社，2013：30

而三边甚至多边市场群体的平台模式皆以双边模式为基础发展而来，如斗鱼、抖音等泛娱乐平台为用户提供娱乐内容，借以吸引广告商的投资，形成“内容—用户—广告商”的三边模式，如图 7-2 所示。

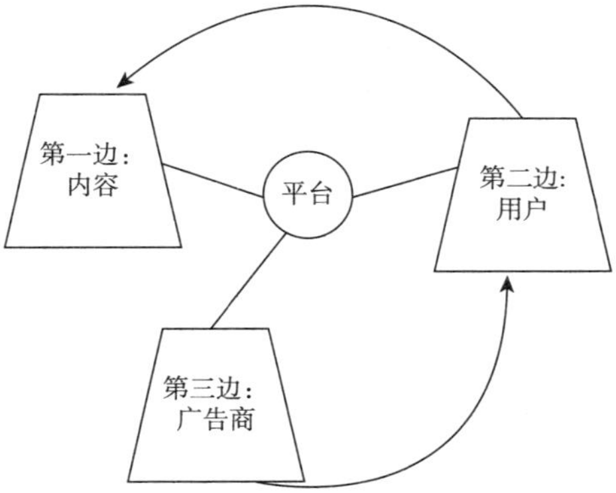

图 7-2 三边模式基本架构

资料来源：陈威如，余卓轩. 平台战略——正在席卷全球的商业模式革命[M]. 北京：中信出版社，2013：32

在明确自己的市场使用群体之后，运营者就需要思考这些用户的真实需求是什么，他们想要在平台上获取什么样的内容。只有解决特定受众的需求痛点，才能增强用户对平台的黏性，才能为平台带来最大效益。

小肚皮 App 是一款针对“00 后”客群的社交养成类平台，走的是游戏化社交路线。然而与成人的游戏社交不同，它选取低龄人群感兴趣的益智类游戏，好比是将“衣橱游戏+养成游戏”建为外壳的社交 App。玩家可以通过不同的模块，体验有趣的故事情节及完成多变的职业任务（如服装设计师、艺人练习生、甜点师等）。每完成一部分任务，用户就可以得到相应的服饰/道具等奖励，并用这些道具在 App 中获得更多的成长。为了给“00 后”用户带来最好玩有趣的社交养成体验，小肚皮 App 将虚拟游戏与现实结合，加之视频、漫画，深入“00 后”生活，满足了“00 后”个性化交友、娱乐的需求。

2. 激发正向网络效应

平台型数字媒体运营的特点，就是利用用户关系来创建无限增值的可能性，这种现象在学术界被称为“网络效应”或“网络外部性”。网络效应指的是一个平台对用户的价值取决于使用该平台的用户数量。随着用户数量的增加，平台自身的价值也随之增加的现象，被称为“正向网络效应”，通俗来说，就是“使用的人越多，平台越好用”；而随着用户数量的增加，平台自身的价值反而减少的现象，则被称为“负向网络效应”。平台型数字媒体运营主要是为了激发用户之间的“正向网络效应”，促进平台影响的“正向循环”。例如，QQ、微信、微博等平台，它们快速增长的重要原因就在于激发了用户之间的“正向网络效应”，通过用户之间的关系实现平台增值。使用平台的人数越来越多，平台对用户的价值就越来越大。当某一天这一爆炸式的增长让这些平台成为人们生活中必不可少的一部分时，这些平台就变成了一个必需品，用户不使用都不行。

3. 实施恰当有效的开放+过滤策略

开放性，是平台的特点之一。不同的开放程度，会产生不同的平台效果。低门槛高开放的机制会吸引大规模用户的加入，但产品质量的良莠不齐也会降低用户体验，同时给平台监管带来较大的挑战；高门槛低开放的机制则可以保证产品的质量和高口碑，便于平台管理，但过高的门槛也降低了用户的参与度，影响平台的发展和自我增值。

鉴于此，平台可根据自身发展阶段对用户群体制定恰当有效的开放策略。在平台创建的初始阶段，平台建设尚不成熟，用户规模较小，为了吸引更多的用户与广告商，沉淀更多的优质内容，平台可以主动降低准入门槛，以高开放策略吸引用户与广告商，为平台积累大量的原始用户；而随着平台的发展及平台间竞争的加剧，为了规范平台的管理，保障平台健康可持续发展，进一步扩大竞争优势，平台需要在后期运营时，适当提高用户的入驻门槛，对内容提供方与部分用户设置一些过滤机制，加强平台监督管理，使平台健康有效地运作。

2010 年开始，网约车平台迅速在中国发展起来。在平台发展初期，为了吸引更多的用户加入，平台方对入驻的车主并没有进行严格的筛选和过滤，只要有车就可以成功注册平台。这种高开放的入驻策略为平台带来了庞大的用户量，同时也为后期的管理埋下了巨大隐患。在网约车行业连续发生几起恶性杀人事件后，大众和有关部门都开始正视网约车平台的监管问题。各大主流网约车平台先后公布整改措施，如在未完成隐患整改前，将继续无限期下线顺风车业务；稳步清理不符合条件的车辆和人员，加快合规进展；设立证件办理推进专项资金，组织专职人员加快推进证件办理，积极组织驾驶员培训，提高滴滴司机入驻门槛；等等。此次各大主流网约车平台集中整改举措，意味着经过了前期高开放所带来的用户野蛮生长，网约车平台终于迎来强监管时代。

4. 制定合理的补贴政策

在运营初期，由于所服务的市场群体规模相对较小，为促进平台成长，形成用户规模的几何式增长，平台往往会对某一边或几边市场群体实施免费、折扣、优惠等补贴政策，借以吸引该群体的成员入驻自己的平台，并以此为筹码，进而吸引另一方市场群体。这种被补贴的市场群体，我们称之为“被补贴方”，如淘宝的“买家”、滴滴的“乘客”；而能为平台带来持续性收入的市场群体，我们称之为“付费方”，如一些网络视频平台的会员，以及网络直播平台中为主播打赏的粉丝。

在平台的商业化运作中，补贴模式是一种重要的战略决策。制定合理的补贴政策，平衡好平台的“付费方”和“被补贴方”，是平台实现盈利、促进扩张的重要因素。

2019 年以来，同城即时配送市场开始升温，继美团配送平台开放跑腿业务之后，滴滴、哈啰、饿了么等平台也相继加入战局，入场即时配送领域。为拓展平台用户，各平台纷纷制定了极具吸引力的补贴政策，如滴滴平台，跑腿业务上线当天，滴滴即推出“用户首单减免 10 元”；几天后，滴滴又追加了新的优惠政策：3 月 21 日到 3 月 31 日期间，用户每天首笔订单费用仅需 0.1 元。超强的补贴政策帮助滴滴吸引了大量新用户，拓宽了跑腿业务市场，增强了滴滴平台的竞争力。

5. 高质量的内容供给

优质的平台内容是提升用户体验和用户黏性的基础。只有做好内容，打破单一的内容生产逻辑，才能逐步提升平台的公信力，平台的未来也才会更有前景。要做好内容，一方面，需要利用平台的开放性特征，吸引更多专业内容生产者及普通用户生产多样化的平台内容，帮助更多的内容在平台上存活，内容存活率越高，平台的价值就越大；另一方面，平台也需要凭借自身的技术优势、数据优势及用户资源优势，对平台内容进行严格筛选与把关，将真正优质的、重要的、针对性强的内容传递给目标用户。

不过，平台型数字媒体并非一个简单的内容汇聚媒体，其自身也可以生产超越内容之外的东西，形成独特的呈现风格，如常见的清单体。清单体是指将丰富庞杂的内容以数字标注或分行罗列的形式进行排序的文章，如《疫情期间你必须了解的十项防护措施》《关于平台运营你必须掌握的五种方法》等。一个平台的内容之所以能产生巨大的传播能力，除去内容本身质量高、契合用户需求之外，还有就是平台对内容的“包装”。清单体这种简单清晰、轻量化的内容形式极具新媒体传染力，容易形成一种病毒式的传播能力，助推平台优质内容的传播。

6. 加强平台与平台之间、平台与产业之间的融合

如今互联网产品更新换代极快，不断涌现出一些新兴的互联网应用及产业。为保证平台持续、有效地发展，平台与平台之间、平台与产业之间可进行相互融合，借新兴产业之势不断发展自我，如电商平台与社交平台、电商平台与游戏行业之间的融合。

1）电商+社交

社交电商这一新型商业模式随着拼多多的崛起而逐渐受到关注。与传统电商不同，社交电商不以产品搜索、展示为销售模式，而是通过用户分享传播，形成口碑效应，从而激发消费需求。2020 年 1 月，淘宝正式上线“淘小铺”，定位于“人人可参与的社区化电商”；同时期，京东也低调复活主打好物分享的“京东购物圈”，并相继推出“京喜”“云小店”“京小哥”等服务不同人群的社交电商项目。社交平台方面，微信于 2020 年 8 月 31 日正式推出“微信小商店”，主打直播带货、免服务费、0 元开店，完成微信电商服务能力的一次大升级。电商平台“社交化”，社交平台“电商化”，两类平台相互汲取养分，形成了融合发展新趋势。

2）电商+游戏

随着移动互联网人口红利的逐渐消失，电商领域开始从增量市场进入存量市场，用户留存与激励愈加重要。令人上瘾的游戏化产品无疑是盘活用户，提高 DAU、增强平台用户黏性的最佳选择。2018 年 4 月，拼多多上线“多多果园”，率先在电商领域开启了游戏化模式。此后，游戏化产品开始在电商平台生根发芽，淘宝、京东、苏宁易购等平台型数字媒体纷纷推出了自己的游戏产品，如图 7-3 所示。通过游戏的方式，为非游戏化的产品或场景赋能，成为平台激活用户、实现用户转化的重要手段。

图 7-3　电商平台游戏化产品

三、平台型数字媒体的运营原则

掌握平台型数字媒体运营的相关原则，有助于运营者更加清晰地了解平台的运行规范，维护好平台运营者、参与互动的多边用户及平台等各方共赢有利的生态体系。平台型数字媒体的运营原则一般包括用户至上原则、迭代创新原则、速度为王原则及精细化原则。

1. 用户至上原则

平台的意义和价值在于通过连接和服务双方或多方市场群体，让他们在互动中创造新的价值。一个平台，无论是资讯类、社交类还是电商类，其存在的商业逻辑都是为了满足用户特定的需求。因此，用户至上原则是平台型数字媒体运营的基本原则，更好的用户体验成为每一个平台所追求的目标。

不过，平台将“用户至上”作为信条，并不是因为它们有多么高尚，而是因为互联网赋予了用户比以往更多的话语权，让用户从过去被动的“任人宰割”到如今积极主动的体验分享，他们的每一次分享也都会对后续用户的购买决策产生重大影响。所以，用户地位的提升，取决于用户话语权的提高。有意思的是，无论平台所连接的哪一方市场群体话语权得到提升，平台自身也会被赋予更多的话语权。举例来说，淘宝平台通过超优惠的补贴政策吸引大量网民进入该平台，庞大的用户数据库反过来成为淘宝平台的话语权，转而吸引商家入驻并收取入驻费。由此可见，“用户至上”的运营原则根本上是平台出于自身利益的考虑。

2. 迭代创新原则

平台最核心、最重要的特点就是不断迭代与进化。随着经济和技术的快速发展，在基本需求得到满足之后，消费者需求变得越来越模糊与不确定，只有当消费者与产品（或服务）发生正式接触与互动时，其需求才能被正确感知与塑造。故平台运营是一个不断进化与创新的动态过程，需要持续更新平台产品与功能，以契合用户的潜在需求。其进化过程大致如下：平台首先对消费者需求进行初步理解，在目标消费群体中先抛出一个概念设计；消费者在对概念设计进行批评和“挑刺”的同时，也表达出自己的喜好与需求；平台再根据消费者意见，优化产品或功能设计；平台将改进后的产品/功能设计正式投向市场；在消费者消费产品/功能设计后，平台还将持续收集用户的体验和反馈，对产品/功能设计做进一步优化与改进……如此循环反复。

3. 速度为王原则

用更少的成本、更短的时间工作成为当下最受欢迎的工作方式。缓慢与悠闲，对于时刻处于竞争状态的互联网平台来说，是十分奢侈的东西。因此，速度为王，不仅是平台型数字媒体运营的原则，更是整个互联网生存的准则。

速度，对于平台型数字媒体运营的重要性在于以下三个方面。首先，争取先发者优势。在互联网生态中，由于网络效应、规模效益递增及用户转换成本等因素的推动，“第一个吃螃蟹的人”通常具有先发优势，极易出现赢者通吃的情况，这就导致后面的追随者如果运用同样的运营逻辑和商业模式参与竞争，往往只有“死路”一条。其次，积极响应用户需求。平台是服务于用户的，当用户对平台的服务产生不满时，平台应迅速反应，否则将会影响用户体验，给平台造成不良影响。最后，新技术、新模式的革新。平台如若对颠覆性的新技术、新的商业模式反应不够灵敏，将严重阻碍平台的战略发展。总之，速度为王、效率优先，对平台型数字媒体取得竞争优势，更好地服务用户至关重要。

4. 精细化原则

在人们越来越重视个性化的当下，就算是同领域的产品或服务，每个用户的需求和要求也不尽相同，这就要求平台运营必须做到精细化。在精细化原则的指导下，平台可以通过细分市场的精耕细作打造适合其发展的细分框架，进一步有效引导用户找到真正所需。例如，根据视频的不同类型，网络视频平台通常被划分为电视剧、电影、综艺、动漫、游戏、资讯、纪录片等，这些大类根据题材的不同又被划分为不同的小类，如电视剧类别又被划分为都市喜剧、校园爱情、悬疑剧、古装剧等，可以让喜欢这一类型、题材的用户快速获取自己喜欢的视频。在这种细分机制下，不仅大众喜爱的项目能获得关注，一些较为小众的、看上去不太热门的项目也会因此找到追随者。所以，细分市场、精细化运营，不仅可以为用户提供更为精确的内容匹配机制，还能因此构建起更为丰富、多元的多边互动。

第二节　网络资讯服务类平台运营

资讯服务类网络平台是互联网站最早、最基本的组成形态之一。早期许多互联网公司或个人建站，都是从资讯类网站开始的。随着互联网的发展，诞生于互联网 1.0 的资讯类网站逐渐发展成为现在的网络资讯服务类平台，面向资讯服务的使用者、广告主及内容提供者开放，为用户提供多样化的资讯服务。本节将介绍网络资讯服务类平台的运营特色，并以今日头条为例，分析国内主流资讯服务平台的运营方式。

一、网络资讯服务类平台的概念

网络资讯服务类平台，指的是基于现代数字技术、互联网技术，以生产、传播新闻资讯为主要业务的数字媒体服务平台，主要分为四大类：综合类资讯平台、传统媒体类资讯平台、聚合类资讯平台及垂直类资讯平台。综合类资讯平台，即提供综合性互联网信息资源和服务的平台，如腾讯新闻、网易新闻、搜狐新闻、新浪新闻等，以新闻信息、娱乐资讯为主，内容丰富，用户基数大、活跃度较高；传统媒体类资讯平台，即从传统新闻媒体转型而来的平台，如人民日报、央视新闻、澎湃新闻等，以时政新闻为主，风格偏严肃，具有权威性与专业性；聚合类资讯平台，指的是基于大数据及智能分发技术，通过抓取、整合各大媒体平台的信息，并根据用户个人的兴趣和阅读习惯，为用户提供个性化新闻推荐和订阅服务的平台，如今日头条、一点资讯、UC 头条等，具有覆盖范围广、推送精度高等特点；垂直类资讯平台，指的是聚焦某一特定行业领域或满足某一特定人群的需求，进行纵向延伸，为用户提供该领域或需求的详细、全面、有深度的信息服务平台，如 36 氪、懂球帝、汽车之家、金融界等，专业性是其最大特点。

二、网络资讯服务类平台的运营特色

网络资讯服务类平台以内容为主，为用户提供海量的新闻资讯阅读，内容资

源丰富，但形式较为单一，所以资讯服务类平台运营的重点，在于优势特色内容的建设，以及海量内容如何与用户需求相匹配的问题。具体包括以下几点。

（一）优势特色内容的建设

自从用户尝到了网络媒体提供的多元内容的甜头后，资讯服务平台中但凡致力于做内容的都收获了人口红利带来的巨大流量。然而，丰富内容的另一面是“垃圾内容”的泛滥。随着国内人口红利的消退，只有“真内容”才能生存已是普遍的共识，优势特色内容的建设成为网络资讯服务类平台运营的核心。主要围绕以下几点进行。

1. 内容的质量

对于以内容为核心的资讯服务类平台来说，追求内容的质量，将内容做出特色是十分必要的。内容质量的建设，应该遵循“人无我有、人有我全、人全我精、人精我专、人专我独”的原则，打造内容的差异化、全面化、精品化、专业化与特色化。

2. 内容的数量

资讯服务类平台要想做好，内容的数量一定要有保证。这就需要平台每天保持定时、定量的更新，更新的数量越多越好。如果一个平台，能够把用户想要的同类平台的内容都搜集齐全，充分满足用户对信息的需求，同时还可以为用户节省大量时间，那么用户肯定不会再选择其他平台。

3. 内容的便捷性与易读性

每个平台都在说“内容为王”四个字，但是在实际运营中经常有人问：平台的内容优质，可为什么还是没有流量？还是得不到用户的认可?这是因为很多平台忽略了“找内容”这一步。用户登录资讯服务类平台就是为了找新闻、看新闻，所以用户在平台上找新闻是否方便、快捷非常重要，这直接影响了用户的阅读体验，也成为用户下次会不会再登录平台的关键因素。此外，内容的易读性也十分重要。读者往往会对于一些复杂的、时间线长的内容产生不满与排斥。因此，对于一些复杂的问题，内容表达应尽量简洁清楚，便于读者理解。

4. 内容的价值观

如果用户只能接收到从自己需求角度出发的内容，那么，用户很容易将自己置身于“信息茧房”[①]之中，一些满足低俗猎奇需求的内容将会得到强化，而一些用户容易忽略的公共性的话题，能帮助他们树立正确价值观、了解更广阔世界的内容则被排除至“茧房”之外。因此，在信息大爆炸时代，资讯服务类平台要享受内容红利，就不能一味迎合用户，必须坚持正确的价值导向，突出平台的公共属性，致力于传播积极向上且用户喜闻乐见的优质内容。

（二）建立合适的内容分发机制

上文提到，用户的个性化内容需求逐渐觉醒，从单纯对资讯信息“量”的追求转变为对更优质、更精准、更独特内容的渴求。这种需求的转变促使资讯服务类平台一方面持续产出优质独特的内容；另一方面则不断改进自身的内容整合和分发模式，从海量化、同质化信息中筛选出优质内容并高效分发给每个用户。内容分发，是连接内容与内容消费者的重要环节。资讯服务类平台的运营重点，就是通过有效的内容分发机制解决海量内容与用户需求匹配的问题。基础的内容分发机制一共有五种：信息流、人工推荐（如编辑推荐）、社交推荐、热门推荐、个性化算法推荐等。其中，社交推荐与个性化算法推荐是目前主流资讯服务类平台的主要分发方式。

1. 社交推荐机制

社交推荐是基于用户的社交关系而进行的内容推荐。随着信息传播速度的不断加快，交互性不断增强，新闻资讯平台在不断多样化地满足用户需求中逐渐走向社交化。目前，各大资讯服务类平台纷纷部署自己的社交圈，允许用户在社交圈中浏览、分享与他们兴趣与立场相关的内容，如今日头条的微头条及澎湃新闻的澎友圈，如图 7-4 和图 7-5 所示。基于社交的推荐机制可以为用户带来极强的

---

① 信息茧房最先由美国学者凯斯·桑斯坦在著作《信息乌托邦》中提出，他认为，在网络信息传播中，因公众自身的信息需求并非全方位的，公众只注意自己选择的东西和使自己愉悦的通信领域，久而久之，会将自身桎梏于像蚕茧一般的‘茧房’中。

关联感和参与感，用户之间更容易产生互动；平台也可以借助 SNS 进一步拓展用户数量，强化用户关系链，增强用户的黏性。

图 7-4 微头条

图 7-5 澎友圈

2. 个性化算法推荐机制

个性化算法推荐是基于用户行为习惯，运用 AI 算法，为用户精准推送符合其兴趣与预期的个性化内容的推荐机制。这是目前资讯服务类平台最主流的内容分发方式，主要包括以下 5 种方式。

（1）基于用户偏好推荐：这是基于用户个人兴趣、行为偏好的推荐。即根据用户使用产品的历史行为，计算其对内容的偏好程度，进而推送与用户偏好匹配的内容；或者根据用户使用产品时，对自己偏好类别的选择，针对性地为用户推送与其偏好相关的内容，减少平台内其他内容对用户的干扰。

（2）协同推荐：基于与用户兴趣相投、拥有相同经验之群体的喜好，为用户推荐感兴趣的内容的推荐。

（3）关联推荐：用户在使用内容时，基于用户兴趣点与内容类别，推送相关内容，促进连续使用的推荐。

（4）热点推荐：分发平台内时效性强、热度高、价值大的内容。

（5）基于物理条件推荐：基于时间、地域、场景的推荐。

由于是基于兴趣推荐，个性化推荐机制可以让用户更容易、更快速地获取感兴趣的内容。不过，正如上文所言，兴趣的集中呈现容易导致信息的封闭与窄化，用户将很难注意到自己兴趣之外的内容，导致信息茧房效应的发生，使用户陷入信息的"过滤泡"①与"回音室"②困境。

三、网络资讯服务类平台运营个案分析

以今日头条为代表的聚合类资讯平台是近几年发展最快的网络资讯类平台，凭借算法优势，成为当下大众获取新闻资讯的主要平台。2019 年，今日头条 MAU 达 2.6 亿个，DAU 1.2 亿个，用户人均单日使用次数达到 12 次，领跑行业同类 App③。今日头条，为字节跳动旗下产品，是一款基于大数据挖掘、机器学习的个性化推荐引擎产品。它根据用户的地理位置、兴趣爱好、阅读习惯等多方面信息，

① "过滤泡"（filter bubbles）的概念是以利·巴里瑟（Eli Pariser）于 2011 年提出的。即以机器推荐算法为代表的互联网技术，正在使得用户获取的信息日益个人化；用户接收到的信息，往往会受到其检索历史、阅读记录等的影响，并受到机器算法的操控。

② "回音室"（echochamber），即在相对封闭的环境中，相似的观点不断地重复，使人们相信那些观点就是事实的现象。

③ 中文互联网数据资讯网．2019 今日头条内容价值报告[EB/OL]．http://www.199it.com/archives/916796.html，2019-08-06.

为用户进行个性化推荐，提供新型资讯服务。本节将以今日头条为例，介绍国内主流资讯服务平台的运营方式。

（一）利用技术优势，打造优质内容

今日头条成为资讯服务类平台中的翘楚，主要源于其拥有世界领先的大数据分析与机器学习技术，凭借这种技术优势，成功打入互联网生态链，率先抢占内容分发市场，同时通过制定一系列帮扶政策，打造优质资讯内容。

在内容来源方面，今日头条作为一个聚合类资讯平台，拥有海量的内容资源。其内容主要来源于两方面：其一，通过爬虫技术抓取其他合作网站的内容；其二，通过“PGC+UGC”形式生产的内容。丰富多元的内容资源，拓展了受众群，提升了平台的内容竞争力。

在内容分发方面，今日头条采用个性化算法推荐的内容分发机制。今日头条以用户的性别、职业、兴趣爱好、地理位置、用户行为、文章主题等为依据，为用户推荐相匹配的内容。因此用户会感觉使用时间越久，今日头条越懂自己，因为看到的都是自己感兴趣的内容。这种推荐为王的内容分发机制使得今日头条在内容分发领域实现了高度的中心化，同时也让许多粉丝较少的 PGC 生产者拥有制造爆款文章，收获超高流量的可能。

在内容管理方面，今日头条的图文审核采用机器审核为主、人工审核为辅的方式，视频内容则一律采用人工审核的方式，保证内容的合法合规。此外，今日头条还建立了专门的算法模型以针对一些低劣烂俗、敏感话题、虚假及“标题党”的内容，对其进行过滤或召回，只有制作规范、优质原创的内容才有可能被审核通过，如图 7-6 所示。

在内容质量方面，为了吸引更多的内容生产者进驻到平台，提升平台内容质量，满足用户多样化的内容需求，今日头条采取了一系列帮扶措施鼓励用户创作。2015 年 9 月，今日头条推出“千人万元计划”和“新媒体孵化计划”，大力扶持优质内容的创造；2017 年 11 月，今日头条推出“千人百万粉”计划，成立内容基金，鼓励和扶持自媒体的内容生产。这一系列的举措大大丰富了今日头条的内容来源，提升了内容质量。

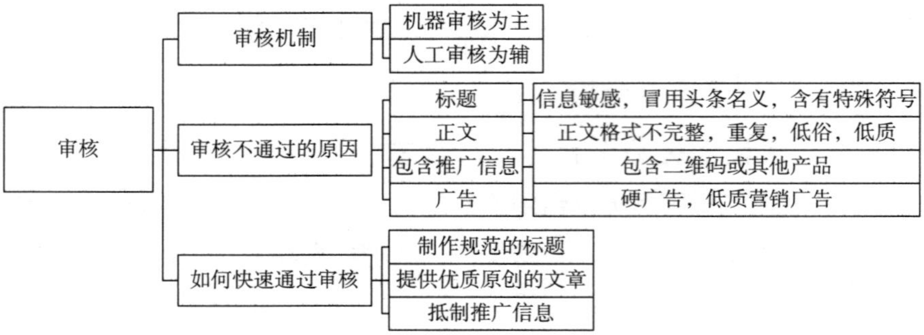

图 7-6　今日头条审核机制

资料来源：林华安，张盈，陆焰，等. 新媒体平台运营实践——从入门到精通[M]. 北京：人民邮电出版社，2019：114

（二）细分用户，强化社交属性

今日头条始终坚持“以用户为中心”的策略，充分重视个体间的差异性，将所有用户细分到“个人”，而不仅仅是“群体”，并通过对用户的兴趣爱好、阅读习惯等多种数据的挖掘和分析，帮助用户获取其感兴趣的资讯，实现内容的“私人定制”，满足用户的个性化阅读需要。

同时，打造社交产品，增强用户黏性。社交需求一直是互联网用户的基本需求之一，借助社交产品活跃平台用户、增强平台用户的黏性，是今日头条面对海量用户需要面对和解决的问题。张一鸣曾在今日头条开发者大会上宣布：今日头条将从智能分发时代走向智能分发和粉丝分发相结合的“智能社交”时代①。继2016 年上线悟空问答、2017 年上线微头条后，2019 年，今日头条继续加速，又开始内测“头条圈”与“粉丝必达”两大功能。这些产品和功能的开发大大加强了用户之间的互动交流，大幅度提高了用户的活跃度和黏性，更帮助用户建立了对平台的归属感。

---

① 动点科技. 张一鸣宣布推出“千人百万粉”计划，今日头条要从智能推荐走向“智能社交”[EB/OL]. https://www.sohu.com/a/205888268_485557，2017-11-22.

（三）“加码”搜索，打造搜索生态系统

搜索能为平台带来巨大流量，今日头条作为一个新闻分发器，搜索的重要性不言而喻。2019 年 11 月 15 日，今日头条首席执行官（chief executive officer，CEO）朱文佳宣布正式“加码”搜索，今日头条的搜索功能得到进一步强化，其推荐页展示形式，也由原来的纯信息流进化为“搜索框+信息流”的组合，全力布局包括搜索框、信息流、内容生态、智能小程序在内的搜索生态系统。打造搜索生态系统的运营策略除了可以让今日头条用户更好地停留在头条的闭合流量生态以外，基于搜索所带来的主动需求结合点击相关搜索与信息流推送所产生的被动需求，头条搜索可以帮助今日头条更懂得用户的需求，进而可以结合其广告系统更为精准地推送广告。

第三节　网络社交类平台运营

网络社交类平台的诞生，与著名的“六度分隔”理论关系紧密。该理论认为，任何两个陌生人之间，只需要不超过 6 个人，就能够建立联系或关系，应用在社交网络中，即通过社交平台这一“载体”，每个人的社交圈都会不断扩大，最终相互联结成一张规模巨大的社会化网络。由此可见，网络社交类平台是基于用户关系建立的平台，它在允许广大用户进行信息与价值交换的过程中，最大限度地挖掘人际关系中蕴含的巨大潜能。基于这点，网络社交类平台的运营工作也主要围绕用户及用户关系而展开。

一、网络社交类平台的概念

网络社交类平台，即互联网上基于用户关系进行内容生产与价值交换的平台，旨在帮助不同用户群体建立一个彼此分享信息、观点、经验的社会化网络。从社交行为上看，网络社交类平台将用户的线下关系移到线上，再通过与他人的关系链交互而形成更大的关系网。社交类平台用户在与熟人间的互动关注和陌生人的接触中来扩大和维系人际关系。从传播学意义来看，网络社交类平台集中体现了

Web 2.0 的传播特点，它按照用户的人际关系建立，是无处不包含人际交往关系的大众传播①。国外的 Facebook、MySpace、Twitter、WhatApp、LinkedIn，以及国内的微信、新浪微博、腾讯 QQ、人人网、陌陌、探探等都是典型的网络社交类平台。

根据用途的不同，网络社交类平台可以分为即时通信类、婚恋交友类、校园社交类、商务社交类、陌生人社交类、兴趣社交类及综合社交等。其中，随着互联网技术的发展及用户需求的延伸，即时通信类社交平台在功能上不断拓展延伸，与综合社交平台渐成融合之势，发展得愈加成熟。例如，微信是一个以即时通信为基础的网络社交类平台，不过，除了具备即时通信的基础功能之外，微信还开发了许多其他社交平台不具备的功能，如摇一摇、移动支付、二维码扫描、位置分享等，进一步拓宽了应用场景。

在发展过程中，网络社交类平台呈现出以下几个特点：第一，用户个人信息的真实可靠性；第二，现实社交关系的虚拟化；第三，用户关系建立的自主化；第四，功能的强互动性；第五，信息共享的开放性。

二、网络社交类平台的运营特色

网络社交类平台基于用户及其之间的关系而存在。用户通过网络社交平台形成社交关系与情感关联，并因为这种关系而对平台产生较深的依赖感；同时，平台也因为这种关系而产生价值。所以，网络社交类平台的运营工作主要围绕用户及用户之间的关系而展开，包括关系链的建立，维系社交用户活跃，以及抢占用户心智，形成转移成本。

（一）关系链的建立

社交的本质是链接。无论是什么样的社交平台，其最终目的都是帮助用户建立关系链，即建立人与人之间的连接。社交平台的关系链主要有两种：一种是用户与用户之间的关系链；另一种是内容、平台与用户之间的关系链。

---

① 牛国强. 基于 SNS 的中小型图书馆服务价值初探[J]. 新世纪图书馆，2013，(8)：91-93，5.

1. 用户与用户之间的关系链

用户与用户之间的关系链有许多种，大体上可以根据他们之间产生的情感强弱分为强关系链与弱关系链。不同类型的社交类平台，对于关系链的切入点往往也不同。例如，基于强关系链的腾讯 QQ 和微信，这两类平台的用户主要为熟人，他们的关系无须建立，通常是用户现实生活中关系的延伸，如血缘关系、情侣关系、师生关系等，平台的作用只是帮助这些用户将线下的关系链转移到线上，从而方便熟人间的交流。一些基于弱关系链的社交平台，如陌陌、Soul 等，用户之间的关系尚未建立，需要借助平台来建立关系。而且，由于弱关系的可信度较低，此类平台往往还需要借助各种手段，如实行实名认证等，以此来提升平台的可信度。

2. 内容、平台与用户之间的关系链

随着平台的发展，社交平台逐渐在内部形成了较为稳固的三角结构，即“内容—平台—用户”，该结构的良性运转是平台发展的关键。如图 7-7 所示，三者之间连接关系表现如下。

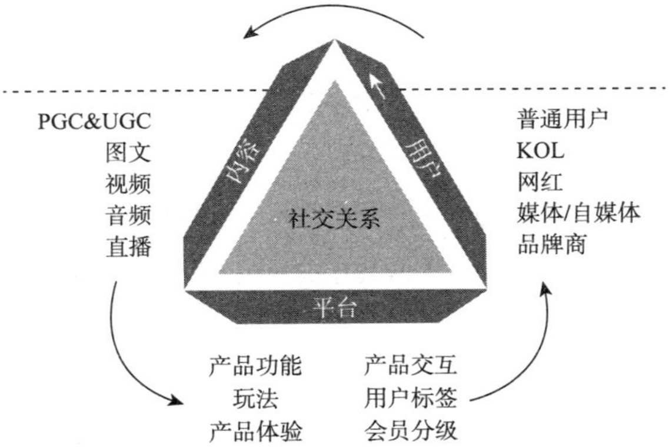

图 7-7 社交平台产业链内部结构图

资料来源：艾瑞研究院

首先，社交平台作为用户生产内容、建立社交关系的重要阵地，是各种互动交流、关系展现的基础。

其次，用户是平台得以存在和发展的必要条件和根本动力，培养忠诚、活跃的用户是每个平台运营者应该重点思考的问题。

最后，内容是社交类平台价值的主要体现，用户通过生产优质高效的内容而收获精神的满足，平台也因为高质量的内容而获得持续健康的发展，提升内容的质量成为平台有效运营的重要手段。

（二）维系社交用户活跃

网络社交类平台虽是人们在互联网中进行社交和其他活动最重要的平台之一，但同样也面临着用户流失的问题。调查显示，世界上最大的社交平台——Facebook自2017年以来，美国用户数量减少了1 500万[①]。在用户失去新鲜感之后，如何维系用户长期活跃，成为社交类平台运营的又一重点。

要想提高用户活跃度，首先需要了解用户活跃中存在的问题，是什么原因导致社交类平台活跃度下降。一般来说，社交类平台活跃度下降主要有以下几点原因：①用户失去新鲜感；②用户本身的属性差异；③其他替代平台的出现；④用户关系链减弱。找到用户活跃中出现问题的环节和关键点，再针对性地提出解决方案，是留存用户、维系用户活跃度的关键。

不同社交类平台在提升用户活跃上的方法可能存在一定的差异，但通用的方法一般如下。

（1）好友推荐。即通过导入手机通讯录，推荐用户可能认识或感兴趣的人；或者运用算法个性化推荐符合用户偏好的话题、内容或其他活跃用户，可以为用户带来新鲜感。

（2）签到打卡。这种方法可以刺激用户的挑战心理，促使用户坚持使用。

（3）用户成长体系。这种方法主要根据用户登录等行为划分为不同的等级，以此满足用户的虚荣心，如QQ等级。

（4）用户激励体系。可以通过做任务赢积分兑换某种特权或奖励，或通过其他激励引导用户发现或邀请好友。

---

① 三言财经. Facebook 美国用户自 2017 年起减少 1500 万[EB/OL]. https://www.sohu.com/a/299752527_10011 7963, 2019-03-07.

（5）优化平台的用户互动功能和场景。一般情况下，互动行为的频率越高，越容易提升用户之间关系的紧密度和活跃度。

（6）活动活跃。例如，QQ 二十周年举办的各类狂欢活动：会员嘉年华、QQ 个人轨迹、手游 88 节等。

（三）抢占用户心智，形成转移成本

在信息爆炸的当下，平台越来越多，但用户愿意选择和记住的平台种类有限，特别是对于社交类平台来说，若用户在该平台上建立了较深的链接关系，形成了转移成本，那么他们很大概率是不会再选择其他同类社交平台的。例如，熟人社交大家选择微信就不会再选择米聊、易信，陌生人社交选择陌陌就很少还会选择 Soul。因此，为了赢得市场，获得先发者优势，社交类平台应明确自己的定位，抢占用户心智，形成一定的转移成本，让用户对平台产生依赖感和归属感，进而离不开平台。

转移成本，即用户从一个平台转移到另一个平台所需付出的成本。社交平台的转移成本一般包括信息内容沉淀、关系链归属和付出的时间成本等。一般而言，转移成本越大，用户离开平台的可能性越小；反之，则越大。

三、网络社交类平台运营个案分析

社交类平台的快速发展丰富了人们的社会生活，使人们的关系连接更加方便与紧密。然而随着用户需求的日益多元化，以微信、QQ、微博为首的传统社交类平台越来越不能满足用户多样化、细致化的社交需求。于是，一些针对垂直领域的 App 诞生了，如主打图片社交的 Instagram、In；主打匿名社交的无秘、即刻；主打陌生人社交的陌陌、探探；主打职场社交的脉脉；等等。这些功能各异的垂直社交平台如雨后春笋般涌现出来，昭示着垂直社交时代的到来。

陌陌，是一款基于地理位置的主打陌生人交友的垂直类社交平台，凭借丰富的玩法及优良的用户体验在一众社交平台中“杀”出重围，成为目前中国最成功的陌生人社交平台。陌陌的成功离不开出色的运营，本节将以陌陌为个案分析垂直类社交平台的成功运营经验。

（一）独特的推广方式

在运营推广初期，陌陌的初始资金仅为一百多万元，由于没有足够的资金做广告推广，也无法走按安装次数付费的出装方式，于是，陌陌制定了一套自己独特的推广方式。

1. 先 iOS 后安卓的推广路径

受限于短缺的资金，陌陌最初只做了适配于苹果手机的 iOS 版本，虽然用户量不是很大，但所有的用户都经过了严格筛选，同时还加强了对女性用户的培养，为平台积累了一批高质量、高活跃度、高忠诚度的原始用户，为后来的安卓版本打下了坚实的基础。不久，陌陌推出安卓版本，用户数量呈现爆发式增长。

2. 扎根微博

陌陌早期最具代表性的推广渠道当数微博。陌陌在寻找推广渠道时，主要考虑两个因素：一是盘子比较大，用户基数大，可以持续推广；二是花费比较少[①]。因此，陌陌分别在开心网、QQ 空间及微博做了推广和转发。结果发现，开心网的用户活跃度不高，而 QQ 空间的用户活跃度虽高，但用户年龄偏低，与陌陌目标用户不相匹配，转发和下载量并不明显。微博则不同，其用户活跃度高，且用户年龄与陌陌目标用户年龄一致，转发频率非常高。因此，陌陌便加大了在微博的推广力度，利用微博大 V 的影响力进行转发。当时正值微博的增长高峰，产品推广效果极佳，平台影响力骤升。

（二）持续探寻社交新玩法

自陌陌成立以来，就不断改进功能设计、更新产品形态，持续探寻社交新玩法：功能上，从最初的“寻找陌生人”到内置社交游戏、秀场直播，然后是短视频、视频社交，再到如今的在线阅读，陌陌逐渐发展为多种社交玩法为一体的社交平台，为用户提供多场景的社交服务；产品形态上，近些年陌陌陆续推出了多款社交产品，如对眼、对对、瞧瞧、芒西、陌多多、哈你、是他、赫兹、MEET、ZAO（已下架）等，通过打造社交 App 矩阵，满足不同人群的社交和娱乐需求。

---

① 老曹. 陌陌运营技巧分享[EB/OL]. http://www.woshipm.com/operate/7361.html，2012-09-10.

ZAO（图 7–8），是陌陌开发的一款使用 AI 技术实现一键换脸的社交产品，用户只需要一张正脸照进行简单的人脸识别，便可以用自己的脸出演经典电影片段，跟 idol、朋友飙戏等。AI 技术的运用让用户体验到新技术带来的乐趣，一时间，ZAO 的下载量骤升，上线三天，便荣登 AppStore 免费下载榜榜首。

图 7-8　社交产品 ZAO

（三）契合社交属性的多元化盈利模式

2020 年 3 月，陌陌公布了 2019 年全年未经审计的财务业绩。财报显示，2019 年全年，陌陌公司净营收达到 170.151 亿元，同比增长 27%[①]。与许多依靠广告形式植入产品端实现盈利的平台不同，陌陌作为一个社交平台，其主要营收方向与其产品的社交属性相一致，包括直播、增值服务、游戏、付费表情及信息流广告等，视频化、娱乐化的付费场景为用户带来了新的各种可能性。其中，直播是陌陌的营收大头。2015 年，直播兴起后，陌陌便灵敏地抓住了这次机会，正式上线“陌陌现场”，陌生社交和直播的结合让陌陌的用户活跃度和营收数据

① TechWeb. 陌陌 2019 全年净营收 170.151 亿元 净利润 44.933 亿元[EB/OL]. http://www.techweb.com.cn/ucweb/news/id/2782134，2020–03–19.

都大幅增长。

以上这些盈利模式由于是基于社交本身，涵盖或者延伸了用户的社交需求，所以不容易招致用户反感，甚至还会增强用户黏性，吸引和留存更多的用户。

（四）围绕用户核心需求，提升用户体验

所有平台都在强调用户体验，那么，究竟什么是好的用户体验？我们认为，好的用户体验应该是最大限度地满足用户需求。平台应该主动发现用户需求不满足的地方，然后对其进行补充或优化。陌陌之所以会受到如此多用户的青睐，在很大程度上取决于其对核心用户群需求的精准把握，将用户体验做到臻于完美。

陌陌的核心价值在于里面有一堆高颜值的俊男靓女，他们是平台的优质内容，平台运营的目的就是帮他们扫除障碍，方便他们交流。陌陌发展至今，进行过多次改版和更新，其目的主要在于将快速认识帅哥美女这一核心需求进行持续发现和优化。例如，为方便一些高人气用户进行信息管理，陌陌将陌生人的私信单独归为一类，与已经结交的好友相区分，帅哥美女可以先答复好友的消息，有时间、有心情再去看陌生人信息。又如，为了加强对高质量用户的保护，规避一些冒犯和骚扰，陌陌还配备了专门团队，每天处理举报和投诉信息，一旦有用户被举报，该用户就会锁机，就算删掉重装也没有用。通过精心的平台运营，陌陌越用越顺，即用户体验越来越好。

第四节　网络泛娱乐平台运营

泛娱乐，是现阶段互联网发展的重要特征之一，主导着我国文体娱乐产业发展的整体方向。在“泛娱乐”理念的推动下，游戏、影视、文学、直播、动漫等多元娱乐文化形态以 IP 为纽带，逐渐走向融合，为用户打造出一个内容丰富、形态多样的大型生态娱乐环境。网络泛娱乐平台涉及类型较广，但运营方式大同小异，皆以 IP 运营为核心，构建平台产业链，实现粉丝经济。

一、网络泛娱乐平台的概念

“泛娱乐”的概念，由腾讯集团副总裁程武于 2011 年最早提出，主要是指以

IP 为核心，将游戏、文学、影视、音乐、电竞、动漫、直播等多元文化娱乐形态相融合，通过打通上下游文化产业，创造粉丝经济的新型娱乐产业模式。值得注意的是，这里的 IP 所指实则已泛化，不再仅仅指代知识产权，其内涵已经扩大为积累了一定的市场规模和用户情感的娱乐作品。2014 年，“泛娱乐”一词被文化部（现为文化和旅游部）、新闻出版广电总局等中央部委的行业报告收录并重点提及①，2015 年，“泛娱乐”被业界公认为“互联网发展八大趋势之一”②，互动娱乐性思维逐步融入人们的日常生活。

泛娱乐平台，主要包括网络文学平台、网络音乐平台、网络影视平台、网络动漫平台、网络直播平台、网络游戏平台六大类。网络文学平台是指生产与传播网络文学作品的平台，代表平台有起点中文网（后被合并为阅文集团）、晋江文学网、阿里文学网、榕树下文学网等；网络音乐平台，即制作、传播、消费网络音乐产品的平台，代表平台有酷狗音乐、网易云音乐、QQ 音乐、虾米音乐等，如今，很多网络音乐平台除了提供基础的音乐服务之外，还为用户提供 K 歌、直播、网络电台等多样化服务；网络影视平台，即提供网络视频服务的平台，支持在线直播或点播流媒体格式的音像文件，代表平台有腾讯视频、优酷视频、爱奇艺视频、芒果 TV 等；网络动漫平台，即通过互联网生产和传播动画、漫画的平台，目前国内较为知名的网络动漫平台有腾讯动漫、动漫之家、有妖气、布卡漫画等；网络直播平台，即基于流媒体技术、数字技术和网络技术，为用户提供实时在线接收视听觉内容的平台，如斗鱼直播、YY 直播、虎牙直播等；网络游戏平台，即以互联网为传输媒介，以满足娱乐体验与互动交流为目标，为用户提供个体或多人在线游戏的平台，如腾讯游戏、网易游戏。鉴于目前网络游戏平台在中国乃至全世界发展相对强势，且具有明显区别于其他泛娱乐平台的运营特征，因此，我们将在第五节对网络游戏平台的运营单独展开探讨。

① 刘友芝. 新媒体运营[M]. 北京：中国人民大学出版社，2018：194.

② 腾讯新闻. 第二届互联网安全责任论坛举办 泛娱乐安全成关注焦点[EB/OL]. https://news.qq.com/a/20161124/041606.htm，2016-11-24.

二、网络泛娱乐平台的运营特色

泛娱乐平台的核心是 IP 资源。一部成功 IP 的运营可以直接影响某一泛娱乐平台的竞争格局，具备惊人的人气聚拢能力。优质 IP 的运营是泛娱乐平台运营的核心与特色。泛娱乐平台要想快速积累粉丝群体，增强平台的不可替代性，需着力打造明星 IP 娱乐产品，并以此撬动庞大的粉丝经济。

（一）打造明星 IP 产品

在以网络娱乐内容为载体的泛娱乐平台，明星 IP 几乎能够全行业通吃，成为吸引用户的主要来源。以最早发现泛娱乐风口的腾讯为例，自 2011 年提出泛娱乐战略以来，腾讯始终围绕明星 IP 打造一个跨平台的娱乐生态，目前已经覆盖了文学、游戏、影视、音乐、动漫五大领域，实现了上、中、下游全产业生态共赢。其具体做法如下：收购盛大文学并与之合并成立阅文集团主打小说，同时成立原创动漫平台，在上游加强原创 IP 的创作能力与孵化渠道，打造创意内容，积累粉丝用户；成立腾讯影业和企鹅影业，以小说和漫画为主要依托 IP 源头，加强布局影视头部爆款和垂直精品，加大自制内容的创作，刺激付费用户的增长；而在整个产业链的下游，则是腾讯最为核心的业务之一——游戏，通过游戏深度开发 IP 价值，实现 IP 影响力和变现能力的最大化。腾讯 IP 产业链如图 7-9 所示。

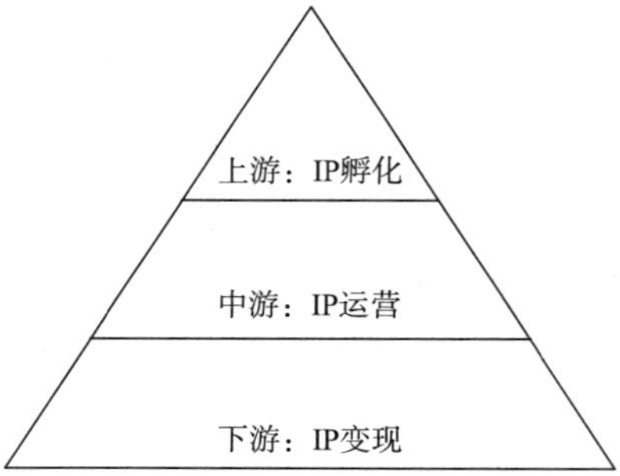

图 7-9　腾讯 IP 产业链

这种产业链模式打通了文学、动漫、游戏、影视等内容平台，形成了孵化—运营—变现一体化的商业闭环逻辑，进一步促进了内容的良性循环。如今，腾讯旗下的明星 IP 有：阅文集团联合腾讯视频共同孵化的《琅琊榜》《陈情令》《庆余年》《诛仙》《全职高手》《鬼吹灯》《将夜》等；腾讯动漫联合腾讯视频共同孵化的《尸兄》《通职者》《狐妖小红娘》《中国惊奇先生》等；腾讯游戏的《英雄联盟》《地下城与勇士》《王者荣耀》《绝地求生》等。这一成功模式也正被其他的互联网巨头"复制"，如阿里旗下的阿里音乐、阿里文学、阿里影业、阿里游戏，明星 IP 有《我不是药神》《西虹市首富》《三生三世十里桃花》《摆渡人》等；百度旗下的百度音乐、百度文学、爱奇艺、百度移动游戏，明星 IP 有《灵魂摆渡》《心理罪》等。

通过打造明星 IP，提高自制内容的比重，泛娱乐平台一方面降低了版权成本，形成内容的内部良性循环；另一方面也解决了内容的同质化问题，增强了平台的竞争力，从而吸引和积累大量的粉丝。

（二）实现基于 IP 的粉丝经济

IP，如同一个舞台上的明星，它可能是一首歌、一部文学作品、一个游戏，又或者是一部综艺或影视剧，它们在各自领域绽放光芒，收获众多粉丝的追捧。当粉丝对这些"明星"产生归属感时，他们就会甘愿为这些"明星"甚至"明星"的跨界产品或衍生品"买单"，于是就产生了"粉丝经济"。粉丝经济，是一种情感消费，可以简单理解为，建立在粉丝与明星（被关注对象）关系之上的新型商业运作模式，其出发点在于粉丝对某一类人群或某种商品的关注和喜好。

泛娱乐平台正是通过打造明星 IP，将优质的原创内容推送给粉丝，调动粉丝情感，盘活粉丝资产，最终实现强大的粉丝经济，这是泛娱乐平台盈利来源区别于其他数字媒体平台的最大特色。粉丝付费和 IP 内容的多元化衍生收入也因此成为泛娱乐平台的主要盈利模式。

三、网络泛娱乐平台运营个案分析

网络直播平台作为近几年发展十分迅猛的泛娱乐平台，凭借即时的信息传播功能和强大的社交属性成为当下网民获取信息和娱乐的重要途径。斗鱼 TV 是我国涉足直播领域最早的网络视频直播平台之一，主要为用户提供游戏、娱乐、体育、科技、美食、户外等多种直播服务。在直播平台日益泛滥的背景下，斗鱼 TV 坚持二次元的御宅文化，深耕差异化内容，通过打造“游戏赛事+网红主播”的品牌运营战略，走出了独具平台特色的发展之路。本节将以斗鱼 TV 为例，分析网络泛娱乐平台的成功运营之道。

（一）打造“戏赛事+网红主播”的品牌优势

随着直播市场的逐渐饱和，直播行业的竞争愈加激烈，每年都有大批平台不断出现，又有大批平台慢慢消寂。斗鱼 TV 深知，只有重视经营自己的品牌，坚持长远的品牌运营策略，才能在这场“战斗”中存活下来。斗鱼 TV 的品牌运营策略主要包含四点：①游戏赛事的植入；②培养网红主播；③致力活动延伸；④重视粉丝互动分享。

1. 游戏赛事的植入

斗鱼 TV 是一家以游戏直播为主的直播平台。从成立至今，斗鱼立足于版权赛事的引进，通过冠名赞助多家游戏俱乐部和游戏赛事，提升斗鱼在游戏圈的曝光率和知名度，帮助其收获巨大的用户流量及社会影响，形成品牌的规模化效应。例如，斗鱼曾拿下过《英雄联盟》S8 赛季 LPL 全部赛事、S 级赛事和 MSI 赛事的分播版权，以及 2018 年暴雪系赛事、DOTA2 的 TI 赛事、KeSPA 杯、德杯冬季赛、德玛西亚杯等多项重磅赛事的独播权（图 7-10）。

图 7-10　斗鱼直播重大电竞赛事

2. 培养网红主播

在直播行业，网红主播相当于明星 IP，谁能获得当红主播，谁就可以收获流量。斗鱼 TV 每年都会投入大量资源培育和挖掘网红主播，通过斗鱼挖掘走红的头部主播有冯提莫、旭旭宝宝、卢本伟、陈一发、yyfyyf、阿冷等，这些主播在走红之后，反过来又会为平台带来更大的流量，助力平台提升品牌影响力和吸引力。

3. 致力活动延伸

活动，也是品牌传播的有力手段。斗鱼 TV 在线上、线下开展过多项活动，线下音乐节、明星直播、粉丝嘉年华、手机发布会、电影发布会等活动在斗鱼随处可见（图 7-11）。许多名人明星也在斗鱼上向粉丝展示私下生活，开启直播分享乐趣，成功助力斗鱼的品牌宣传。

图 7-11　斗鱼嘉年华活动现场

资料来源：天极网

4. 重视粉丝互动分享

粉丝是直播平台和主播的重要资源。斗鱼 TV 十分重视粉丝引导与交流，鼓励粉丝深度参与，其特色功能鱼吧和鱼塘就是为了促进粉丝在斗鱼内部进行开放交流而开设的，以此建立观众与主播、观众与观众之间更多的联系，打造品牌文化，提升用户活跃度和时长，进一步增加平台的影响力。

（二）坚持弹幕互动，深耕差异化内容

相比其他直播平台，斗鱼始终保持着行业领头羊的长远战略目光，在保持自身平台特色的前提下，坚持弹幕文化，深耕差异化内容运营，为用户带来丰富、优质的内容产出。

1. 流畅的弹幕互动

弹幕起源于日本，是指在网上观看视频时，在屏幕上划过的评论性文字，后经由 Acfun 和哔哩哔哩得以在中国推广流行。如今，弹幕式互动已成为中国网民交流分享的基本形式。脱胎于 Acfun 的斗鱼 TV 深谙弹幕文化，结合直播的实时互动，形成了平台独特的弹幕文化。斗鱼的弹幕设置相对复杂，有 5 个弹幕选项，设置了弹幕轮盘功能，用户可以自由选择热门弹幕发送，如图 7−12 所示。

图 7-12 斗鱼弹幕

资料来源：互联网截图

2. 差异化的优质内容

近年来，游戏直播行业的竞争越来越白热化，为了快速摆脱亏损困境，斗鱼率先提出了“直播+”战略，相继推出鱼秀、鱼教、鱼乐星天地等各细分领域的垂直直播，覆盖了游戏、美食、时尚、综艺、公益、财经、御宅、科技、汽车、电商等诸多领域，试图通过多元化内容发展来提升自身的核心竞争力，实现平台的

循环发展。

2020 年 3 月 31 日，斗鱼直播带货新功能“斗鱼购物”正式上线，标志着斗鱼正式进入直播电商领域的竞争，开启“直播+电商”的新模式。6 月 1 日到 6 月 20 日，斗鱼携手淘宝联盟开启了首个大型购物直播节——“618 斗鱼购物嘉年华”。活动中，呆妹儿小霸王、阿冷、洞主、eStar 诺言、pigff、小深深儿等 80 位主播及数十家合作公会，积极参与到激烈的带货比拼。此次参与 618 斗鱼购物嘉年华的 80 位主播，其中 67 位完成了直播带货首秀，获得了不错的成绩。

3. 自制的直播节目

丰富多样的自制直播节目彰显了斗鱼 TV 在深耕内容方面的野心，斗鱼 TV 集中所有优势资源，通过生产独家的、优质的、差异化的自制节目，在行业竞争中保证自身优势。例如，斗鱼和马东团队合作打造的国内首档明星狼人杀访谈直播综艺节目《饭局的诱惑》（图 7-13），该节目主打美食和玩乐，直播第一天就吸引超过六百万人共同观看，同时新浪微博上相关话题阅读量破千万，在黄金时间占据综艺话题榜第一位，总榜第三位①，是一档质量上乘的原创直播综艺节目。

图 7-13 饭局的诱惑

资料来源：韩国星娱乐

① 娱乐 FM. 吸引六百万人在斗鱼同时参与的一场饭局到底有多诱惑[EB/OL]. http://www.yulefm.com/sneidi/2016-08-30/73291.html，2016-08-30.

第五节 网络游戏平台运营

1962 年，美国麻省理工学院的格拉兹（S. Graetz）、拉塞尔（S. Russell）和考托克（A. Kotok）共同制作完成了一个小软件——《空间大战》（Space War），标志着世界上第一款电子游戏的诞生。如今，全球游戏产业蓬勃发展，网络游戏已成为大众多样化休闲娱乐的重要选择之一。以现有网络游戏业发展规模及速度为背景，网络游戏的平台化运营对网络游戏产业发展有着重要的推动作用。下面将为大家介绍网络游戏平台及其运营特色。

一、网络游戏平台的概念

上节提到，网络游戏平台是指以互联网为传输媒介、以满足娱乐体验与互动交流为目标、为用户提供个人或多人在线游戏的平台。简单来说，网络游戏平台就是可以为游戏玩家们带来竞技、娱乐及沟通体验的平台，分为单游戏属性平台（只运营一种游戏类型）和综合游戏属性平台（同时运营多种游戏类型）。从游戏发展的历史来看，网络游戏平台共历经了五个时代。

（一）第一代网络游戏平台：1969~1977 年

在这段时期，由于计算机硬件和软件尚未形成统一的技术标准，大多数网络游戏平台仍处于试验阶段，只能在同一服务器/终端机系统内部操作，对同时在线人数也有一定的限制，是一个完全封闭的平台。此阶段最具代表性的平台是 Plato。

（二）第二代网络游戏平台：1978~1995 年

游戏产业所激发的巨大商业潜力，促使一些大中企业开始涉足网络游戏这一新兴产业，推出了一大批具有普及性的网络游戏平台。此时的网络游戏平台告别了过去完全封闭的状态，开始跨平台运行，开启了不同平台的竞争与合作，平台开始进入收费时代，代表性的网络游戏平台有 Sierra 公司的 The Sierra Network（后改名为 ImagiNation Network）。

（三）第三代网络游戏平台：1996~2006 年

专业游戏开发商和发行商的深度介入，使这一时期的网络游戏平台规模更加庞大，分工更加明晰，平台开放程度也大大提高，出现了大型多人在线游戏平台、休闲娱乐平台及对战竞技平台，代表性网络游戏平台为 QQ 游戏平台。

（四）第四代网络游戏平台：2007~2011 年

网络技术的发展和用户需求量的大涨，孕育了第四代网络游戏平台。在此阶段，网页游戏平台与插件网游平台成为主流，游戏类型增多，受众更广，但玩法单一，用户黏性有限，代表性平台有 37wan 游戏平台。

（五）第五代网络游戏平台：2012 年至今

随着智能手机的普及，端游厂商纷纷转战手游，多平台发展成熟，大厂商（腾讯等）垄断逐步形成，诞生了一批如《王者荣耀》《阴阳师》等现象级作品。平台使用呈现轻量化、碎片化的特点，多年龄层普通玩家增多，即开即玩、对电脑/手机配置及内存要求更低的 H5 游戏正逐渐受到玩家的青睐，代表性平台有微信游戏平台。

二、网络游戏平台的运营特色

游戏产品属于精神文化产品，强调持续性体验服务，满足消费者高层次的心理文化需求。这就意味着游戏产品自身的质量并不能完全决定市场成败，必须通过平台的有效运营才能使其具备市场灵魂。网络游戏平台的运营，相比于其他泛娱乐平台，更侧重游戏产品推广、提高售后服务及搭建用户成长体系。

（一）游戏产品推广

游戏产品的研发往往会耗费大量的时间、精力与财力，当平台历经艰辛终于成功研发或洽谈得到一款或多款游戏后，为了让更多玩家有途径充分了解这些游戏，接下来就必须借助市场推广增加游戏的曝光度，以期能收回成本并获取盈利。运营团队通常会基于游戏产品的定位、属性、特色、质量、包装与售后等信息制定前期推广策略，并打通多种渠道，进行广泛宣传和商务合作，以达到最佳的宣传效果。

市场推广方式主要包括广告、促销、PR 和人员推广。

广告：平台以任何方式付款，对游戏产品所做的非人员性的陈述和推广，如影视广告、印刷广告、电台广告、包装广告等。

促销：平台为了刺激游戏产品的短期销售所进行的各种鼓励性行为，如兑奖、赠品、回扣与返点、试玩等。

PR：制订各种计划以维护游戏产品或游戏平台的形象，如研讨会、慈善捐赠、营销事件、年度报告等。

人员推广：推广人员面对面与潜在玩家接触，通过游戏介绍、试玩、回答玩家提问等方式进行游戏推广。

以上四种推广方式各有优劣，运营者可以结合平台实力、游戏自身及玩家特点制定合适的推广策略。

（二）提高售后服务

网络游戏平台的特殊性在于，它不仅需要提供有形产品，还需要提供无形服务。网络游戏是一个极度依赖后期维护和升级的产品，平台需要在游戏内提供游戏管理员，以维持游戏内部的正常运行；需要针对出现问题的玩家，进行技术维护；需要及时处理玩家的意见、反馈或投诉……因此，做好高效、高质量的售后服务对游戏平台极为关键。游戏平台的售后服务，通常包括技术维护和客户服务两部分。

1. 技术维护

在游戏运行过程中，出现技术故障是十分常见且不可避免的。技术维护，作为网络游戏运营的“发动机”，可以为游戏正常运营提供保障，是游戏发行后，平台能否持续盈利的关键，主要包括游戏测试、游戏配平、服务器的搭建与维护、数据监控与分析、玩家信息管理、版本更新维护、日常维护等内容。其中，数据监控与分析是技术维护乃至整个游戏运营流程里最核心的内容，良好的数据监控与分析系统是平台必不可少的组成部分。平台可以通过分析各类数据，如 apu（即活跃付费用户）、acu（即平均同时在线玩家人数）、arpu（即平均每活跃用户收益）、au（即活跃用户）等，以此挖掘玩家需求，调整运营方针，最大限度地满足玩家需求。

2. 客户服务

客户服务，指的是游戏平台为解决玩家遇到的相关问题，对其进行具体的指导和帮助。客户服务质量，是很多游戏平台运营者非常容易忽略的内容板块，大部分运营者仅仅把客户服务当成处理玩家投诉的工具。然而，作为一个上传下达的枢纽，客户服务对游戏平台运营有着不可替代的作用。从平台角度看，客服负责把玩家的投诉、建议及游戏里出现的问题及时反馈给平台，使平台游戏能够良性运作；从玩家角度看，客服提供了一个信息传达的窗口，玩家可以通过客服把对游戏的各种想法传递给平台，反过来，平台也可以通过客服把平台或游戏的最新动态、更新信息第一时间传达给玩家，形成良性的信息流通。

（三）搭建用户成长体系

用户成长体系，从游戏视角出发，是指基于玩家的某种需求，为了实现某一目标，从而设计的一种驱动用户成长的路径。这种运营机制在互联网平台中较为常见，尤其对于游戏平台来说至关重要，因为只有当玩家从平台上获得的价值和体验跟游戏中差不多时，才能在一个游戏的生命周期结束之后，还能继续留在该平台选择其他游戏，而不是转去其他平台。所以，对于游戏平台来说，搭建用户成长体系，有助于增加玩家的情感投入，提高玩家的忠诚度、活跃度和黏性，形成游戏的竞争壁垒；对于玩家而言，则可以通过成长体系享受更好的福利待遇、服务政策，收获优越感。

一般而言，搭建游戏平台的用户成长体系分为以下几个步骤。首先，制定玩家级别。例如，《王者荣耀》的 7 大段位：青铜、白银、黄金、铂金、钻石、星耀、王者，不同的级别，对应不同的权限范围，通过游戏功能的阶段设置，激发玩家主动成长，促进玩家在平台内的活跃。其次，设定任务。通过设置“一次性任务”、“每日任务”或“周期性任务”，让完成任务的用户获得“经验值”、“积分”或“货币”，进而获得等级的提升，收获对应的权益。同时还需根据游戏产品的生命周期与运营策略，确定玩家升级所需花费的经验值及合理的升级天数，并设置上限。最后，诱导玩家完成上述行为，如授予限时体验资格等。

用户成长体系的搭建将贯穿游戏运营的整个生命周期，平台需综合考量玩家和游戏本身，按照以上步骤逐步搭建并完善一个属于自己的、独特的用户成长体系。

三、网络游戏平台运营个案分析

游戏平台，从过去仅仅满足下载、管理与启动的简单功能，到如今发展成购买正版、社交、功能共享等多维度的综合性娱乐平台。在这样的发展契机下，一大批游戏平台涌现出来，形成群雄逐鹿的局势。目前，国内外较大的游戏平台有国外的 Steam、Origin、暴雪战网、育碧游戏平台，国内的腾讯游戏平台、Epic Games 游戏平台、网易游戏平台及阿里游戏平台等。其中，腾讯游戏作为中国最大的游戏平台，在全球拥有数亿个用户，是全球知名的游戏开发与运营平台。本节将以腾讯游戏为例，介绍网络游戏平台运营的成功经验。

（一）“金字塔”式运营模式

在腾讯游戏平台发展初期，马化腾曾提出要构建“游戏金字塔”式的品牌体系，即以棋类、牌类、小型竞技类游戏作为基础，承载赛车、音乐、舞蹈等中型网游作为中层，而在金字塔的顶端，则是包括当时推出的《QQ 幻想》在内的大型网络游戏[①]（图 7-14）。如今，腾讯游戏旗下运营的中小型网游主要有《QQ 堂》《QQ 仙侠传》《QQ 三国》《QQ 西游》《QQ 炫舞》《QQ 飞车》等；大型网游有《王者荣耀》《英雄联盟》《和平精英》《穿越火线》《完美世界》《火影忍者》等，丰富多样的游戏产品，几乎覆盖了所有网络游戏种类，满足了大部分游戏玩家的需求。这种“金字塔”式的差异化运营模式也降低了经营风险，让腾讯大获盈利，加快了腾讯游戏的品牌化发展之路。

---

① eNet 硅谷动力. 腾讯游戏金字塔初具规模 社区平台略见端倪[EB/OL].https://tech.sina.com.cn/i/2005-10-20/1203744183.shtml，2005-10-20.

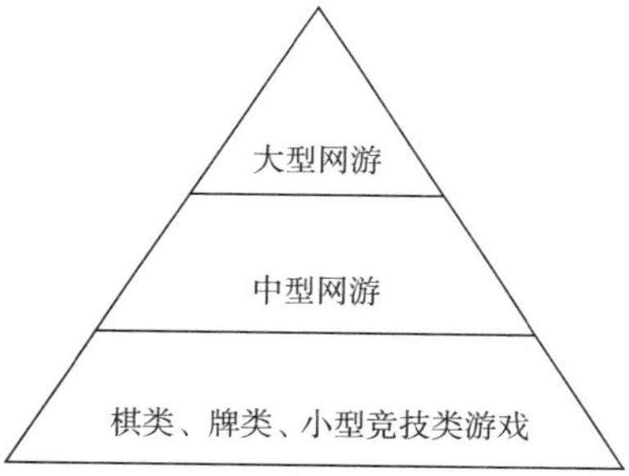

图 7-14　腾讯游戏金字塔体系

（二）聚焦头部产品，多种运营模式兼顾

2015 年 6 月，腾讯游戏推出“精品 2.0”战略，开始聚焦头部游戏产品，精心打磨游戏品质，产生了消除类、酷跑类、飞行射击类等几个头部精品。现阶段，随着手游产品数量的不断增多，头部效应愈加明显，如腾讯着力打造的手游《和平精英》《Pubg Mobile》《使命召唤手游》《王者荣耀》等，这些头部游戏经过不断打磨更新，为平台带来了可观的创收和庞大的用户群。

“精品 2.0”战略发布以后，腾讯游戏也开始形成了自主研发、代理合作、联合运营兼顾的运营模式，如《王者荣耀》《和平精英》《御龙在天》《QQ 飞车》《QQ 炫舞》是腾讯自研的代表，而《穿越火线》《梦幻诛仙》《英雄联盟》《征途》则是腾讯这几年持续的合作战略下所收获的果实。三种运营模式兼顾的选择对腾讯的快速发展起到了决定性的作用。

2020 年 6 月 27 日，腾讯游戏举行更换品牌理念后的首场年度发布会。在发布会上，腾讯游戏代理运营的经典游戏 IP《龙与地下城》《街霸》《真三国无双》《龙之谷 2》《合金弹头》等皆出现在了大众视野，老牌 IP 重新焕发活力。此外，腾讯游戏在此次发布会上，还为玩家带来了不少“新面孔”，如以三国战争概念打造的千人同屏沙盘战略手游《鸿图之下》、还原东方“玄幻宇宙”的《大主宰：大千世界》手游、由猫腻同名小说改编的全新次世代 MMORPG 手游《庆余年》，以及腾讯首次自研乙女向恋爱手游《光与夜之恋》等。此次发布会，腾讯共发布了包括自主研发、代理合作、联合运营在内的四十多款游戏，彰显了腾讯游戏想要打开更大可能性的野心和打法，也向市场展示了腾讯游戏在老牌 IP 的传承与创新，以及全新 IP 的开发与拓展上的新思路。

（三）创意的品牌联动

在后期的宣传中，腾讯游戏通过明星代言和品牌合作等方式使其知名度和影响力不断提升。2019 年 11 月，腾讯游戏宣布与故宫文化、Nike、Levi’s、大疆创新、海澜之家等各大品牌开展一系列联名合作。其中包括《王者荣耀》×派克钢笔、《一起来捉妖》×Nike、《天涯明月刀》×故宫×织羽集、《欢乐斗地主》×海澜之家、《QQ 飞车》×老干妈等。此次品牌联名融合了“新国潮”“新文创”等多个元素，试图改变年轻人对中华传统文化、传统汉字、传统节目的刻板印象，成功实现了游戏方、品牌方和玩家的三方共赢。在此之前，腾讯游戏也曾多次与可口可乐、联想、蒙牛、M&M 豆、中国移动、招商银行、肯德基等国内外知名品牌进行过创意联动，取得了非常好的品牌推广效果，使得腾讯游戏在一片同质化的游戏宣传推广中脱颖而出，提高了游戏产品和平台的知名度（图7-15）。

图 7-15 腾讯游戏品牌合作

资料来源：哔哩哔哩、人人都是产品经理

第六节　电子商务平台运营

在移动支付全面普及的今天，通过电子商务平台进行网络购物已成为人们日常生活中的一部分，在2020年“6·18”大促活动中，天猫和京东累计下单金额分别达到6 982亿元和2 692亿元，双双创下新纪录[①]。电子商务平台的蓬勃发展，加快了商务信息的传递及商品的流通，给市场经济带来了繁荣，成为我国经济转型升级的重要动力。电子商务平台的运营主要围绕商品展开，直播渠道的运营成为实现电商平台盈利的重要手段。

一、电子商务平台的概念

电子商务，从广义上看，是指以互联网为媒介，运用各种电子工具或手段，进行生产、分销、广告、管理等多种商务活动的总称；从狭义上看，专指利用互联网进行买卖产品和提供服务的活动。其主体主要包括卖方（即企业、个体经营者、各级分销商等）、买方（即在网上购买产品或服务的人）和电子商务平台。电子商务平台，即为卖方和买方提供网上交易服务的平台，具备速度快、成本低廉、流通便捷、商品齐全、交易跨时空等优势。值得注意的是，当前的电子商务平台不再局限于传统的有形商品交易，也包括由传统行业衍生的在线旅游、在线招聘、在线办公、在线订餐等无形服务的交易。如无特殊说明，本节主要围绕以有形商品为交易对象的电子商务平台进行论述，下节再重点探讨以无形服务为交易对象的电子商务平台，即生活服务类平台。

国外最早的电子商务平台为美国的eBay，成立于1995年9月，是一个为全球用户提供线上拍卖和购物服务的平台。我国电子商务平台的起源与发展主要受到了eBay的影响，沿袭了其网上购物的模式。经过近三十年的发展，我国电子商务平台越来越多，从早期的8848网站、易趣网到如今的淘宝、天猫、京东、

① 中国证券报. 又双叒叕破纪录！天猫、京东618大促累计下单金额近万亿，董明珠直播带货超百亿[EB/OL]. https://mp.weixin.qq.com/s/RsSCuEuNe_lSxu-iL1Mn2g，2020-06-19.

当当网、亚马逊中国、苏宁易购，电子商务模式也由传统的 B2B（供需双方皆为商家）为主体的交易模式发展成为包含 B2C（商家直接面向消费者销售产品和服务）、C2C（consumer to consumer，消费者与消费者之间的电子商务活动）、B2G（business to government，商家面向政府的电子商务活动）等多种模式共存的态势。在移动互联网的推动下，一些移动垂直类电商也不断涌现出来，如社群电商、农村电商、跨境电商、社交电商、电商直播等，为用户提供了更加符合人群的特定类型产品。

二、电子商务平台的运营特色

对于电子商务平台来说，应该卖什么？如何促成商品交易？怎样进行商品分类？怎样运输商品？……这些问题都是十分重要的，也是电子商务平台进行产品运营时需要重点考虑的问题。电子商务平台的运营主要以商品为核心，以促成交易为目标，通过多渠道，特别是直播渠道的运营，促进商品销售，实现平台多元化盈利。

（一）以商品为核心

商品是电子商务平台的核心支撑，电子商务平台的一切运营活动都是围绕商品而展开的。从商品运营自身来说，其涉及的内容也较广，包括商品种类的选择、商品的展示与介绍、商品质量与数量的把控、商品的交付、商品的物流运输等一系列内容，在运营时，需注意以下四个方面。

1. 重视转化

电子商务平台主要以促成交易为核心目标，故在商品运营中我们要格外重视不同路径的转化，提高成交率。例如，当我们发现“加入购物车”到“支付成功”这一路径的转化率较低时，我们可以通过用户分群，将“加入购物车，但是未完成支付”的用户全部筛选出来。然后按比例抽出符合条件的用户，并仔细观察每个用户的操作流程，排查出现这种问题的具体原因并加以改善，提高用户的购买率。一般说来，影响电子商务平台转化率的主要因素有商品的属性与品质、商品的价格、商品的详细页介绍、用户评价、售后服务、企业或品牌的影响力等。

2. 品类优化

电子商务平台的一大特点就是商品品类非常多，丰富的商品给用户提供了多样化的选择，却也加重了运营的难度，品类优化必不可少。根据商品品类的利润率、转化率等表现，我们可以将商品品类分成四种：导流型品类、高利润品类、高转化品类、未来明星型品类[①]。导流型品类，即利润低，但市场需求量大、购买量大，目的在于导流的商品；高利润品类，即利润率高的商品；高转化品类，即能带来高转化率的商品，如一些高性能、高性价比、低价格的商品；未来明星型品类，即现阶段曝光率和需求量较低，但能收获高转化率的商品。明确了商品的类型之后，我们就可以制定针对性的运营策略。例如，商品 A 曝光率低，但转化率极高，属于未来明星型品类商品，针对这类商品，我们可以在后期运营中增加其曝光量；商品 B 曝光率高，但转化率较低，针对这类商品，我们可以在后期运营中降低其曝光量，优化转化率。

3. 完善导购系统

在电子商务平台上，由于供需双方是在不谋面的情况下进行交易，并没有真实的服务人员来为顾客进行引导和商品介绍，所有的交易过程都要依靠虚拟网络完成，所以，便捷的导购服务就显得十分重要。我们可以在首页、类目引导及商品搜索三方面进行完善与优化，使得消费者能够在平台上方便、高效地搜寻到所需商品。

4. 合理选择物流模式

物流，是电子商务平台的重要组成部分。目前，我国电子商务平台的物流模式主要包含两类：一类是以淘宝为代表使用的第三方物流模式；另一类是以京东为代表使用的自营模式，选择合理的物流模式是电子商务平台有效发挥自身竞争优势的重要保证。以京东为例，目前京东拥有三张自营物流大网，包括针对中小件商品的物流网、针对大家电为核心的大件送货物流网及以生鲜为主、覆盖中国所有大中城市的冷藏冷冻仓配一体化的 B2C 物流网。便捷快速的物流

① 91 运营. 电商精细化运营的五大关键指标和三个关键思路[EB/OL]. http://www.91yunying.com/45770.html，2016-07-28.

配送给用户带来良好购物体验的同时，也让京东商城在同类平台竞争中保持了独特的优势。

（二）直播渠道的运营

渠道是商品的流通路线，平台可以通过渠道将产品传递到最终消费者手中。在移动互联网时代，碎片化渠道更多更广泛，可收获的流量却越来越有限。直播，作为电子商务平台近几年新开辟的渠道，凭借超强的“带货”能力，逐渐成为促进电子商务平台流量增长、变现的“万能解药”。2019 年，中国直播电商行业的总规模达到 4 338 亿元，至 2022 年，预计直播电商将达到万亿 GMV 规模①。淘宝、拼多多、京东、蘑菇街、苏宁易购、网易考拉等电子商务平台纷纷上线直播功能，逐步加重直播带货的变现模式，缩短了用户的交易时长，影响了用户的购买决策，成为平台流量的重要入口。直播渠道的运营，需注意以下三个方面。

（1）主播的培养。与大多数泛娱乐平台上的才艺类主播与游戏类主播不同，电子商务平台上的主播具有更明显的导购属性，更加注重引导消费者购买商品。因此，电商主播应该具备一定的销售能力，如销售产品的能力、了解消费者的能力、整体控场能力及个人魅力等。

（2）引流。电子商务平台主打消费，若只在自身平台宣传，产生的流量将十分有限。所以，平台可以引导电商主播同时在热门直播平台上进行直播，然后再将流量引回电商平台，即借“他人”之力，为自我导流。

（3）创新玩法。大部分电商采用的直播玩法都是优惠折扣，如淘宝，淘宝直播由于有着阿里官方和商家的直接补贴，性价比明显，尤其是顶级主播提供的价格则更加优惠。拼多多则不同，虽同样强调价格优惠，拼多多直播并没有主打品牌折扣，而是突出厂家直供、货源地直供，主打薄利多销。

三、电子商务平台运营个案分析

天猫，原名淘宝商城，是一个开放的 B2C 综合性购物平台，依托淘宝的优

① 艾媒网. 2020-2021 年中国直播电商行业运行大数据分析及趋势研究报告[R]. https://www.iimedia.cn/c400/68945.html，2020-02-12.

质资源，整合上万家品牌商和生产商，为商家和消费者提供优质的一站式服务。2012 年 1 月，淘宝商城正式更名为“天猫”。同年 11 月 11 日，天猫借势光棍节，成功打造出“双十一购物节”这一全新概念，创下当时的销售纪录。天猫虽脱胎于淘宝，但采用了与淘宝不同的运营策略，它要求商家的入驻门槛更高，也更加注重用户体验与品牌运营。本节将以天猫为例，介绍电子商务平台运营的成功之道。

（一）提高入驻门槛，加强产品信息管理

高开放的淘宝一直由于平台上假冒伪劣产品过多而遭到消费者的诟病。为保证产品的质量，天猫平台采取低开放的策略，严格审核线上商家的入驻资格，主动提高商家的入驻门槛。据悉，天猫的入驻商家需要具有 100 万元以上（包括 100 万元）的注册资金，依法成立并持续经营两年及以上，且拥有一般纳税人资格。同时，入驻商家还需跟天猫签署协议，不得出售假货或非原厂商品，一经发现违规行为，将立即取消其经营资格。通过对商家资质的严格把关，保障了平台产品的质量，塑造了天猫高品质的平台形象。

此外，天猫还十分重视产品信息的管理。在原来的淘宝网，产品信息管理混乱，同一个产品，因为商家的不同，可能会出现不同的产品信息，对消费者挑选产品带来极大的困扰。天猫据此进行了改进，将产品信息划分为“产品信息”和“营销信息”两部分，产品信息如颜色、尺寸、货号等标准信息是不能更改的，而营销信息如价格、售后服务、实际库存等，商家可以根据情况自行更改，由此保证了用户可以搜到准确的产品信息。

（二）利用大数据，优化用户体验

在大数据的行业背景下，天猫利用自己大数据平台的优势，广泛搜集用户信息，配合用户属性等多维度数据，基于用户行为在用户登录平台的几个主要环节上，制定了有效的运营策略。

（1）用户进入平台环节。充分考虑主流用户年轻化、高端化的特点，天猫页面的整体设计风格融合了时尚感和庄重感，给消费者带来舒适的视觉体验。同时，

根据用户进入平台的渠道、用户属性及浏览历史，精准投放符合用户兴趣取向的推广信息，并随时调整宣传推广措施。

（2）用户搜索信息环节。根据用户页面停留时间长短的变化，进行精准化、个性化营销，让用户在搜索产品时，能更方便地搜索到自己需要的产品，提升用户的购买率和购物体验。

（3）购买下单环节。根据用户放弃购买率及放弃购买的原因，采取相应解决措施，如优化购买流程、咨询服务等，进一步完善下单环节。

（4）支付环节。天猫在资金流转方式上，主要依托支付宝。消费者购买商品付款后，天猫将货款存于支付宝平台，待消费者收到货品后，再由天猫将支付宝里的货款转至商家的账户，这样的运作流程最大限度地保障了商家及消费者双方的资金安全。同时，为了降低消费者的支付门槛，天猫还支持花呗、信用卡、货到付款等多种支付方式，避免了消费者在支付环节造成流失。

（5）物流配送环节。天猫的物流配送服务主要由第三方物流公司承担，这种运营方式虽影响了配送效率，但降低了运营成本，平摊了运营风险。天猫还根据用户需求，开通了许多人性化的配送服务，如定时配送和晚间配送等特殊服务，大大提升了用户的购买体验。

（三）打造品牌 IP 化

近年来，各大互联网公司纷纷打造自己专属的 IP 形象，一方面是 IP 形象自带亲和力，能让用户快速建立品牌识别与品牌联想，实现品牌差异化战略；另一方面是 IP 自带粉丝力量，是经济时代的“吸粉神器”，巧用 IP 形象可以对品牌起到良好的宣传作用。天猫从 2012 年诞生之日起，就在积极打造自己的 IP 形象，围绕品质、时尚、科技等为基点，联合各大品牌，以拟人化的“猫系”口吻，与目标用户进行沟通与对话，持续品牌输出。天猫的品牌 IP 化运营主要有以下几种方式。

1. 塑造萌系 IP 吉祥物

横头黑喵是天猫的吉祥物，沉淀了天猫品牌 IP 化历程中最为重要的品牌资产。其外形呆萌可爱，具有极强的辨识度，亲近感十足，应用于天猫的 App Logo、开屏显示、UI 界面、品牌海报、线下体验店、营销活动等（图 7–16）。IP 形象的持续曝光，增加了黑喵 IP 的知名度及用户的好感度，达成天猫实现对 IP 形象的立体塑造，为天猫平台带动了数亿元的销售量。

图 7-16　天猫 IP 吉祥物

资料来源：百图汇

2. IP 周边产品的开发

周边衍生品的深度开发，是 IP 变现的重要手段之一，成为许多成熟 IP 会做的常规性动作，天猫亦是如此。天猫曾多次联合国内、国际品牌推出天猫 IP 衍生品，包括一些生活用品、文创用品等，让天猫 IP 形象走入消费者的日常生活，加深了品牌的渗透力，加速了平台的变现能力（图 7–17）。当然，除了承担变现与卖货的职责，天猫品牌的周边还承担了公关和造话题的功能，在更深维度为其 IP 化进行背书。

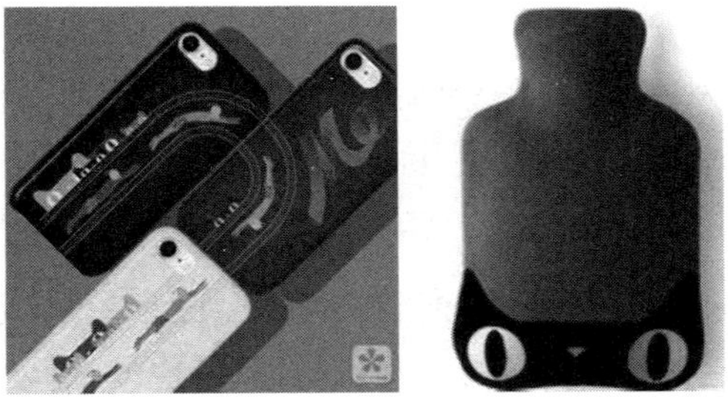

图 7-17　天猫 IP 周边产品

资料来源：长城网

第七节 生活服务类平台运营

上节介绍了提供有形商品交易服务的电子商务平台，在这一节中，我们将重点探析另一类重要的电子商务平台，即提供无形服务的生活服务类平台。互联网与智能手机的普及，不仅改变了人们购买商品的方式，也重塑了服务经济，消费者开始习惯“线上消费+线下体验”的服务形式，线上订餐、线上订票、线上订车逐渐成为一种新的生活方式，由此催生出一大批生活服务类平台。生活服务类平台的运营以保障服务质量为基本目标，注重服务深度、服务效率及各类服务性保障。

一、生活服务类平台的概念

生活服务类平台，是一种“线上交易+线下提供无形服务”的新型电子商务平台模式，实现了生活消费市场的数字化、网络化，为消费者构建了一个除有形商品之外的方便快捷的生活服务类信息交流与在线交易平台。作为在移动互联网的推动下逐渐发展壮大起来的电子商务平台，生活服务类平台一方面需要商家能够利用互联网为自己的服务提供浏览、选购与支付等功能；另一方面还需要用户能够学会通过互联网移动支付手段进行结付，将线下的商务活动与移动互联网紧密结合起来。

传统的地方门户网站和信息港是生活服务类平台的雏形。这类网站主要为消费者提供当地的各种生活服务信息，如订房、订餐、订票、求职、旅游等，之后经不断发展，逐渐衍化成一批 PC（personal computer，个人计算机）端垂直类生活服务类网站，如提供婚恋交友服务信息的世纪佳缘网、珍爱网、百合网，提供求职招聘信息的前程无忧网、智联招聘网，以及提供本地信息服务的 58 同城、赶集网等。这些传统的无形服务 O2O（线上交易带动线下消费的模式）平台经过一段时间的爆火之后，逐渐在移动互联网浪潮中走向衰弱，开始诞生了一批以移动支付和移动 LBS（location based services，基于本地位置的服务）为依托的新型无形服务电子商务平台，如滴滴出行、美团、携程、高德地图、猫眼电影、饿了么、贝壳找房等，形成了如今以支付宝、微信支付为支付工具的大型在线生活服务类平台生态圈。

二、生活服务类平台的运营特色

作为以提供无形服务为定位的平台，生活服务类平台吸引与留存用户的关键在于提高服务质量、提升用户体验。因此，相比于其他平台型数字媒体，生活服务类平台的运营更加注重以下五个方面。

（一）树立消费者第一的价值观

消费者是生活服务类平台上最终买单的人，服务好消费者、使消费者满意是生活服务类平台的重中之重。美团网 CEO 王兴曾对媒体多次表示：“在美团网价值观排序里，消费者第一、商户第二、美团第三。我们认为，美团网是和商户一起合作，服务好消费者。”在实际运营中，平台运营者需时刻遵循消费者第一的价值观，将所有资源都围绕消费者的满意度来调配。

（二）提升服务深度

大多数生活服务类平台都会通过现金补贴、打价格战等手段来吸引用户，占领更多的市场份额，但这无法对平台发展起到决定性的作用。生活服务类平台要想获得长远发展，挖掘更多的市场潜力，提升服务深度才是关键。服务深度，即除了普通服务之外的个性化、差异化的服务。要做到这一点，需要经过认真的市场调研，深刻了解消费者需求，在运营中突出重点，持续为消费者提供差异化服务，这样就能从根本上吸引和黏住用户。例如，做餐饮平台，除了常规性的点餐服务，还可以在平台上加入各类菜系的介绍，包括吃法、做菜工序等，通过深入的介绍，使顾客对菜品有更直观的认识，吸引顾客做出选择。

（三）提高服务效率

商品的生产可依靠机器和工具来完成，而服务的生产者是人，人的精力是有限的，所以服务无法规模化、批量化生产，其增量需要靠提高服务效率来实现。

检索效率是服务效率的一个重要体现。能快速、便捷地检索到自己感兴趣的服务项目，对于用户是非常重要的。生活服务类平台需精心设计检索系统，力求使顾客在最短的时间内通过关键词搜索等方式获取到自己想要的信息；还可以按最常使用、人气最高、不同场景等设置栏目分类，方便顾客选择。服务效率还包括服务信息的匹配效率，在技术上可以通过大数据与 AI 智能推荐，快速为用户匹配到适合的服务项目，提高信息的匹配率。

（四）制定完善的保障措施

完善的消费保障可以解除消费者的后顾之忧，让其放心消费；同时也可以维护平台信誉，为平台树立良好口碑。以美团网为例，美团网为保障消费者权益，建立了业内最为完善的消费保障体系,包括“过期包退”“7 天未消费退款”“消费不满意美团免单”等，还有关于食品安全问题的“先行赔付”服务，当消费者遇到菜品质量问题时，美团会第一时间响应，最高可按支付价款十倍的额度对消费者进行赔付。各项完善的消费保障措施，打消了消费者在美团上参与消费的一切顾虑，提高了平台的成交额。

（五）跟进线下交易

虽然生活服务类平台主要负责做意向转化，为线下导流，并不对成交负责，但是作为追求长期价值的生活服务类平台，还是需要持续追踪和了解线下交易的后续情况，通过持续关注商家的收益，了解其能否从平台获益，预防用户流失。更重要的是，对用户来说，只有在线下获得了优质的服务，才会对线上平台产生好感和正面评价，这也是生活服务类平台获取良好口碑的方式。

三、生活服务类平台运营个案分析

随着外卖行业逐渐向电子商务看齐，以饿了么为代表的外卖 O2O 平台陆续成立，成为生活服务类平台的中坚力量。饿了么是中国专业的网上订餐平台，由上海交通大学的张旭豪、康嘉等建立。作为中国餐饮业数字化领跑者，饿了么率先提出 C2C 网上订餐理念，通过整合线下餐饮品牌与线上互联网资源，在为用户带来方便快捷的订餐体验的同时，也为线下餐厅提供了一体化运营的实施方案，推动了中国餐饮行业的数字化发展进程。本节将以饿了么为例，探析生活服务类平台的数字化运营模式。

（一）O2O 模式的闭环尝试

饿了么之所以能取得成功，关键在于它的 O2O 模式的闭环尝试[①]。传统的 O2O 模式是一种半环的交易模式，即平台通过线上发布消息，引导用户在线下完成体验。饿了么则尝试将线下再重新引入线上，让整个交易实现完美的闭环，这种闭环主要通过其支付系统完成：用户在线上购买、线下体验后，线下商家再在线上进行结算。O2O 模式的闭环尝试使平台的价值得到更大的发挥，也进一步保障了消费者与商家双方用户群体的利益。

（二）多样化的盈利模式

饿了么在成立之初，主要目标用户是一线城市的在校大学生，后经平台的进一步发展扩大，用户群体逐渐从在校大学生到都市白领阶层再扩展到普通网民用户，盈利途径也越来越多样化。其主要的盈利来源包括商家的入驻费与竞价排位费、品牌商家的推荐广告费、商家或消费者的充值费、流水抽成、广告联盟等。

（三）人性化、个性化的用户体验

由于用户群体偏向年轻化，饿了么在设计网站及订餐系统时，追求新颖独特、简洁直观的设计风格，打造了一系列充满人性化、个性化的功能。例如，用户可以对商家的口味提出一些自己的意见；还有一些专为团队用户设计的拿外卖的小游戏等，更加符合年轻消费者的个性化需求，提升了用户体验（图 7–18）。

（四）加强企业合作

在当今激烈的市场竞争环境下，仅依靠单个平台的努力，是无法形成竞争优势的，平台想要做大做强，必须与其他平台进行合作。饿了么从创业开始阶段，就不断尝试跟相关平台进行合作，如通过跟大众点评等同类型平台，微信支付、

---

① 陈云鹏. 饿了么：校园走出的“O2O”闭环订餐平台[J]. 上海信息化，2014，（6）：76–79.

支付宝、QQ 钱包等移动支付平台，微博、微信等社交媒体平台，以及快手、滴滴、知乎等平台的深度合作，进一步扩大平台的影响力。

图 7-18　饿了么“谁去拿外卖”小游戏

第八章 App 产品运营

4G 时代的开启与移动终端设备影响力的提升，带动了 App 的迅速更新与普及。截至 2020 年 12 月，我国手机网民规模达 9.86 亿个，网民使用手机上网的比例达 99.7%[①]，人均安装 App 的总量持续增长至 60 款，人均每日使用 App 的时长为 5.1 小时[②]。最初，人们对 App 的安装与使用仅局限在社交、视音频播放、照片处理等软件上，但随着企业逐渐意识到移动市场的重要性，各类服务、电商、工具等 App 产品相继出现，人们手机里安装的 App 种类越来越多，App 产品运营也越来越受到企业与品牌的重视。

本章将基于产品运营的角度，从认识 App 产品运营、了解 App 产品上线的标准流程开始，详细介绍 App 产品运营的策略与方法，对 App 产品的推广渠道进行较为全面的梳理，并结合现阶段市场环境对 App 产品运营的难点与未来发展趋势进行分析与预测。

第一节 App 产品运营概述

各类 App 产品的出现，丰富了人们的工作与生活，同时也开启了企业移动信息化的进程，为企业提供了展示产品和品牌形象的便捷渠道，对企业营销有着重

① 中国互联网络信息中心. 第 47 次《中国互联网络发展状况统计报告》[R]. http://www.cnnic.cn/hlwfzyj/hlwxzbg/hlwtjbg/202102/t20210203_71361.htm，2021-02-03.

② 小春科技. 人均安装 app 总量持续增长，独立的 APP 发展势不可挡！[EB/OL]. https://www.sohu.com/a/443265557_120907745，2021-01-08.

要意义。App 产品运营，主要围绕“拉新、促活、留存”展开，通过不同形式、不同阶段的运作推广，实现企业精准化营销的目的。

一、App 产品运营的概念

App 产品运营指的是在移动互联网时代一切与 App 产品运作推广有关的工作，如 App 内容编辑、活动策划、产品推广等，可达到吸引用户、增长用户、活跃用户、留存用户、实现营收等目标。

App 是智能手机的第三方应用程序。由于安装方便、操作简单、娱乐性强等特点，App 受到了广大手机用户的欢迎，满足了手机网民日常社交、购物、咨询、娱乐等多样化需求，如图 8-1 所示。

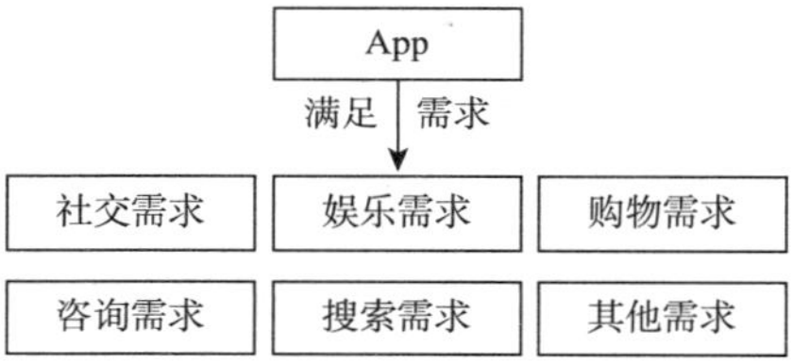

图 8-1　App 产品的用户需求

App 产品运营不仅可以带来客户的增加、客户的活跃、产品转化率的提升，更重要的是通过运营来了解客户，赢得客户的信任。未来 App 的一切交易都是建立在客户的信任基础之上的，这种信任所代表的不仅仅是产品的体验和客户的体验，还代表对客户需求的尊重[①]。

二、App 产品的分类

打开手机，我们可以经常看到微信、微博、淘宝、腾讯视频、腾讯新闻、抖音、高德地图等，这些都是 App。根据使用用途的不同，App 产品可分为社交类、新闻类、购物类、娱乐类、金融类、生活服务类、工具类、教育类等八种类型。

① 站长之家. APP 运营：8 大法则，助你快速找到推广捷径[EB/OL]. http://www.woshipm.com/operate/616316.html，2017-03-23.

了解 App 产品的分类，可以帮助企业制定相对应的产品运营策略。

（一）社交类 App

社交类 App，即在移动互联网平台上为用户提供社交互动服务的 App，旨在满足用户交流沟通，如 QQ、微信、陌陌、探探、最右、绿洲、珍爱网、YY 语音等，让用户无论身处何地，都能通过 SNS 随时与好友进行交谈。

2019 年的社交市场又迎来了一次爆发，出现了聊天宝、飞聊、马桶 MT 等社交类 App，虽然很多都是昙花一现，但也说明了社交市场仍具备很大的市场潜力和痛点。2019 年 9 月 3 日，微博推出一款全新的图片视频社交分享 App——绿洲，应用一经推出，便迅速在微信朋友圈中刷屏，各路明星、微博红人都纷纷进驻绿洲，使其一下蹿到 App Store 免费总榜第三位，此后几天内，绿洲一直在排行榜前十名之内。

与微博强烈的媒体属性不同的是，绿洲主要定位为社交，方向是图片社交分享，提倡用户进行生活化内容分享，满足用户生活化和垂直化内容分享的场景，并对微博起到一个协同和补充的作用。

（二）新闻类 App

新闻类 App，即在移动互联网平台上为用户提供新闻资讯阅读服务的 App，主要为了满足用户获取新闻信息的目的，如今日头条、腾讯新闻、凤凰新闻、网易新闻、一点资讯、搜狐新闻、趣头条等。

（三）购物类 App

购物类 App，即在移动互联网平台上为用户提供购物服务的 App，意在满足用户网上购物或者线上支付线下消费的需求，如淘宝、京东、拼多多、当当网、苏宁易购、唯品会等。由于目前消费者消费习惯和消费行为的改变，这类手机 App 几乎成为智能手机用户的装机必备，让用户在十分便利的情况下获得海量的、物美价廉的购物需要。

（四）娱乐类 App

娱乐类 App，即在移动互联网平台上为用户提供娱乐休闲服务的 App，旨在通过提供丰富多样的娱乐方式，释放用户的学习、工作的压力。例如，腾讯视频、哔哩哔哩、抖音、酷狗音乐等影音类 App，英雄联盟、QQ 游戏等游戏类 App，斗鱼、花椒、虎牙等直播类 App，以及一些笑话段子 App、星座运程 App、表情包 App……五花八门的娱乐类 App 为用户提供了多种多样的选择，满足了用户娱乐的心理需求。

哔哩哔哩简称 B 站，是国内知名的弹幕视频网站，定位于年轻人的文化社区，是当下最大的亚文化聚集地。实时弹幕是哔哩哔哩的最大特色，这种独特的观赏体验超越了时空限制，构建出一种奇妙的共时性关系，让哔哩哔哩成为极具互动分享和二次创造的文化社区。

相较于以爱奇艺、优酷为代表的主流视频网站投入大量资金购买 IP、自制网剧和综艺，哔哩哔哩凭借独特的亚文化社区环境、闭环 PUGC（professional user generated content，专业用户生产内容或专家生产内容）运营模式保持了良好的发展势头，多次位列 24 岁及以下年轻用户喜爱的十大 App 榜首。

（五）金融类 App

金融类 App，即在移动互联网平台上为用户提供移动支付、证券服务应用、银行服务应用、投资理财、保险服务、网络借贷等金融服务的 App，如支付宝、微信支付、中国银行、蚂蚁财富、人人贷、京东金融、平安普惠等。

（六）生活服务类 App

生活服务类 App，即在移动互联网平台上为用户提供便捷生活服务的 App，旨在帮助用户在出行、工作、食宿等方面提供一个便捷的通道，为用户的生活提供建议、制订计划等。例如，美团、饿了么等美食服务类 App，携程、去哪儿、飞猪等旅行住宿类 App，高德地图、百度地图、滴滴出行、铁路 12306 等出行向导类 App，以及赶集网、58 同城、贝壳找房等住房服务类 App 等。

（七）工具类 App

工具类 App，即在移动互联网平台上为用户提供实用性工具的 App，是一种基于用户“硬刚需”的 App 类别。例如，美图秀秀、B612 咔叽、Faceu 激萌、天天 P 图等照片拍摄美化类 App，或者是为用户提供更好办公条件的 WPS Office、QQ 邮箱、印象笔记、问卷星等移动办公类 App，或者是如百度、UC、搜狗、360 等浏览器类 App，以及各手机厂商为用户提供的如闹钟、天气、手电筒、备忘录、计算器等实用工具型 App。

（八）教育类 App

教育类 App，即在移动互联网平台上为用户提供各种教育服务资源的 App。教育类行业一直是最热门的行业之一，随着移动互联网的发展，以手机 App 为代表的新一代互联网教学方式渐成趋势。根据不同的学科领域、年龄段或语言划分，教育类 App 可以说是五花八门，如针对英语学习的英语流利说、每日英语听力、拓词等 App，针对作业学习的作业帮、快对作业、作业精灵等 App，针对翻译学习的网易有道词典、百度翻译、拍照翻译等，针对备考学习的考研帮、艺术升、一起考教师、瑞达法考等 App。

三、App 产品运营的方式与阶段

企业想要打造一款炙手可热的 App，不仅仅需要重视开发，更重要的是懂得如何运营。不过众所周知，App 运营并非随意为之，它需要讲究一定的方式方法。

（一）App 产品运营的方式

根据分工和种类的不同进行细分，App 产品运营可以分为五个方面，如图 8-2 所示。

图 8-2　App 产品运营的五种方式

（1）基础运营：主要负责维护 App 最日常、最基础的正常运作，如产品更新、产品修改等。

（2）用户运营：主要负责 App 用户的维护，与核心用户沟通，增加用户数量，提高用户留存率和活跃度。

（3）内容运营：主要对 App 的内容进行编辑、维护、指导、整合和推广等。

（4）活动运营：主要针对用户的需求和目标策划一些活动，通过相关数据分析来监控活动效果，扩大产品影响力，实现 App 推广、快速拉新、活跃用户的目的。

（5）渠道运营：主要通过商业合作、产品合作、渠道合作等方式，对 App 进行推广并输出。

（二）App 产品运营的阶段

App 产品，与其他互联网产品一样，也会经历一定的生命周期。不同的生命周期，所开展的运营工作也存在差异。从 App 产品的生命周期出发，App 产品运营主要分为 5 个阶段，如图 8-3 所示。

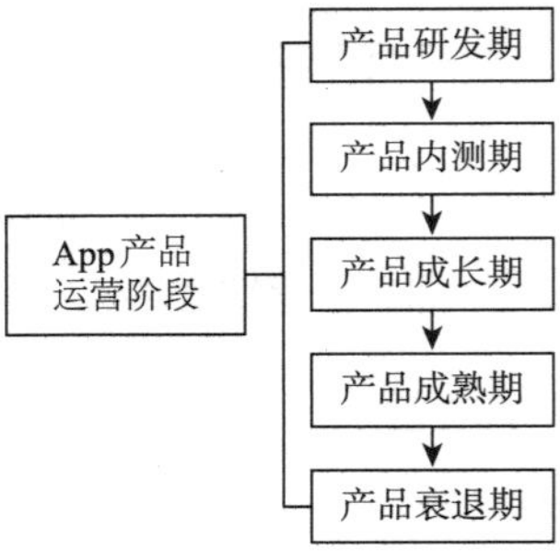

图 8-3　App 产品运营的 5 个阶段

1. 产品研发期

产品研发期，即 App 上线前这段时期。在这个时间段里，运营者要做好必要的准备工作，搞清楚 App 产品的定位、目标用户，以及各大渠道的首发规则、申请时间、申请要求等，沟通、预约好排期。了解 App 产品定位和目标用户可以帮助运营者确立 App 的风格及 App 后续的运营策略，运营者要十分清楚这个 App 是用来干什么的、给什么人用，才能正常地讨论运营的具体细节；了解渠道的首发规则、合作条件及方式，则可以帮助产品快速、顺利地推向市场。

2. 产品内测期

产品内测期，即产品的种子期，是 App 产品前期发展的重要阶段。每一款 App 在正式推广前，更多的是研发者根据自己的想法进行设计，而这款 App 到底可不可以面向广大用户，还有待验证，这时就需要开发种子客户，并对内容进行调试。

在这一阶段，运营者的主要工作在于找到 App 的种子用户，收集用户的行为数据，将种子用户的建议、遇到的问题反馈给研发人员，并与产品策划与研发人员一起讨论分析对 App 进行优化。如果缺乏这一阶段小范围的测试，那么后期 App 产品受到用户差评的概率就很大，一方面容易流失自己的目标用户；另一方面也会造成大量人力、财力的浪费。

3. 产品成长期

产品成长期，即产品的暴发期，属于 App 中期发展的阶段。在 App 自身性能及体验检测没有问题之后，接下来就是 App 产品大规模推广的重要阶段。在这个阶段，最主要的目的在于扩大 App 产品的影响力、吸收目标用户，最主要的运营工作是渠道和功能的推广。如果预算充足，可以适当多选择一些渠道进行 App 投放，配合多种资源多管齐下，积攒用户量，也可以请一些明星代言，利用明星效应进一步扩大产品的知名度。

4. 产品成熟期

产品成熟期，即用户的暴发期，是 App 产品效果和影响力最大的一个阶段。在这个阶段，用户数量成倍增长，并在相对稳定的范围内产生产品波动，运营工作主要围绕用户进行精细化运营，并通过多种活动运营和增值服务留住用户、创造营收。

5. 产品衰退期

随着时间的推移，App 产品市场已趋于饱和，此时产品的大量用户可能已被替代产品带走，造成用户的大量流失，产品也最终迎来它的衰退期。在这个阶段，运营者应该调整新的产品运营战略，拉长产品的生命周期，令产品再次焕发生机，继续占领市场先机。例如，对于很多人来说，QQ、豆瓣已经很老了，但它们近些年一直在调整战略，不断推出新的产品方向，从而屹立市场不倒。

四、App 产品上线的标准流程

运营 App 最基础的工作莫过于产品上线。市场在经过不断优化和调整之后，逐渐形成一个标准的 App 上线流程：商务洽谈、产品接入、产品上线，如图 8-4 所示。

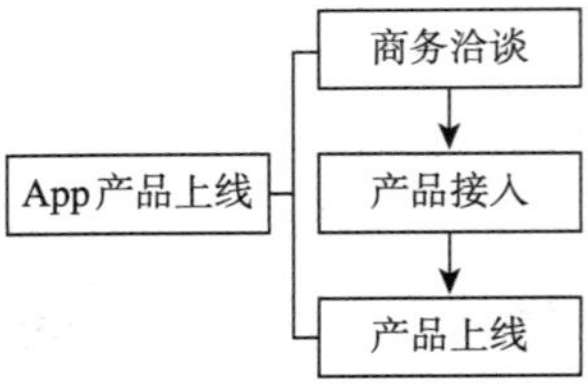

图 8-4　App 产品上线的标准流程

（一）商务洽谈

在商务洽谈阶段，首先要确定需要合作的渠道。目前国内手机应用市场排名靠前的渠道主要有苹果、360 手机助手、应用宝、小米、华为、vivo、OPPO、百度手机助手、PP 助手等，运营者可以根据渠道排名，按照量级大小逐个洽谈、接入即可。国内手机应用商店行业竞争梯度如图 8-5 所示。

图 8-5　国内手机应用商店行业竞争梯度

资料来源：艾媒网

其次，获取联系方式。进入应用市场官网或者开发者后台一般会有渠道商务联系方式，联系方式以邮箱为主，个别渠道也会列出 QQ 群和联系电话，如图 8-6 所示。其他获得渠道商务联系方式的方法有同行推荐、行业交流 QQ 群等。

图 8-6　360 应用市场联系方式

资料来源：360 移动开放平台

最后，确定合作意向。获取渠道联系方式之后，需要与渠道商务部门进行洽谈，主要介绍自己公司的产品与实力，确定合作意向。在洽谈过程中，渠道可能会要求提供评测资料，包括公司相关信息、背景、已开发项目等，以确认公司的宣发实力。

（二）产品接入

产品接入，即App产品接入渠道的相关工作，主要工作流程如图8-7所示。

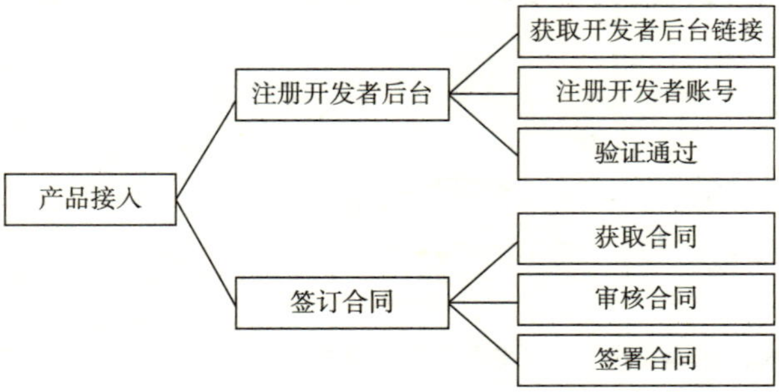

图8-7　App产品接入流程

1. 注册开发者后台

首先，获取开发者后台链接。运营者可以登录应用市场官网点击“开发者”进入“开发者中心”页面，或者直接百度搜索“渠道名称+开发者后台”。例如，华为应用市场，百度搜索“华为应用市场开发者后台”获取相应链接即可进入开发者后台。

其次，注册开发者账号。注册账号流程同普通网站注册账号流程一致。

最后，验证通过。提交完注册信息，根据提示进入注册邮箱，点击链接验证通过，即可完成开发者账号注册。

2. 签订合同

完成开发者账号注册后，通过渠道方或下载页面获取合同，对双方权责和结算流程等信息进行相关审核后，与渠道方签署合同。

（三）产品上线

签署合同后，App产品就可以最终上线。上线流程一般包含三个阶段，即提交物料、上线审核与检测下载流程，如图8-8所示。

1. 提交物料

App产品上线前，渠道方会要求提供物料需求文档，运营者须根据物料需求

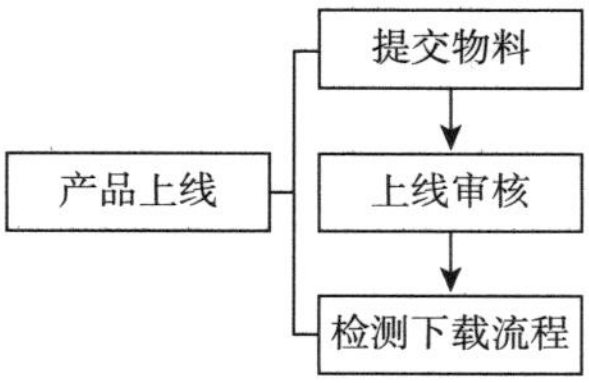

图 8-8　App 产品上线流程

文档准备对应的物料，物料一般包含产品名称、产品信息、产品截图等。

2. 上线审核

提交物料后，渠道方测试人员将对物料及产品进行相关审核和测试，评测级别越高，首次上线提供的资源越好。当然，也存在 App 被拒绝审核的情况。例如，苹果的 App Store 每天会有 40%的 App 被拒审或更新被驳回。如发生此类情况，开发者可以选择上诉，与苹果及时沟通，询问清楚拒审原因，并加以修改。同时，审核时间根据渠道方的不同会有些许差异：安卓应用市场审核一个 App 首次一般在 1~3 天左右，而苹果的 App Store 审核一个 App 首次通常不超过 10 小时。所以，如果是按计划规定上线的产品，一定要给上线审核预留一定的时间。测试通过后，App 即可正式上线。

3. 检测下载流程

App 正式上线后，运营者需对 App 进行实际下载、安装，检测下载流程是否无误、顺畅，以免环节错误，造成巨大损失。

第二节　App 产品运营的策略与方法

App 产品上线达到一定的下载规模之后（通常在 10 万个用户及以上），App 产品推广获取新用户的速度将逐步减缓，每单位投入的资金收获的新用户数量和新交易金额将大量减少。从此阶段开始，基于数据分析的 App 产品运营将比简单粗暴的砸钱推广来得更为有效。

数据分析是 App 运营的“指路明灯”，搭建完善的数据分析框架，可以全面地衡量 App 产品运营的基本情况；而针对不同类型的 App，采用差异化的运营方式，是 App 精细化运营的基本要求。本节将从两个方面共同探讨 App 产品运营的策略与方法。

一、App 产品运营各阶段关注的核心指标

众所周知，没有数据反馈的运营推广，就像一只无头苍蝇到处乱撞。哪类人群是我们的目标用户？App 使用情况如何？哪种推广渠道更好？如何评判 App 的营利能力？这些都需要数据做支撑。数据分析成为产品运营和用户分析常用的一种手段，可以帮助我们进一步对用户进行精细化、差异化运营。那么，在 App 运营各阶段中，哪些数据指标能更好地指导我们工作呢？需要关注的核心数据指标主要包括以下几种。

（一）产品研发期：目标用户画像分析

产品研发期的重点在于通过 App 产品为特定的用户解决某个问题，在这个阶段，运营者需要重点关注的核心指标为目标用户画像，以此精确洞悉用户需求。

目标用户画像主要从三个维度进行考量：人口统计学属性分析、用户个人兴趣分析与用户商业兴趣分析。人口统计学属性分析包括用户性别、年龄、地域、学历、职业、收入、行为等信息；用户个人兴趣分析包括音乐、影视、宠物、运动、旅游等领域；用户商业兴趣分析包括金融、房产、电子产品、汽车等方面。目标用户画像需要进行相关的数据采集来支撑详细有效的画像分析，运营者可以借助第三方的应用监测 SDK 来了解目标用户群体的画像（图 8-9）。

（二）产品内测期：用户规模与参与度分析

产品内测期，最重要的就是监控产品是否能够正常推广。对于运营者来说，需要关注的数据指标为用户规模与参与度，具体指标如下。

1. 用户规模分析

用户规模是一切运营工作的开端和基础，主要包括新增用户指标、活跃用户

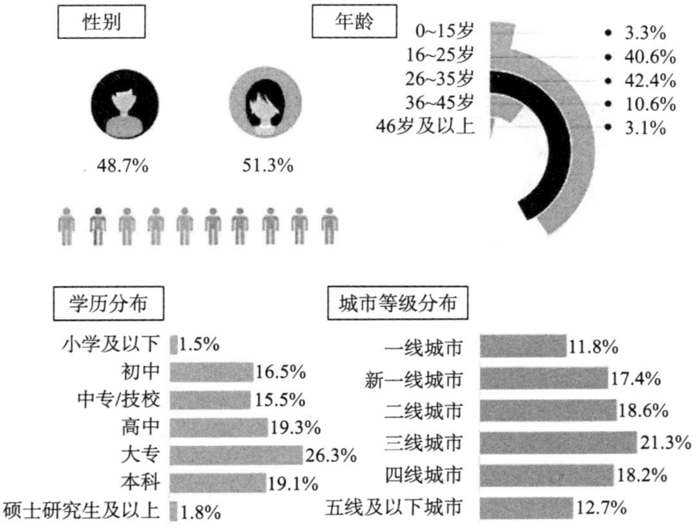

图 8-9 拼多多用户画像分析

资料来源：极光网

指标和留存用户指标。

1）新增用户指标

新增用户，即安装 App 后，首次启动 App 的用户。它是衡量营销推广渠道效果的最基础指标，可以通过关注推广页 UV、注册量、点击率、CAC 等数据来衡量。值得注意的是，如果新增用户占活跃用户的比例过高，就说明 App 的活跃主要依赖于推广拉新；反之，则是 App 促活而成。

2）活跃用户指标

活跃用户，即在某统计周期内启动过 App，且为 App 带来一定价值的用户，一般可以用来衡量 App 的运营现状——很多产品提到用户规模和质量不会简单地看用户总量，还会看它的活跃用户数，活跃用户数越高，则表明产品实际用户规模较大、用户质量较高；反之，则规模越小、质量越低。活跃用户数根据不同统计周期的不同，分为 DAU、WAU、MAU，以此查看整体活跃用户在一定统计周期内的数量及占总用户的比例。不同类型的 App，考核活跃用户的关键绩效指标（key performance indicator，KPI）也不一样。例如，QQ 等社交类 App、今日头条等新闻类 App、抖音等娱乐类 App 是运营者希望用户每天都能启动的 App，所以考核的 KPI 主要是 DAU；而像美柚、大姨妈这类无须天天使用的 App 产品，考核的 KPI 指标则是 MAU。

3）留存用户指标

留存用户，即在安装 App 后，在一定周期内仍打开这个 App 的用户比例。这个指标是验证 App 产品对用户是否具有吸引力的重要依据。留存用户占总用户的百分比越高，说明 App 对用户价值越高，吸引力越大，用户对 App 的使用频率也更高。

2. 参与度分析

参与度分析，即用户持续使用 App 的情况分析，关系着能否将“用户”转化为“客户”，是 App 产品运营中重点分析的指标，主要包括访问页面、用户使用时长、启动次数、使用时间间隔等指标。

1）访问页面指标

主要统计用户从打开 App 到离开 App 整个过程中每一步的访问页面数和页面跳转情况，以便于发现用户体验的问题。

2）用户使用时长指标

主要统计用户在一定周期内从打开 App 到关闭 App 的总时长。这个指标是用来衡量用户活跃度、用户黏性及产品质量的重要指标，可以从人均使用时长、单次使用时长等角度进行分析。

3）启动次数指标

主要统计在某一统计周期内用户启动 App 的次数。

4）使用时间间隔指标

主要统计同一用户相邻两次启动的时间间隔，以便于发现用户体验的问题。

（三）产品成长期：渠道分析

经过产品打磨的初创阶段，产品有了较好的留存率，这时候就需要扩大推广渠道，让更多的人接触到这款 App 产品。在这一阶段，渠道数据是重点关注的核心数据指标。

在 App 推广期间，运营团队会尽量寻找更多的推广渠道进行引流，这时候就要监测哪些渠道的推广效果更好，单价更便宜，用户转化率更高，而哪些渠道的用户流失更快，这些都需要进行渠道数据监控和分析。渠道流量数据的监控和分析是 App 运营成长阶段的重要指标，它可以帮助运营团队评价渠道效果，从而判断渠道的后续表现。当然，如需进一步研究渠道，指标还应包含更多，如判断用户使用行为、用户激活 App 的时间是否正常的指标，以及关键操作活跃量占总活跃量的占比指标等。如果条件允许，还可以针对不同渠道来的用户，提供不同的场景体验。

App 推广渠道包括应用商店、网盟、运营商、积分墙、换量互推、插播广告、刷榜、互联网开放平台推广、社会化媒体渠道、PR 传播等，我们将在第三节对这些推广渠道和方式进行重点分析，在此不展开赘述。

（四）产品成熟期：商业转化率分析

进行 App 产品运营的最终目的就是盈利。产品进入成熟期，用户得到快速增长，产品得以不断完善。此时，运营者需要把关注的重心从前期的新增、活跃、留存用户向中期的商业转化转移，开始探索商业变现路径。

转化率可以反映 App 的营利能力，是产品成熟期运营人员最关心的数据指标。转化率主要统计用户进入下一页面的人数（或页面浏览量）与当前页面的人数（或页面浏览量）的比值，从而确定产品流程的设计和用户体验问题，关注的指标一般有人均购买价格、人均购买次数、付费用户数、付费金额、付费路径转化、CAC、顾客终身价值等。

运营人员可以根据转化率针对性地分析 App 存在的不足、活动策划的投放效果，以提升用户体验和转化效果。

（五）产品衰退期：用户流失与回流分析

任何一个 App 产品都可能有更好的替代品出现，或者有政策/服务等原因出现，导致产品迅速衰退。在产品衰退期，召回流失用户是运营工作中的重要内容，最应关注的核心指标有用户流失率与用户回流率。

用户流失，是相对于活跃用户的概念，指的是曾经注册使用过产品，但由于对产品逐渐失去兴趣而不再使用产品的用户。如果说活跃用户可以用来衡量 App 产品的运营现状，那么流失用户则可以用来分析该 App 产品是否存在被淘汰的风险，用户流失率越高，则 App 被淘汰的风险越大。运营者可以通过“用户回访+数据验证”的方式，明确用户流失的原因，并据此改变产品运营策略，预防用户进一步流失，或促进用户回流。

用户回流，相当于回头客的意思，是指以前使用过产品，过一段时间再次使用该产品的用户。例如，以一周为一个统计期（也可以自己定义统计期），用户已经七天或七天以上未使用产品，即可先认定这部分用户已经流失，而在某一天再次使用该产品，那么，这部分用户就称为回流用户。

运营者最头疼的问题就是召回流失用户，前期运营花费大价钱做渠道拉新，好不容易拉过来的用户，一旦稍有疏忽，如用户体验、售后服务、收益等出现问题，用户就会选择弃用该产品，转投其他竞品。运营者则需要找到这类流失用户，从用户角度出发，给用户一个重新使用该产品的理由，对其进行召回。

二、不同类型 App 产品运营的常见策略

截至 2021 年 6 月，我国国内市场上监测到的 App 数量为 302 万款[①]。如何从浩如烟海的 App 产品中脱颖而出，并成功获得用户青睐？这就需要运营者根据自身产品的不同类型，制定相对应的产品运营策略。

（一）注意力策略

注意力策略，即最大限度地吸引用户的注意力，占用用户时间的策略。选用这种策略的 App 产品一般为娱乐类、社交类、购物类、新闻类等。用户通过这类产品进行娱乐、社交、购物、获取信息和自我表达，运营者可以通过衡量用户使用时长、启动次数、访问页面等指标来查看用户使用习惯和用户体验，以达到获取广告收入、产品推荐和订阅费的目的。以抖音 App 为例，截至 2020 年 1 月，

① 中国互联网络信息中心. 第 48 次《中国互联网络发展状况统计报告》[R]. http://www.cnnic.net.cn/hlwfzyj/hlwxzbg/hlwtjbg/202109/t20210915_71543.htm，2021-09-15.

抖音 DAU 突破 4 亿个，用户每天花在浏览视频上的平均时间为 76 分钟[①]。用户的超强黏性让抖音在商业变现上有了更多的发挥空间。从抖店到火热的网红带货，再到如今逐渐成型的电商生态，抖音通过吸引用户的注意力，抢占用户的碎片化时间，达到了商业变现的最大化。

（二）交易策略

交易策略，即为用户提供购买必需或期望商品，促进用户交易的策略。这种策略主要关注用户的交易数量和消费体验，购物类 App 如淘宝、京东、亚马逊等常采用这种策略。用户在 App 上进行交易，商家可以通过出售广告位、收取会员费用、按需交付服务及接入供应商等获取利益。以阿里巴巴为例，截至 2020 年 3 月 31 日，阿里巴巴数字经济体的全球年度活跃消费者达 9.6 亿个，GMV 达人民币 7.053 万亿元，2020 财年净利润 1 492.63 亿元，成为世界上第一个平台销售过 1 万亿美元的公司[②]。阿里巴巴通过打通线上线下的界限，满足用户的个性化需求，促进了商品销售，为全球电商平台提供了可操作性的商业变现之路。

（三）效率策略

效率策略，即通过提供订阅服务或购买许可，提升用户的工作或生活效率的策略，生活服务类 App 和工具类 App 通常采用这种策略。这种策略主要关注的核心指标为定期执行高价值任务的用户活跃数量，如使用网易邮箱完成一次邮件返送任务的用户数量等。此外，某项功能与用户需求的匹配程度及其创造的价值量，也是此类 App 在运营时需要重点关注的问题，评价该问题的方法是利用活跃百分比，即查看付费使用该功能完成预期任务的用户活跃百分比，如在使用智行火车票 App 时，付费加速抢火车票的用户占总用户的比例。

---

① 抖音日活跃用户数超 4 亿——更多的人，更大的世界[EB/OL]. http://www.xinhuanet.com/info/2020-01/17/c_138712187.htm，2020-01-17.

② IT 之家. 阿里巴巴 2020 财年净利润 1492.63 亿元，交易额破 1 万亿美元[EB/OL]. https://tech.sina.com.cn/digi/2020-05-22/doc-iirczymk3042859.shtml，2020-05-22.

第三节　App 产品推广的渠道和方式

App 产品推广是一个漫长的积累用户的过程，主要出于吸引用户、增加产品的曝光度、为推销产品做转化的目的。目前，做 App 推广越来越难，选择好的推广渠道无疑非常重要。一般说来，App 推广主要分为线上推广和线下推广两个方面，相对应的渠道分别为线上推广渠道和线下推广渠道。

一、线上推广渠道

线上推广是移动互联网时代运营者接触最多的，也是相对较难的一种产品推广方式，它与一个公司的产品质量、推广战略和实力背景密切相关。线上推广渠道主要包含六类，如图 8-10 所示。

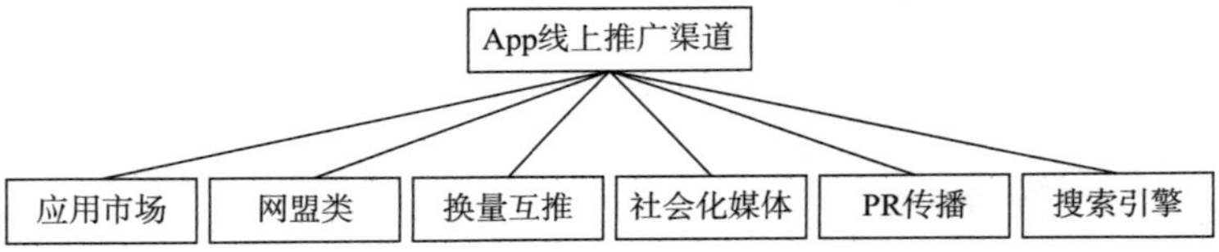

图 8-10　App 线上推广渠道

（一）应用市场渠道

应用市场渠道是 App 产品推广的第一步，同时也是产品初期获得下载的主要来源，App 运营者需要熟悉各应用市场的具体规则。一般来说，应用市场包括以下几类。

1. 手机系统商应用商店

应用商店推广是目前最主要的 App 推广渠道之一。一般大的手机厂商都会在自己品牌手机内预装官方应用商店，如苹果 App Store、华为应用市场（图 8-11）、小米商店、三星应用商店、HTC 市场、OPPO 商店、联想乐商店等。

图 8-11　华为应用市场

2. 第三方应用商店

除手机自带的应用商店之外的，还有第三方应用商店，如安卓市场、应用宝（图 8-12）、360 手机助手等。由于进入市场早、使用方便、下载免费，第三方应用商店受到非常多用户的喜爱，用户积累量较多，是众多 App 流量的入口。不过，各应用商店规则不一，运营者需积累相关经验和技巧。

图 8-12　应用宝

3. 软件下载站

软件下载站是指专门提供软件下载的网站，如天空下载（图 8-13）、中关村下载、太平洋下载等。

图 8-13　天空下载

（二）网盟类渠道

网盟类渠道推广主要依托网络联盟体系，借助互联网大数据分析及投放技术，让 App 产品推广具备超强覆盖能力。网盟类渠道主要包括以下几类。

1. 积分墙

积分墙是指在 App 中内置各种任务，让用户在嵌入积分墙的游戏内通过下载、注册等行为获得虚拟货币奖励。这种推广模式的用户留存率较低，适合知名的大众性 App，常见的积分墙包括微云、点入、有米、爱赚（图 8-14）、万普等。

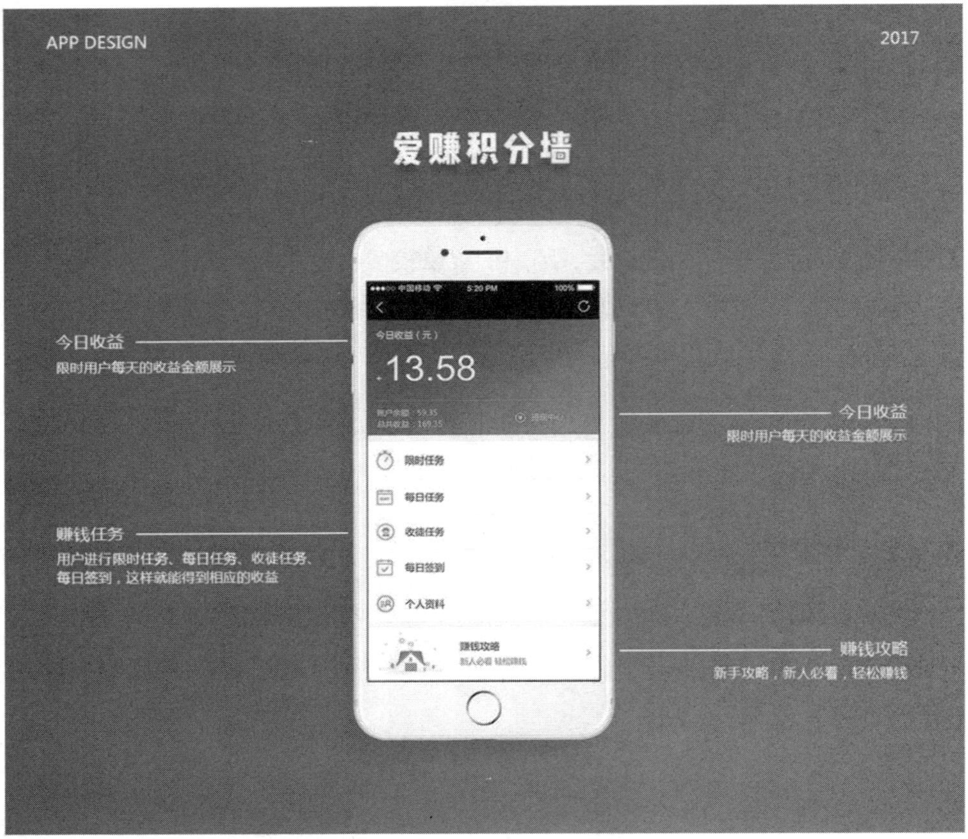

图 8-14　爱赚积分墙

2. 插屏

插屏，即插播广告，是用户使用第三方应用时由动作触发弹出或嵌入的广告页面，以半屏或全屏的形式展示，可以巧妙地避开用户对应用的正常体验，主要按照点击和下载付费。这种推广方式的点击率、用户转换率和曝光率较高，但由于具备“捆绑”性质，用户质量较低。

3. 网盟

网盟，即网站的广告联盟，提供精准投放广告。常见的网盟渠道有百度网盟、360 网盟等。

4. 刷榜

刷榜，即通过付费请水军的方式让自己的 App 在应用市场的排行榜上排名靠前。这种推广方式属于非常规的操作，且价格高昂，但由于可以快速获得用户的关注，很多企业喜欢采用这种方式。

（三）换量互推

换量互推，即 App 之间相互推广，互相置换用户资源。这种推广方式是通过打通 App 数据，获取更为全面的用户信息，并对用户进行更好的个性化推荐。主要方式包括以下两个方面。

1. 应用内互相推荐

这种方式曝光度较大，可以提供不错的下载量，但需要应用以一定的用户量为基础，有内置推荐位的应用可以尝试。

2. 买量换量

如果找不到好的合作方，企业可以选择以买流量、换流量的方式，换取应用商店优质的资源位或折算成现金进行推广，这种方式可以通过应用宝、小米等第三方平台实现。

（四）社会化媒体渠道

社会化媒体是目前十分受欢迎的媒体形态，运用社会化媒体渠道进行推广，可以将应用巧妙地植入可快速传播的文字、图片或视频中，运用软广告的形式带来超高流量。社会化媒体渠道主要包括微博、微信、论坛、贴吧等，这种推广方式只要用得好，转化率将非常高。例如，咪蒙公众号在 2016 年为闲鱼 App 创作的一篇软文，该软文成功地将闲鱼 App 从 App Store 的几十名推到总榜第七名。

如果早点懂得这些道理，我们的人生会少很多遗憾：①你的闲暇决定你的终身；②你的名字很重要；③不要去贪小便宜，你会因小失大；④没有什么身不由己，只是你不够坚持；⑤保持情绪稳定很重要；⑥别急着了解别人，先了解你自己；⑦报考大学，一定要选个大城市；⑧不要仅仅因为学历而去考研；⑨每一天至少做一件有意义的事；⑩青春期绝对不能放任自己丑着。

可能你会说，即使明白这些道理，有些事也改变不了，回不去了啊。没关系啊，你还可以再体验一次人生啊。闲鱼 App 发起一个很有创意的活动，叫“第二人生体验券”。

想体验未知的人生，想去没有去过的地方，甚至很想可以过一次别人的生活，那就扫描二维码，下载闲鱼 App 去看看吧。

——咪蒙公众号为闲鱼 App 写的软文选段《如果可以回到 10 年前，你想改变什么？》

（五）PR 传播渠道

PR 传播，即通过品牌营销提升产品下载量的推广方式。App 推广也属于品牌营销的一部分，需要通过多种渠道的曝光让用户产生兴趣。PR 传播分为媒体供稿和营销传播，媒体供稿如 36 氪、虎嗅、创业邦等在内的科技类媒体，以及一些垂直类媒体和应用类媒体所提供的稿件；营销传播则包含一些线上线下活动。

（六）搜索引擎渠道

搜索引擎推广，即通过 SEO、排名等方式，在搜索引擎的结果页面获得较高排名的推广手段，如百度的竞价排名。这种推广方式对 PC 端应用具有非常重要的作用，搜索引擎是 PC 端应用的重要入口，在应用分发上占有超高分发量，企业可以通过优化搜索排名让用户优先发现自己，并通过点击进入相关网站或页面，以此带来用户流量。不过在移动互联网时代，由于各类应用商店率先抢占了 App 分发市场，以此带来用户行为习惯的改变，导致搜索引擎的重要性逐渐下降。

二、线下推广渠道

随着移动互联网线上渠道竞争越来越大，流量越来越贵，很多企业因无法支付高昂的费用进行线上买量，便逐渐把推广重心转移到了线下，线下推广渠道越来越受到重视。App 线下推广渠道主要包括七类，如图 8–15 所示。

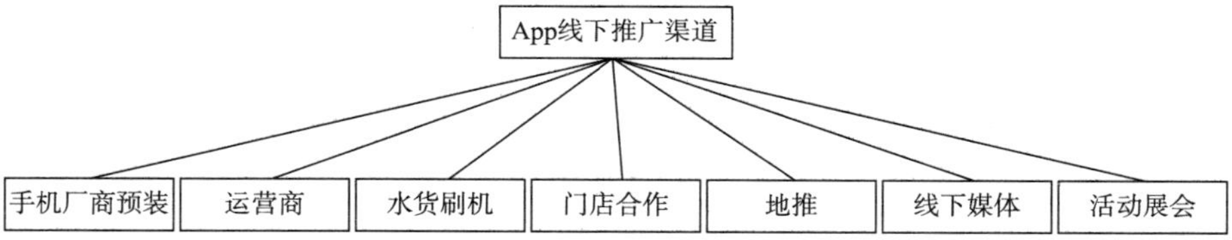

图 8-15 App 线下推广渠道

（一）手机厂商预装渠道

手机厂商预装，即 App 推广商花钱与手机厂商合作，在手机刚生产出来还未面向市场销售的时候，进行应用预装。这种推广方式用户转化率高，一旦预装达到一定的数量，其 App 被推广的机会将大大提高，特别对于一些大的手机厂商，能在其操作系统内植入相应的 App 就能实现最大限度的 App 推广，这种推广力度甚至会远高于一些线上推广效果。因此，手机厂商预装推广是最直接发展用户的一种方式，成为每个应用推广商都想抓住的最有效的渠道之一。

不过，这种推广渠道也存在一定的不足。例如，推广成本太高。手机预装 App 的推广费用往往较高，而且需要一次性付全款，这对于一般的 App 推广商来说压力太大。此外，手机 App 在预装成功后，从通过测试到试产、量产、销售，最后再到用户手中，往往需要较长时间，效果不能立刻反映出来。而且手机厂商机型众多，App 推广商需针对不同的硬件配置进行适配，这些都增加了操作难度。

手机厂商预装 App 有利又有弊，App 推广方需结合自身实力及产品特点决定是否选择该推广方式。

（二）运营商渠道

运营商渠道，主要是指通过中国移动、中国联通、中国电信这三大运营商进行 App 推广。由于运营商的用户基数大，销售能力强，运用这种推广方式可以借助于第三方的力量达到推广的目的，效果不错。而且，有些运营商通常会有一些定制机，此类手机会植入一些运营商的拓展业务和服务项目，App 推广商也可以充分利用这一渠道进行推广。

不过，由于运营商推广合作周期较长，且受政策变更与组织机构调整的影响较大，具备一定的风险性。

（三）水货刷机渠道

水货刷机是早期线下推广运用最广泛的一种方式，指的是给一些非正常渠道购买的手机重装系统。这种推广方式具有起量快——一般 2~4 天就能看到刷机用户，数量大——一般一天可以刷几万台的优势。但这种推广方式的弊端也十分明显，如推广成本高、用户质量差、重刷现象严重、刷机覆盖率较高、不便于监控等。

鉴于目前购买国外“水货”手机的用户越来越少，水货刷机渠道正逐步退出市场。

（四）门店合作渠道

门店合作，即与各手机售卖店展开合作进行 App 推广，具有成本低，用户质量较高，用户转换率较高的优势。不过，由于市面上门店众多，需要制定完善的培训系统以保证店员能积极推广 App。

（五）地推渠道

地推主要是在人流相对密集的地方，如市中心、机场、火车站、大的商圈等，派发传单或下载送礼品，用户质量较高。

（六）线下媒体渠道

线下媒体推广主要是指借助电视、报纸、电台及一些户外媒体进行广告宣传，如图 8-16 所示。

图 8-16　抖音 App 户外媒体推广

资料来源：机器头条新闻

（七）活动展会渠道

活动展会推广，即在一些会议、活动、展会上进行 App 推广，这种推广方式针对性较强，对于一些垂直细分类的 App 来说，效果往往会不错。采用的方式通常为分发名片、制作宣传名册、提供赞助等，如图 8-17 所示。

图 8-17　快手 App 展会推广

资料来源：机器头条新闻

除了以上这些线上及线下推广渠道，企业做 App 推广还可以选择一些小众渠道，如网吧渠道、政府项目、地区渠道及新兴的大数据运营商渠道等，这些渠道也许看上去比较偏门，但实际推广效果十分不错，运营者可以按实际需要选择尝试。

第四节　App 产品运营的难点与趋势

近年来，App 产品运营呈现出竞争激烈、成本升高等特点。如今，几乎每个

App 运营人员都在感叹：做 App 运营推广越来越难了。那么，App 运营究竟难在哪里？新技术的变革能否为 App 运营带来新的机遇？App 运营的未来发展又将会是什么样的？基于此，本节我们将对 App 产品运营的难点与未来发展趋势展开探讨。

一、App 运营的难点

如今市面上 App 产品越来越多，用户需求也越来越多样化，成功运营一款 App 变得十分困难。App 的运营推广与一个公司的产品质量、团队实力、资源、成本等有很大关系，若想运营好一款 App，运营人员必须克服五大难题，如图 8-18 所示。

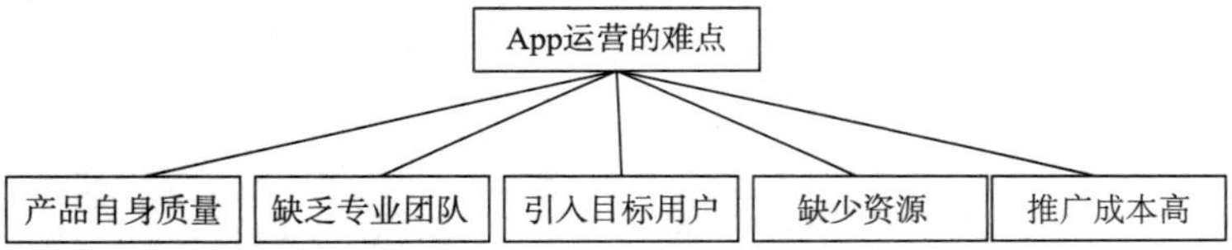

图 8-18 App 运营的难点

（一）产品自身质量

App 的普及度和用户的留存率、活跃度皆取决于 App 产品自身的功能开发与实用程度。目前，除去一些专业的互联网团队开发 App 之外，还有很多 App 是由外包团队或程序一键生成的，有时几天甚至几分钟就能生成一个 App，以达到企业快速变现的目的。App 生成速度加快，导致部分 App 质量低劣，用户体验差，市场需求低，有些 App 甚至还出现无法兼容用户手机、安装失败等质量问题，此时即使运用再高超的运营技巧也无法吸引和留存用户。例如，App 的兼容性和适用性问题，很多开发公司开发 App 并不考虑产品的适用性和兼容性，随便拿几台手机测试一下，就完成了产品的研发过程。结果在运营推广时，发现很多手机并不兼容，或者根本不满足目标用户的使用需求，这样就无形中切断了该产品的发展空间。所以，运营好一款 App 的基础是产品的质量要过关。

同时，运营人员也要对产品的定位、所有功能、目标人群、目标市场等方面有清晰的把握，讲究细节，注重用户体验，这样方向才不会产生偏移，才能保证App 产品运营能够有的放矢。

（二）缺乏专业团队

一款 App 产品研发后，能否顺利对接市场和成功运营推广是需要一个专业、坚实的运营团队的。很多企业由于缺乏专业的运营人才，在 App 运营中缺少对产品整体的运营规划和推广方向，使得很多优秀的、市场需求量较大的产品没法顺利送至目标用户手中，造成企业的经济损失。

目前整个 App 市场都存在专业人才引进困难的问题，究其原因主要在于很多企业对运营行情缺乏了解，低估了运营人员的专业价值，都想以最低的价格招到优秀的人才。然而，现今 App 市场如此火爆，专业人才需求量极大，想要便宜地招聘到人才是不切实际的。所以，企业要想对产品进行成功的运营推广，必须重视运营人员，打造专业的运营团队。

（三）引入目标用户

引入目标用户是产品运营的重要基本功。在 App 行业发展初期，企业只要根据用户需求垂直化、细分化的特点，满足目标用户的个性化需求，都能轻松引进目标用户，快速获得流量。然而，随着 App 产品的层出不穷，想要在 App 创业红海中分一杯羹的企业越来越多，App 细分市场逐渐成熟，受众对 App 的质量和功能要求越来越高，更换 App 的使用成本和用户疲劳使得下载新 App 的人越来越少，引进目标用户变得十分困难。运营人员可以针对目标用户进行有侧重的运营，要么给予经济收益，要么给予个人品牌，关注用户的操作数据和情感感受，争取引进和留下目标用户。

（四）缺少资源

这里的资源主要是指 App 运营团队在运营推广过程中掌握的流量资源、媒体资源或良好的人脉资源。App 在运营推广的过程中，需要大量的流量资源进行产品推广，需要与各类渠道进行沟通对接、商业合作，这就要求运营者能掌握良好的资源，依靠优质的资源达到低成本推广的目的。然而，对于一些小的企业，如果没有任何资源积累，要想运营推广好一个 App 将变得异常困难。

（五）推广成本高

目前国内很多 App 应用市场都可以免费上传 App，但如果 App 开发商想要获得更好的推荐效果，还是需要花钱做推广。然而，当前市场流量入口几乎都被腾讯、今日头条等巨头封锁，互联网流量越来越贵，用户需求密集之后，厂商的竞价成本也水涨船高，增加了 App 推广运营的成本。

二、App 产品运营的未来发展趋势

面对艰难的市场运营环境，App 产品运营在未来必然会做出一定的调整。下面我们将从渠道、技术、用户及运营者等四个方面，对 App 产品运营的未来发展提出一些预测和建议，希望能为相关从业者带来一定的启发。

首先，App 运营逐渐向渠道运营及智能化方面靠拢。现如今，大多数用户对常用 App 已形成黏性，用户疲劳和更换 App 的使用成本使 App 下载量逐年递减，手机厂商预装市场分发优势愈发明显，以华为、OPPO、vivo、小米为主的国内安卓厂商商店，在用户质量及分发量级上都具有明显优势，渠道运营在运营工作中所占比重越来越大。运营者需根据渠道特点及其用户特性选择相匹配的渠道，从控制成本角度出发，优化素材，理性出价。

随着 AI 的发展，App 运营推广也逐渐向智能化靠拢。丰富的数据、应用程序编程（application program interface，API）接口的开放及明确的规则，都为 App 智能化应用提供了可能。未来，App 产品运营推广领域遇到的最大机遇和挑战，将会是 AI。

其次，未来渠道形式会逐渐向信息流、需求方（demand side platform，DSP）聚合靠拢，超级 App 的信息流将成为各 App 提供商维护的渠道重点。App 推广市场正经历快速转型，积分墙、搜索引擎等渠道正在走下坡路，而像信息流广告和社会化媒体等流量渠道则得到爆发式增长。此外，鉴于近年来流量入口越来越

集中，App 产品运营者对于花钱买流量、烧钱换市场份额的行为也会越来越趋于理性。

再次，用户向下沉市场倾斜。2019 年，极速版应用全面暴发，QQ、抖音、今日头条、爱奇艺等各类 App 头部玩家纷纷入局，上线了自己的极速版产品。极速版 App 逐渐成为头部应用的标配。

极速版应用的特点：内存小、量级轻、运行速度快、功能简单，能够适配配置较低的终端设备，满足了下沉市场用户的消费需求。下沉市场，即企业的产品或品牌向三线以下城镇与农村地区拓展，是产品由高端向低端发展的一种说法。在一二线城市 App 产品红利触顶、营收乏力的当下，下沉市场庞大的人口基数给 App 运营推广提供了一个庞大的增量用户池。相比一二线城市用户，下沉用户收入普遍不高，终端设备配置较低，拥有更多的闲暇时间刷手机，且对于现金奖励、价格更加敏感，极速版 App 的出现正好可以满足这一用户群体的需求，同时也预示着未来 App 的用户运营将朝着下沉市场倾斜。

最后，行业对运营者专业能力要求越来越高。对 App 产品运营者来说，简单的日常运营、渠道对接等能力，已不再满足行业快速发展的需求，因为这些工作都逐渐标准化，对从业者要求较低；从前粗放式的投放模式也逐渐转向以数据主导的精细化运营。这就要求运营者在未来更加突出数据分析能力和文案推广能力，以海量的数据为基础，运用优秀的文案，花最少的钱引来更多的用户。

第九章　自媒体运营

自媒体是基于新媒体衍生出的一种新的媒体形态，它打破了过去传统媒体信息传播的主导权，让每一个普通用户都拥有了自主传播信息的权利，成为当下人们获取信息、表达情感、彰显个性的重要渠道。在“人人都是自媒体”的热潮中，一些传播主体不再满足于自媒体单纯的信息共享功能，开始将自媒体的触角延伸至商业领域，利用自媒体实现盈利已成为常态，自媒体运营也逐渐成为企业运作的战略性环节。不过，在自媒体蓬勃发展的同时，内容质量良莠不齐、商业价值难以有效变现等问题也渐渐暴露出来，加强自媒体管理的呼声越来越高。基于此，本章将在厘清当前媒介环境的前提下，简单介绍自媒体运营的基本概念、原则，详细分析自媒体运营的方式与盈利模式，重点剖析自媒体运营存在的困境，并探讨自媒体运营管理的具体方案，同时对自媒体运营的未来发展趋势进行预测和展望。

第一节　自媒体运营概述

自媒体是大众传媒和数字化网络技术发展的重要成果，更是新时期数字媒体发展过程中最耀眼的存在。尽管“自媒体”如今已成为一个热词，但对于究竟什么是自媒体，什么是自媒体运营，无论是学界还是业界，都尚未达成共识。对自媒体进行运营需要构建在对其相关概念与特征的理解之上，本节我们将对自媒体、自媒体运营、自媒体的特征与常见形态进行简单的梳理与介绍。

一、自媒体运营的概念

自媒体（we media）作为一个舶来词，是中国学者在分析博客发展时引进的一个新概念。最早提出自媒体概念的学者为美国的丹·吉尔默。吉尔默于2001年9月在博客上提出“新闻媒介3.0”的概念，即以大家熟知的报纸、杂志、广播、电视等传统媒介为代表的新闻媒介1.0；互联网出现之后受众接受新闻的途径向计算机等新工具转移的新闻媒介2.0；以博客为代表，受众全面参与的新闻媒介3.0。2002年，吉尔默进一步对“新闻媒介3.0”做了阐释，将其定义为“we media”，有“草根媒体”“个人媒体”“共享媒体”之意，国内一般翻译为“自媒体”。自媒体在学界至今没有明确的定义，目前比较权威的说法由谢因·波曼与克里斯·威理斯两人联合提出：“we media 是一个普通市民经过数字科技与全球知识体系相连，提供并分享他们真实看法、自身新闻的途径。”[①]自媒体，即每个人都是自己的媒体，大众成为新闻信息的“自我言说”者。狭义的自媒体是指以个人为单位，拥有独立自媒体账号的新闻信息创作和传播媒体；广义的自媒体则是指依托于互联网技术，区别于传统媒体及新媒体，大众可以自主发布信息、自我表达的一种个性化新型媒体。值得注意的是，这里的“大众”，不仅包含普通个人，还包含区别于第三方的“自我言说”者，如企业微博、微信公众号等。

在数字化时代，自媒体兼具媒介功能与商业属性，自媒体的运营显得尤为重要。自媒体运营，指的是借助互联网技术，以内容为核心手段，利用各类平台进行内容传播、产品推广及服务宣传等，以达到营利的目的。按照运营对象进行划分，自媒体运营主要分为内容运营、用户运营、活动运营和产品运营。其中，内容运营是自媒体运营的核心，解决的是与内容相关的生产与传播问题。用户运营是以用户为中心的运营手段，通过对用户数据的监控与分析，细分用户群，分析他们的需求，并分群推送差异化内容，提升用户的黏性。活动运营是自媒体运营

---

① Wills C，Bowman S. We media[J]. The American Press Institute Thinking Paper，2003，（7）：25.

最基本的日常，通过线上线下活动，达到拉新、促活与留存用户的目的。自媒体日常活动运营方式主要有游戏互动抽奖、红包大抽奖、投票评比活动、征文征稿故事活动、有奖调研、问答活动、用户访谈活动等。产品运营是围绕产品生命周期进行的针对性运营手段，通过对产品、竞争对手、消费者、平台等的调查与分析，针对性地提出产品运营策略，将产品做到利益最大化。

二、自媒体的本体特征

与传统的精英媒体、大众媒体相比，自媒体在传播主体、传播内容、传播手段上都出现了颠覆性的革新。了解自媒体的本体特征，将有助于对自媒体展开针对性的运营。从传播主体、传播内容、传播手段三方面看，自媒体具备以下特征。

（一）传播主体：平民化、个性化、自主化

在传统新闻环境下，新闻信息采集、报道与传播往往需要经过一系列严格的操作，配合层层的把关和监督，以确保新闻信息的准确性与专业性，新闻从业者也主要由受过专业训练的媒体人担任。而在自媒体环境下，新闻报道和传播的主体变得更加多元化，并非只有专业的媒体人才拥有发布信息的权利，每一个普通大众都掌握着信息发布与传播的主动权，可以在自媒体平台上随时随地分享自己的见闻，随心所欲地表现自我、张扬个性，喻国明教授曾形象地将其描述为“全民 DIY”[①]。自媒体成为一个全民狂欢的平台，极大地调动了大众的参与性。

（二）传播内容：多样化、碎片化

如今，媒体的受众群逐渐呈现出分众化的趋势，只传达一种声音已经远远不能满足受众的不同需求。由于自媒体发布者本来就来自不同背景、不同身份、不同年龄段，发布的内容自然包罗万象、丰富多样，既可以是发布者个人的内心想法、人生感悟，也可以是对某些社会问题、文化现象的看法；既可以是身边发生

---

① 喻国明. 解读当前中国传媒发展关键词[EB/OL]. http://www.kankan.cn/SupertLibtary/FreeArticle.asp? AID=11825, 2006-10-11. DIY：do it yourself，自己动手制作。

的某一件小事，也可以是自己感兴趣的政治、经济和娱乐信息。由此构成了自媒体传播内容的多样化特征，满足了不同受众群体的差异化需求。

海量的信息，也形成了传播内容的碎片化趋势。在自媒体平台上发布的内容几乎都是简短、琐碎的内容，是一种生活化、碎片化的表达。在提倡快节奏和信息爆炸的消费时代，这种碎片化的话语表达方式简洁明了，符合现代人的审美特性，大大节约了人们的时间成本。

（三）传播手段：操作简单、交互性强

相比于电视、报纸这样的传统媒体，自媒体的准入门槛非常低，操作也十分简单。在自媒体平台上，只需注册一个用户，就可以在网上发布文字、图片、视频或者音频，与他人分享，没有什么投入，也不需要专业的知识和技术，几乎是“零”准入门槛。

自媒体还具备较强的交互性。交互性，即用户之间进行的多向的交流与互动。在自媒体时代，当新闻发生时，作为普通大众，我们不仅能够被动接收信息，还可以借助自媒体针对性地对信息进行评论与转发。2021 年 10 月 1 日，人民日报在微博发起#牛年诞生的新中国生日快乐#的话题接力，该话题一经发布，便迅速收获网友的疯狂点赞和转发，转发量高达 212 万次，在留言区也随处可见网友们对祖国诞辰的美好祝福，这种极强的交互性是任何传统媒体都无法比拟的。

三、自媒体的常见形态

随着自媒体的发展，自媒体的类型越来越多样化。根据使用媒介的不同，自媒体可分为博客、播客、微博、微信、SNS 网站等；根据组织结构的不同，自媒体可分为由个人运营的自媒体和由组织团队运营的自媒体；根据使用目的的不同，自媒体可分为以社交为目的的自媒体、由产业链延伸形成的自媒体及以创建新经济为目的的自媒体。不过，不管以何种方式进行分类，自媒体的常见形态主要表现为以下几种：图文自媒体、视频自媒体、音频自媒体、直播自媒体和自媒体矩阵。不同的自媒体形态，有着不同的运营玩法。

（一）图文自媒体

图文自媒体，是自媒体最常见的一种形态，主要是指以图片、文字或“图片+文字”的形式作为信息传播载体的网络媒介，可分为文章类、图集类、问答类、微头条类等。相比于其他几种自媒体形态，图文自媒体操作更简便，创作成本更低，打开速度更快，但对创作者文字功底的要求也更高。

（二）视频自媒体

视频自媒体，是指以视频为主要信息载体的网络传播媒介，有长视频和短视频之分。长视频一般是指时长在 30 分钟以上的视频内容，内容生产以 PGC 模式为主；短视频则是指时长短则几秒，长则 20 分钟，主要通过移动智能终端传播，可在社交媒体平台实时分享的新型视频形式，内容生产以 UGC 模式为主，辅以 PGC 模式，是目前视频自媒体的主流。视频自媒体的特点包括：①技术简化、形式多样、个性化突出；②轻松娱乐为主基调；③分享社交化。

（三）音频自媒体

音频自媒体作为传统广播和互联网技术的共同产物，是指依托互联网平台，以声音作为信息传播载体，以一定主题播出的音频节目。它突破了传统媒体点对多的传播限制，传播模式从以传者为中心转变为以用户为中心，提升了用户的互动性和主动性，成为众多受众收听音频或广播的主要方式。音频自媒体在内容生产和传播过程中具备以下几个特点：①伴听性极强；②内容的私人定制化；③听众的聚合与细分；④有亲和力的表达方式。

（四）直播自媒体

近年来，网络直播以疯狂增长的速度迅速发展成为一种新的互联网文化产业，万达、腾讯、小米等行业巨头纷纷加入直播领域，直播平台如斗鱼、花椒、虎牙、丫丫等也如雨后春笋般接连出现，用户规模达 6.38 亿个[①]，“全民直播”渐成趋

① 中国互联网络信息中心. 第 48 次《中国互联网络发展状况统计报告》[R]. http://www.cnnic.net.cn/hlwfzyj/hlwxzbg/hlwtjbg/202109/t20210915_71543.htm，2021-09-15.

势。直播自媒体，即基于网络流媒体技术，以视频、图文、音频等形式为信息载体，对现场进行实时信息发布的网络传播媒介。从内容上可分为电商直播、演艺直播、电子竞技直播、体育竞赛直播、活动直播、旅游直播等。直播自媒体的特征：①实时性；②现场感；③商业化；④用户复杂多元。

（五）自媒体矩阵

矩阵，属于数学领域的概念，常见于高等代数学和统计分析学中，后被引申运用到多种情境之中。自媒体矩阵，是指多个自媒体平台有机组合在一起进行内容分发的自媒体综合布局网络。多个自媒体平台通过集群展示，为同一个公司或个人服务，既可以扩大自身在这些平台上的影响力，也可以帮助有需要的用户快速找到自己感兴趣的内容。因此，自媒体矩阵的本质就是通过优化信息传播渠道，组合最佳媒介传播形式，通过差异化定位和市场细分，满足不同用户的需求，从而为企业或个人获取最大的收益。自媒体矩阵的特征包括：①多平台；②多形式；③统一的目标；④主题、风格多样化。

第二节　自媒体运营的优势与原则

自媒体运营是一项庞大且繁杂的系统工程，融合了内容策划、用户经营、活动推广、数据分析及公关等多种技巧，需要强大的运营功底。了解自媒体运营的优势与原则，是开展自媒体运营工作的前提与基础。

一、自媒体运营的优势

自媒体“自”的属性决定了它在运营上有着其他数字媒体所不具备的独特优势，结合这种优势去做运营往往会达到事半功倍的效果。

（一）内容输出形式多元化

自媒体内容输出的优势在于其多元化的表现形式。结合图片、文字、视频、音频、漫画、H5 等自媒体形式，可以让内容的感染力更强、更具有表现力和个性。

因此，选择合适的内容输出形式，满足用户的不同需求是自媒体内容创作的重要一环，运营者需要充分了解自媒体不同的形态特征，完成内容的多样化表达。

（二）流量优势，塑造个人 IP

IP，是一种个性化的品牌形象。对于自媒体而言，IP 是品牌建设中的重要环节，可以充分利用自媒体的流量优势打造个人 IP，通过持续性的价值输出，不断发射信号，吸引同类，占领受众心智，形成深刻的品牌印象。在自媒体上打造个人 IP，可以结合用户定位，选择自己性格里最为突出、最能够引爆观众反应的一个点，专注运营这一点，深耕自己擅长的领域，发挥自己的人格魅力，让价值主张和自己的 IP 形象相呼应，形成个人的品牌优势和稀缺性。

2014 年，头顶一撮发，面带大胡茬，嘴角邪魅一笑的“同道大叔”，因发布一系列星座吐槽漫画开始在自媒体平台上走红（图 9-1）。幽默的吐槽方式和风趣的漫画风格是同道大叔的个人标签。目前，同道大叔全网坐拥超 6 000 万个粉丝，由一个纯粹的图文漫画网生内容走向了以 IP 为核心，兼顾新媒体广告、授权、品牌和电商的综合性国民级品牌，以迅雷不及掩耳之势在星座 IP 文化领域撕开了一道口子，成为商业市场上最热门的 IP。2019 年 8 月 21 日，同道大叔获“年度十大最具商业价值动漫 IP”奖项。

图 9-1　同道大叔星座漫画

（三）渠道下沉，离用户更近

自媒体内容从生产到发布有时不过短短几分钟的时间，可供选择的推广渠道也十分丰富，包括微博、公众号、头条号、抖音、快手等，传播渠道更加下沉，也更加容易触达受众，让内容生产者不再受限，表达更加便捷、灵活。

同时，自媒体给大众提供了一个表达观点、展现自我的平台，在这个平台上，用户的声音可以直接被企业或品牌“听”到，两者可以在平等的空间里直接展开对话，相互沟通，拉近了企业与用户的距离。

（四）粉丝能量大，购买力强

自媒体打造的是粉丝经济，通过将用户培养成忠实的粉丝，就像米粉（小米手机的粉丝）、果粉（苹果手机的粉丝）一样，再利用粉丝的忠诚度和超强战斗力制造流量，将产品打造成爆款，牟取暴利。所以，做自媒体运营，只需要服务好核心用户，提高其满意度，顺利将其转化为粉丝，从而创造更大的收益。

吴晓波，被誉为国内最出色的财经作家。凭借着出色的名校背景和媒体经历，吴晓波很快在自媒体时代脱颖而出，以他名字命名的公众号“吴晓波频道”曾坐拥 350 万个核心粉丝，得到了喜马拉雅和爱奇艺两大平台的倾力支持。2020 年 6月 29 日，吴晓波在微博和淘宝开启了电商直播首秀。从数据来看，这场直播吸引了 870 万人次前来观看，最高在线人数超过 4 万人，总交易额达到 5 216 万元，在微博上的话题阅读量超过了 5 400 万个，讨论量 1.1 万个，实现了品牌方、平台方、带货主播及团队、消费者多方共赢的局面。这场直播的成功离不开吴晓波作为财经类垂直领域大 V 的粉丝转化能力。

（五）资源多，成本低

自媒体拥有超强的资源优势，如网络资源、广告资源、流量资源、粉丝资源等，做自媒体运营，可以充分利用这些资源优势对内容、产品、品牌等进行推广，吸引用户的注意力，提高品牌的知名度。例如，今日头条、百家号、微信公众号这些自媒体平台推广引流的优势就非常明显，因为它们本身就自带超高流量，拥有非常多的用户，内容创作者只需要在平台上投放内容，平台的推荐机制就会将他们的内容推荐到目标用户那里。一篇好的内容或一个权重较高的账号短时间内会获取超高流量，这可以说是自媒体平台最大的一个好处了。

此外，自媒体虽然渠道广、资源多，但运营几乎不需要什么成本。目前绝大多数自媒体平台都是免费开放给受众，用户只需要注册平台账号就可以开启运营模式，相比传统媒体的推广，自媒体推广成本更低，渠道更广。

二、自媒体运营的原则

如今，有越来越多的人开始做自媒体，但其实很多人根本不懂自媒体，以为做自媒体只是简单地在公众号发发视频、写写文章就可以了，不过事实真是如此吗？在互联网信息高度发达的今天，做自媒体更需要在各环节把握好相关原则，让内容创作与用户经营更加有的放矢。在自媒体运营中，需遵循以下几类原则。

（一）定位原则

做自媒体，第一步就是要清晰自己的定位，明确自己运营自媒体的目的。在运营之初，如果没有考虑好自己的定位，就有可能会造成内容无法持续更新，运营半途而废的状况发生；反之，如果定位清晰明了，就会有运营的方向持续做下去，才会有可能在自媒体大军中脱颖而出。简单来说，做定位需要想清楚四个问题。

（1）我是谁？即明确自己的自媒体身份，是学生、创业者、明星、时尚达人、音乐人还是其他？

（2）我的目标受众是谁？做自媒体，最关键的还是要经营好粉丝，不断获得更多粉丝的支持。因此，在定位时，就要考虑清楚目标受众到底是谁。目标受众的确立可以通过建立用户画像的方式来完成。

（3）我能为用户提供什么垂直内容？很多自媒体为了吸引更多用户，做内容喜欢追求面面俱到，什么内容都做，什么领域都涉及，这样，反而不容易被用户记住。所以，做自媒体就需要在一个自己感兴趣且擅长的领域做垂直内容，将其做深、做透。

（4）这些内容对用户有什么价值？为用户创造价值是自媒体长期存在的动因，也是用户选择自媒体的根本原因。或能为用户答疑解惑、增加知识，或能让其在精神上缓解焦虑、收获快乐，或能助其在物质上增加财富、收获名望，这些都是一种价值。

（二）互动原则

运营自媒体，想要维持粉丝活跃度，扩大影响力，就需要与粉丝多互动、多分享。互动的本质是增加曝光度、增强粉丝黏性，在自媒体上与粉丝进行互动，不仅是回复评论、开展活动那么简单，更重要的是要让粉丝们真真切切感受到你这个人，是你在与粉丝进行互动交流，不是某个企业，也不是某台机器。在互动时，运营者需注意以下四个方面。

（1）积极响应。积极是进行自媒体互动的基本要求，运营者面对网友与粉丝的交流、鼓励或质疑时，需积极响应，尽可能地给予答复。

（2）以诚相待。自媒体的互动在某种意义上也是人与人之间的交往，交往则必须以诚相待，即使是互联网上隔着屏幕互不相识的陌生人，也应如此。

（3）平等互动。在自媒体平台上，无论身份高低，财富多寡，权力大小，只要有表达、有观点，每个人都是平等的，都值得交流互动。运营者在互动时，应以一种平等的姿态进行，不可以凌驾于粉丝之上。

（4）注重礼仪。礼仪表现了一个人的气度与修养，在互动时，运营者要注重礼仪，表达不可太过随意，更不可说脏话，发表不当言论，既做到不卑不亢，又做到有礼有节，保持良好的互动气氛。

（三）真诚原则

自媒体的交流与互动都应该建立在真诚的基础之上，双方以诚相待，既不卖关子，也不摆架子，以一种平等的态度形成一种坦诚的关系。当然，真诚不仅仅是态度上的真诚，更包括内容上的真诚，即内容的真实性。在网民整体社会责任意识不强的现实情况之下，自媒体信息发布门槛的降低，传播方式的改变，一方面大大丰富了互联网的信息量，提高了公民的话语权；另一方面也造成虚假信息大行其道，混淆了受众的视听，扰乱了互联网正常传播秩序。因此，不论是企业还是个人，在自媒体上发布信息，都必须力求真实、准确、客观，内容追求原创，严禁搬运和抄袭，如有引用，要注明出处。只有态度和内容上保持真诚，才能收获粉丝的好感与追随。

（四）趣味性原则

内容的真实客观并不影响其趣味性的表达与呈现，做自媒体内容，应该注重趣味性，让用户感到有趣，调动他们的参与热情，如在自媒体上发布一些好玩的内容、策划一些有趣的活动等。

图 9-2 “国资小新”公益挑战

资料来源：澎湃新闻

国资小新，是国务院国有资产监督管理委员会（简称国资委）新闻中心的抖音账号，在其发布的第一条抖音视频里，发起了一项公益挑战（图 9-2），号召网友们利用身体部位的变身结合儿时歌曲，寻找“新”童趣，挑战获赞前 610 名将获得助学物资的署名权，所有助学用品将分发至山区留守儿童的手中。视频里，国资委新闻中心主任毛一翔亲自出镜“变身”小玩偶，甚至还用到了《美少女战士》变身时的背景音乐和剪辑手法。这起严肃卖萌事件，让网友们纷纷惊喜点赞：“这才是官媒的正确打开方式啊，能跟大家乐在一起，说些老百姓能看懂的话，比心。”短短几个小时，这项“biu，回到童年！”的公益挑战就吸引了超过 8 万个用户参与，视频播放量破两百万次，并获得超 11 万次点赞、15 万个粉丝关注。

（五）持续性原则

无论做什么事，都贵在坚持。自媒体用户的增长不是一蹴而就的，要想获得更多的用户，只能依靠持续更新高质量的内容，不断组织有创意的活动，不要断更，连续发布，久而久之，用户就会对你的账号有潜意识的认知，习惯性地打开你的账号查看更新，这样不仅能稳固老用户，更能通过持续不断的高质量内容输出获得新用户的稳定增长，进一步扩大自媒体的影响力。千万不能因为前期运营看不到太多的收益，而放弃希望停更，这样只会错失更多的机会。

持续更新内容，除去态度上的坚持，从行动上细化下来就是如何寻找选题。一个好的选题是成功的一半，不过每期都能找到不同的好选题显然有点困难，运营者需要学会从同一个选题中选择独特的角度，制造爆款。寻找选题有以下三种途径：①平时积累；②热点话题；③粉丝需求。

第三节　自媒体运营的方式与盈利模式

数字媒体运营是一个有计划、有组织，与用户、产品、服务紧密相连的管理过程。自媒体发展至今已趋向组织化、规模化，并从实践中不断总结出一套独特的运营方式与盈利模式，这种运营方式和盈利模式都充分发挥了自媒体“自”的属性，突出了其个性化和互动性的特点。

一、自媒体的运营方式

人人都在做自媒体，但并非人人都能做好自媒体。运营一个自媒体看似没有门槛，但是想要通过自媒体达到盈利的效果，却也并非易事。我们可以通过人格化、垂直化、专业化运营，塑造良好的自媒体形象；以内容为核心，大力发展社群，增强用户黏性；通过多平台联动式运营，进一步扩大品牌的影响力。

（一）人格化运营

在“新闻媒介 3.0”时代，信息传播不再是“少对多”的传播，而是“点对点”的传播。在信息传播过程中，人们更愿意关注那些能跟他们进行趣味对话，拥有真实个性、真实情感的人，传播的价值开始从内容与渠道逐渐转移至人格核心上。自媒体同样遵循这样的规律，品牌人格化，在现在的自媒体运营中已相当普遍。

例如，三只松鼠是电商崛起时第一代淘品牌，通过品牌 IP 化、人格化运营，逐渐成长为国人熟知的“网红”品牌。三只松鼠在微博上以松鼠宠物自居，并自称“阿鼠”，视粉丝为主人，与粉丝“撒娇卖萌聊心事”。在粉丝眼中，三只松鼠不再仅仅是一个品牌，而是一个萌态可掬、可爱有趣的人格化形象。

自媒体的人格化运营通过“接地气”的方式塑造了鲜活的自媒体形象，打破了品牌与用户之间的交流屏障，拉近了两者之间的距离，让用户获得愉快交流感和体验的同时，也在用户心中形成了良好的品牌形象。

（二）垂直化、专业化运营

在注意力稀缺的互联网时代，用户往往根据自己的喜好和需求来选择内容。在进行自媒体运营时，运营者可以根据自己的专业擅长选择相应的垂直领域，对受众进行细分，以更加专业化的内容赢得受众。例如，《足球黄腔》专注足球话题；《凯叔讲故事》开辟亲子市场；《黎贝卡的异想世界》深耕时尚美妆领域；《吴晓波频道》关注财经新闻背后的故事；等等。专注于某一个专业领域，确定一个差异化定位，在纵深上把内容做细做深、做到极致，借助优质的内容抢占用户的注意力资源。

黎贝卡的异想世界，是一个时尚美妆类的自媒体，被誉为“时尚类自媒体运营标杆”。2014 年 10 月底，《南方都市报》的首席记者黎贝卡（原名方夷敏）在自媒体浪潮到来之际毅然辞职，选择转型成为一名美妆类自媒体人，创办了如今已坐拥百万个粉丝的公众号“黎贝卡的异想世界”。被粉丝戏称为“买神教主”的黎贝卡拥有强大的内容变现能力，每篇推文都拥有 10 万+的流量，为其带来极强的商业价值。

黎贝卡的成功与其制定的垂直化、专业化的运营理念是分不开的。在自媒体运营中，黎贝卡专注时尚美妆领域，注意贴合受众、贴合热点，采取多元化的推广渠道进行产品推广。为了拥有更多的个人发挥空间，拓展盈利渠道，黎贝卡还会挑选品牌进行深度的联名合作。2016 年，黎贝卡与故宫文化珠宝合作，400 件珠宝，20分钟内售罄；2017年黎贝卡联手MINI发售定制车，100辆车，4分钟内售罄。如今在自媒体领域中脱颖而出的黎贝卡更是在2017年12月创立了自己的同名品牌，进一步拓展了自己的商业变现之路。

自媒体的专业化运营还包括要像运行专业媒体一样运行自媒体。自媒体早期的UGC模式由于运营者缺乏专业知识和媒体的实操经验，造成内容粗糙低劣，很难吸引用户的注意力。所以，自媒体运营要具备全局意识，增强专业素养，从选题策划到内容制作再到内容推送都以专业化的水准要求自己，提升自媒体的专业化运作水平。

（三）社群化运营

自媒体区别于传统媒介的一个很重要的特点在于：由于传播渠道的拓展和丰富，自媒体与用户之间的互动更加频繁，以关系为核心的社群成为自媒体运营的重点。社群化运营，就是通过建立基于信任的社群经济，将用户变成重要的生产力，使社群内资源得到高效配置，进一步加强品牌与用户情感联系的运营方法。在社群中，不同的人因为相同的兴趣爱好和价值观聚集在一起，他们通过互动共享形成对社群的归属感和认同感。自媒体正是迎合这一群体的载体，它以优质的内容吸引志趣相似的受众，逐步形成网络虚拟社群，然后通过开展线上或线下的活动加强社群成员之间的情感联系，增强用户黏性，进一步发展社群的稳定性。《罗辑思维》的成功，在很大程度上就是归功于它的“知识型社群”。罗振宇通过在微信公众号发布高质量分享视频将持有相同价值观的人聚集在一起，并邀请他们参与产品的生产和推广等环节，吸引了大量用户。

（四）内容为王

内容为王，是指自媒体要想在受众高度分化、信息高度碎片化的时代生存，首要就是通过优质的内容来满足受众的喜好和需求。在如今的信息时代，受众并不缺乏内容，缺的是高质量、有内涵的内容。任何优质的媒介，任何便捷的渠道，没有优质的内容，都是没法发展的，优质的内容是自媒体运营的核心。在自媒体运营中，要时刻抓好以“内容为王”为核心，注意洞悉社会热点，追求有价值、有新鲜感、有敏感度、多元化、原创性的内容，注重内容质量，迎合受众的内容喜好，照顾受众体验，制作更多既轻松有趣又不乏深度的内容。

李子柒，是一个专注美食技能分享的自媒体品牌，其主要内容是分享烹饪美食的过程，并追溯食物原材料的获取途径。在李子柒自媒体中，故事化的文艺内容是吸引受众的关键。简朴的环境、仿古的人物穿着、用古法烹制的美食，这种田园般的慢节奏生活与现代快节奏的生活形成鲜明的对比，让观众在欣赏美食的同时，还领略了田园牧歌似的悠闲生活，契合了都市上班族的精神追求，更传递了中国文化。

（五）多平台联动式运营

自媒体运营的主要目的是营利，平台流量的多寡关系着自媒体的存亡。自媒体和平台之间存在着互利共赢、相辅相生的关系，自媒体给平台创造价值、提高影响力，平台为自媒体带来渠道和技术支撑。平台关系着自媒体内容的传播效果，也影响着自媒体的发展和盈利。因此，打通多平台，进行联动式运营，争取获得更多的平台分发机会，最大化地扩大品牌的影响力，成为自媒体运营及商业盈利的重要策略。当然，不同平台的用户属性是不一样的，用户的数量、活跃度也存在差异，自媒体要根据自己的实际数据选择一个主要做的平台。

二、自媒体的盈利模式

2013 年，有着“自媒体第一人”之称的程苓峰开始尝试在其创办的自媒体账号中卖广告，两个月赚取了 13 万元的广告费。之后，受此启发的自媒体人纷纷加入自媒体的商业化探索中，新的商业模式不断被挖掘，逐渐形成了如今较为清晰的自媒体变现思路，即直接的内容变现模式与间接的影响力变现模式。

（一）直接的内容变现模式

直接的内容变现，即以出售自己生产的内容为主的盈利模式，包括广告和粉丝付费两种模式。

1. 广告模式

通过出售广告版面获得收益是大部分媒体的主要盈利模式，这种模式从传统媒体一直延续到自媒体。根据目前自媒体的运营情况来看，最直接、最简单的盈利方式就是广告收入。受众越多，广告收入越高；受众的购买力越强，广告效果就越好。自媒体广告有硬广和软广之分。硬广，即直接把广告内容发放在平台上给用户，它简单直接，但转化率低，而且容易掉粉、破坏品牌形象。软广，即我们通常所说的“软文”，则更凸显自媒体“自”的属性，可以将内容信息或服务与广告内容进行有效匹配，是根据广告主的诉求原生定制的一种特殊广告。相对于硬广，软广依靠创意大大提高了受众对广告的接受程度，能够带来更高的转化率，让粉丝在不知不觉当中就被营销了。例如，一些时尚美妆类自媒体，通过“种草”的方式将广告主的相关商品巧妙地植入推文中，通过描述该商品的特点和功效来激发受众的购买欲望，从而提高商品的销量。

2. 粉丝付费模式

自媒体粉丝付费主要有“打赏”和“捧场”两种模式，这两种模式与付费阅读类似，不过付费阅读必须先付费才能享受阅读内容的权利，带有强制行为；而“打赏”和“捧场”模式则是通过自媒体人自愿提供原创性内容，粉丝自主为这部分内容付费来实现，用户可以自主选择付费与否，整个过程你情我愿，没有强迫行为，给予了用户更多的选择权。以网易云阅读为例，网易云阅读早在 2013 年 11 月就推出了自媒体文章的“捧场”功能，用户可以通过赠送阅读点来奖励优质的原创内容，“打赏”具体金额不受限制，可由用户自由选择。这种模式强化了自媒体人和受众之间的关系，激励自媒体人更努力地产出内容，以满足用户需求。但是，这种盈利模式需要较大的粉丝基础来实现盈利，与其他模式相比稳定性更弱，适合不以自媒体平台为主要谋生手段的自媒体人，而对于一些商业性较强的自媒体来说则并不适用。

（二）间接的影响力变现模式

间接的影响力变现，即通过打造自媒体品牌，利用自身影响力实现变现的模式，包括流量变现、衍生服务收费和社群变现。

1. 流量变现

判断一个自媒体影响力的大小最直观的反映就是在阅读量（点击量）上，因此，流量成为衡量自媒体是否具有商业价值的一个重要标准，流量变现也成为早期自媒体变现最基本也是最主要的一种方式。例如，微博、微信上非常常见的“段子手”，这类自媒体专门为受众提供“段子”“冷笑话”，受到非常多“草根”人群的追捧与喜爱，收获了相当可观的流量变现收入。不过，由于这类自媒体很难吸引大的广告主，只能依托自媒体平台生存，所以，选好平台资源成为流量变现的重要前提。

2. 衍生服务收费

衍生服务收费模式，即利用自媒体自身的影响力，通过出售一些专业化、个性化的定制服务来实现盈利，主要包括以下五类：①出售产品，很多自媒体人会在自媒体平台或一些电商平台上经营自己的店铺，利用较强的粉丝黏性和庞大的粉丝基数，打通线上和线下之间的界限，出售自己的产品，如书籍、服饰、化妆品等，以此获得不菲的收入；②出售知识经验，这类模式需要自媒体人在某个专业领域积累一定的影响力，然后对过往的经验或知识通过互联网进行讲述，用户付费进行收看（收听）；③出售版权，指自媒体人通过平台或其他自媒体支付内容的版权费进行盈利的方式；④咨询收费，由于很多自媒体人具备丰富的实战经验，成为某个领域的专家，所以，很多用户会付费向他们咨询，甚至直接被公司聘为顾问；⑤培训、演讲收费，成功的自媒体人可以利用自己的名气和影响力，参与一些培训或演讲，获得不错的收益。

3. 社群变现

社群变现，即以优质的内容为基础，专门针对部分用户提供专属的增值服务和特定项目，以培养粉丝的高黏度，并促使他们为线上的“会员制”和线下的“活动”付费的模式。自媒体平台拥有天然的社交优势，用户不仅可以与自媒体人交流，还可以与其他用户进行互动，由此发展成为社群。社群平台拥有其他平台所没有的超强互动性和变现能力，会员制度就是其中最主要的一种变现形式。自媒体平台通过优质内容吸引受众，通过会员收费的形式为用户提供“私人订制”的增值服务，满足用户的归属感和成就感。

第四节 自媒体运营的困境与未来展望

通过观察近些年自媒体的运营状况不难发现，虽然目前自媒体行业呈现一片欣欣向荣、发展良好的态势，但是，随着自媒体的不断发展，参与者越来越多，暴露出来的问题也越来越多，如内容低下、标题党盛行、抄袭侵权、谣言诈骗、人身攻击、刷量刷粉、煽动宗教极端主义和民族分裂思想等，复杂的自媒体环境使得自媒体运营陷入了极大的困境，也给自媒体的管理带来了不小的挑战。如何恰当、有效地对自媒体进行管理，引导自媒体良性发展显得十分重要。下面我们将对自媒体运营的困境与管理进行集中讨论，并结合自媒体的行业现状，对自媒体运营的未来发展提出一些畅想。

一、自媒体运营的困境

由于受到自身传播特性的限制及变现困难的影响，很多自媒体目前仍处于亏损状态，有些甚至不得不中止对自媒体的运营。总体看来，自媒体运营当前所面临的困境包括以下三个方面。

（一）变现能力差，生存门槛高

自媒体要想实现可持续发展，盈利是必须解决的重要问题。虽然在上一节中，我们详细介绍了自媒体的盈利模式，但那只是针对成功的自媒体而言。在激烈的市场竞争环境下，能够获得资本融资的毕竟是少数，大部分规模较小的自媒体仍面临着变现能力差、盈利困难的状况。iiMedia Research（艾媒咨询）发布的《2018 年中国自媒体人月营收入分布》显示，74.9%的自媒体人月收入低于 5 000 元，5 000~1 万元的占 14.8%，自媒体高收入人群占极少数，如图 9-3 所示。

衡量自媒体是否赚钱有三个标准：①基础标准，即用户量与用户的关系，自媒体的用户量大、黏度高，广告商自然就多；②个人账户的影响力，即自媒

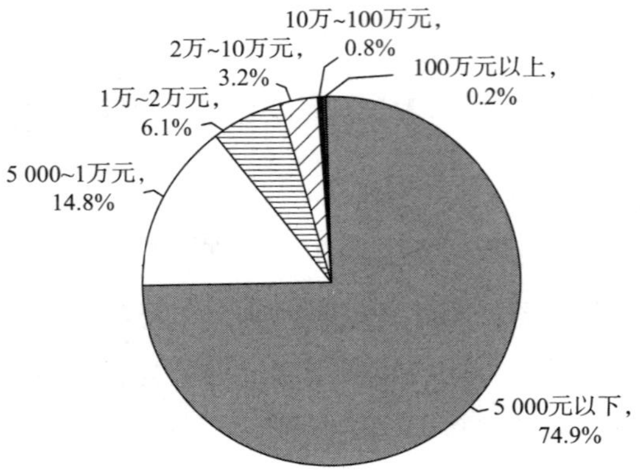

图 9-3　2018 年中国自媒体人月营收入分布

资料来源：艾媒网

体同行领域的排名，排名越高，变现能力越强；③内容的商业价值体现，即使文章点击量再高，但内容缺乏深度，毫无实际变现的可能，这种内容也无法实现盈利。

从这三个衡量标准来看，如今自媒体的商业格局已基本形成，随着用户红利的大大消退，自媒体的生存门槛变得越来越高，真正能赚钱的自媒体已经不多了。

（二）专业性不足，缺乏公信力

在“人人都是自媒体”的时代，自媒体低门槛、易操作的特性吸引了大批草根群众，从事自媒体行业的人越来越多，受众的主体地位得到了极大提高。然而，传播主体的多元化也带来了许多弊端。由于自媒体从业人员大部分为草根和非专业人士，他们缺乏经验，在个人素质、专业素养、知识储备等方面良莠不齐，对自媒体平台也缺乏了解，造成许多平台乱象的发生，如某些自媒体人为了博眼球、追求短期利益，一心朝着“爆款”的方向走，发布大量低俗浅薄、制作粗糙的内容，导致虚假消息、同质化内容、标题党遍布平台，自媒体信息的可信度和公信力因此大大降低，成为用户极力吐槽的焦点。

2020 年 7 月，一段“监控下拍到的惊险一幕，宝妈出门在外一定要保护好自己和宝宝”的视频在某自媒体平台上热传，最高有近25万次点赞，引发网友热议。后经警方调查，该视频为自媒体工作室负责人龚某某为博人眼球赚流量，自导自演，是虚假视频。该事件被人民日报、中国之声等官媒报道之后，再次引发网民对自媒体虚假内容的谴责与吐槽（图9-4）。

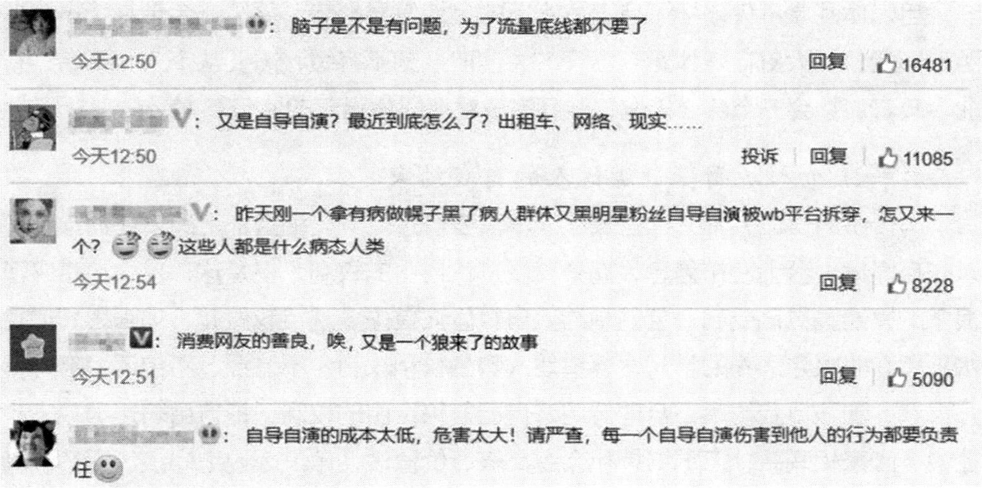

图9-4　网友对“自导自演抢小孩”事件发表的部分评论

资料来源：微博截图

（三）流量危机，抄袭成风

近年来，受到自媒体账号逐年递增，以及微博等自媒体平台限流的影响，许多自媒体都遭遇到了流量危机。首先，同类型账号越来越多，除了少数头部大号以外，大部分账号在风格和内容上都有诸多相似，区分度不大，缺乏创新。用户的选择越来越多，注意力越来越分散，自媒体账号如果不能做到完全的不可替代，就很容易被喜欢追求新鲜感的用户所抛弃。其次，用户对自媒体的关注和喜爱主要是受到自媒体内容的吸引，因此，自媒体要想维护原始用户的吸引力，就需要不断地输出优质内容，然而这对于大部分自媒体，特别是非专业的自媒体来说并不是一件容易的事。于是，当部分自媒体在创作上遇到瓶颈，难以生产优质内容的时候，他们会选择铤而走险，直接“复制+粘贴”，造成低成本复制、抄袭之风盛行。抄袭不仅会侵犯内容原创者的知识产权，降低他们的创作热情，更将导致平台内容同质化，极大地降低用户体验，加速用户的流失。

二、自媒体运营管理

自媒体乱象不仅破坏了自媒体产业的良性发展态势，更给社会带来了十分恶劣的影响，加大对自媒体运营管理的力度已经刻不容缓，需要从个人、平台、行业、政府、社会五个层面出发，共同完成对自媒体运营的监督管理。

（一）个人层面：自媒体人的自我约束

与传统的媒体人不同，自媒体人不需要经过专业培训持证上岗，任何人都可以在自媒体平台上发布信息，充分享受言论自由的权利。但是这种自由也带来了很多的弊端，应该受到一定的制约。自媒体人首先要从自我做起，加强思想道德水平和专业媒介素养的学习，尊重他人的名誉和权利，不造谣、不传谣，努力提升自我，加强自我约束，合理运用好自己言论自由的权利，把自由表达与他人、社会、国家相联系，自觉维护社会主义核心价值观，做一个遵纪守法、道德高尚的自媒体人。

（二）平台层面：做好“把关人”角色

在传统媒体中，媒体作为“把关人”可以对信息内容进行监控，对舆论进行适当引导。而在人人皆可发“声”的自媒体平台上，媒体逐渐丧失对信息的“把关权”，此时，自媒体平台应该自觉担任好信息“把关人”的角色，摒弃利益至上的思想，对自媒体运营各个环节加大监管力度，加强内部审核，严格筛选传播内容，适当约束自媒体人的行为，建立维权渠道，让自媒体维权更加方便、透明，合理运用大数据、AI 等新技术，提升自媒体空间治理的技术化、标准化和法治化。

（三）行业层面：加强行业自律

由于法律监管具有一定的滞后性和限制性，越来越多的国家成立相关行业协会来进行行业自律。行业协会作为一种社会中介组织，对于维护行业利益，制定行业规则，协调政府、用户与企业之间矛盾有着不可忽视的作用。目前，我国自媒体行业也对行业自律的方式进行了相关探索，如上海成立的全国首家跨界自媒体联盟，以及北京自媒体行业协会、贵州自媒体协会等，这些行业协会为自媒体企业和政府沟通搭建了桥梁，但其发挥的作用和效能还未得到有效显现。对此，我们应进一步规范行业自律，赋予自媒体行业一定的奖惩权，使其在面对侵权行为时能够进行惩罚，同时也对起到良好表率作用的自媒体进行奖励，奖罚分明，让更多的自媒体人主动参与自媒体的管理。

（四）政府层面：制定针对性强、可实施的法律细则

法治社会，约束人们行为的最高标准就是法律制度。政府应该发挥宏观控制作用，加大自媒体管制力度，不断更新和完善自媒体的法律法规，对自媒体传播乱象制定一系列针对性强、易操作、可实施的法律细则。目前，我国在《中华人民共和国民法典》、《中华人民共和国宪法》和《中华人民共和国刑法》中都分别制定了自媒体相关的法律法规，如《中华人民共和国宪法》第三十五条中关于公民言论、出版自由的规定，《中华人民共和国民法典》第一千零二十四条中关于公民名誉权的规定，2017 年 6 月正式施行的《互联网新闻信息服务管理规定》《互联网新闻信息服务许可管理实施细则》，以及 2018 年 11 月发布的《具有舆论属性或社会动员能力的互联网信息服务安全评估规定》。这些法律法规对管制自媒体起到了非常重要的作用。然而，由于自媒体数量庞大，错综复杂，监管难度较大，当前的法律法规还远远不足以根治自媒体传播乱象，政府还需更新意识，进一步完善自媒体法律法规。

互联网信息服务提供者开展安全评估，应当对信息服务和新技术新应用的合法性，落实法律、行政法规、部门规章和标准规定的安全措施的有效性，防控安全风险的有效性等情况进行全面评估，并重点评估下列内容：

（一）确定与所提供服务相适应的安全管理负责人、信息审核人员或者建立安全管理机构的情况；

（二）用户真实身份核验以及注册信息留存措施；

（三）对用户的账号、操作时间、操作类型、网络源地址和目标地址、网络源端口、客户端硬件特征等日志信息，以及用户发布信息记录的留存措施；

（四）对用户账号和通讯群组名称、昵称、简介、备注、标识，信息发布、转发、评论和通讯群组等服务功能中违法有害信息的防范处置和有关记录保存措施；

（五）个人信息保护以及防范违法有害信息传播扩散、社会动员功能失控风险的技术措施；

（六）建立投诉、举报制度，公布投诉、举报方式等信息，及时受理并处理有关投诉和举报的情况；

（七）建立为网信部门依法履行互联网信息服务监督管理职责提供技术、数据支持和协助的工作机制的情况；

（八）建立为公安机关、国家安全机关依法维护国家安全和查处违法犯罪提供技术、数据支持和协助的工作机制的情况。

——节选自《具有舆论属性或社会动员能力的互联网信息服务安全评估规定》第五条

（五）社会层面：加强社会监督，完善举报机制

社会公众不仅是自媒体传播的直接参与者，更是不可或缺的监督者。目前，我国建立了层级相扣的举报机制，不少社会团体和个人都自觉加入自媒体监督的队伍中，如网友“点子正”成立的民间公益辟谣组织“辟谣联盟”、果壳网建立的“谣言粉碎机”及方舟子打假等，这些团队或个人对自媒体的管理起到了非常积极的作用。但是，总体来说，当前我国公民对自媒体的监督意识还十分薄弱，对自媒体监督抱着一种事不关己的冷漠态度。因此，在强化自媒体管理的过程中，应进一步完善举报机制，使公众了解自媒体的违法犯罪套路，当遇见违法犯罪行为时能及时积极举报，提升公众的监督意识，发挥社会的监督作用，形成从上至下的层级监督，有效防范自媒体不文明行为的发生。

三、自媒体运营发展未来展望

自媒体的特性决定了其在技术保障下拥有无限发展的可能性。从这个意义上来看，自媒体在未来将会变得更加普及，低效率的个体化运营方式也将朝着规范化、组织化运营发展，优质内容将更加稀缺，现有的自媒体形态也将与更先进的

智能技术相结合，为自媒体运营带来更多的可能性。针对自媒体运营的未来发展，我们可以简单做以下展望。

（一）规范化运营

自媒体经过了较长一段时间的自由生长，过度的开放与无限制，导致了许多行业乱象的产生。不过，杜绝抄袭与侵权、加强内容授权、强化平台监管与自律、完善相关法律法规已成为当今主流自媒体平台与团队的共识。随着政府、平台及行业治理力度的强化，正版化、规范化运营逐渐成为自媒体商业化的主旋律。

可以看出，自媒体由野蛮生长走向文明规范，既是自媒体知识产权保护与内容运营管理的必然要求，也是自媒体可持续发展与升级迭代的必然趋势。

（二）团队化、组织化运营

单线作战的影响力远远不及以点带面组织化搭建的品牌影响力，以个人力量打造的自媒体产品也很难成为“内容创业”的主旋律。与初期自媒体大多以个人“单打独斗”的内容生产模式相比，未来，自媒体若想持续产出高质量内容，还需要创建专业化的团队，以组织化的方式运营，获取更大的商业效益。以 papi 酱推出的 papitube 为例，papitube 是国内首批短视频 MCN 机构①，目前拥有着覆盖搞笑、生活、娱乐、美食、美妆、摄影、萌宠、游戏等多个垂直领域的上百位网红达人。从过去的个体创作到目前的机构运营，从一个 papi 酱到可容纳无数 papi 酱的 papitube，papi 酱用自己的头部流量带动了更多优秀的新兴流量，通过垂直化、组织化运营让整个 papitube 团队拥有更大的商业价值。

可以预见，在未来，除去少数头部自媒体继续坚持个体化运作之外，绝大多数头部自媒体将朝着团队化、组织化方向发展，自媒体机构渐成趋势。

（三）回归优质内容

如今，自媒体的红利期已过，正进入“加速淘汰期”。但是，这并不意味着自媒体不能再做成功，而是需要更多、更精准、更专业、更高质量的投入。未来，

---

① MCN，英文全称为 multi-channel network，即多频道网络，源于国外成熟的网红经济运作模式，国内多称为内容聚合平台，主要将 PGC 内容联合起来，由资本加持，保障内容的持续输出，从而实现商业变现。

在内容大爆炸之后，将迎来新的产业升级，对优质内容的需求和供给将达到一个新的高度，做好内容将成为自媒体运营的标配。无论是文字还是短视频自媒体，真正有趣、有价值、有意义的内容都将被用户接受。优质内容，依然是自媒体运营的根本。

首先，内容制作更加专业化。自媒体行业逐渐走向成熟，优质内容的紧缺促使平台与自媒体自身有意识地培养和拉拢高素质的自媒体人才。随着未来国内传媒行业的继续洗牌，预计将有更多优秀的传统媒体人投身于自媒体。专业化的运营能力、成熟的内容创作模式将为自媒体内容创作带来新的方向，重塑自媒体公信力。

其次，内容生产更有价值。未来，自媒体将生产更多的内容，用户的注意力将变得更加稀缺，如何在海量的自媒体信息之中获得用户的关注就变得更为重要，最好的方式就是做有价值的内容。有价值的内容包括独家的内容、独特的内容，只有认识到自己内容的优势，能给受众带去他们想要的价值，才能在众多自媒体中脱颖而出。

最后，内容领域更加垂直。如今，从娱乐、金融、教育、旅游到母婴、创业等，几乎每一个细分领域都已形成一批代表性自媒体。未来，自媒体的受众和地区将更加垂直，并在专业度上持续提升，聚焦高质量原创细分领域的内容将更容易受到资本的青睐。

（四）智能化运营

近年来，AI、VR、云计算和大数据等技术发展得如火如荼，并在多个领域应用广泛，自媒体也不例外。在内容生产方面，机器写作重新定义了新闻编辑写作模式，传感器技术拓展了新闻源与新闻反馈渠道；在内容分发方面，AI 帮助自媒体平台实现整合化、垂直化、社交化发布，新闻时效性得到显著提升。2019 年两会期间，新华网运用混合现实（mixed reality，MR）智能演播厅，推出全息化、富媒化的短视频《全息交互看报告》，类似的沉浸式短视频内容，在 5G 条件下将会有更广阔的技术应用、创意升级空间。未来，智能化将在自媒体内容、用户、活动、渠道、数据等多方面运营中发挥更大的作用。

第十章　数字社群运营

移动互联网技术的发展使得时间和空间的壁垒被打通，人与人之间的连接日渐紧密。如今，社群逐渐成为人群分类的主要形式。人们通过社群聚集在一起，进行信息共享、情感沟通、经验交流、文化与价值传播，凝聚成区别于其他群体的社群文化。社群，彻底颠覆了人们的生活方式，改变了企业的营销手段和运营模式，释放出巨大的能量和价值，由社群发展而来的社群经济更是开创了新的经济现象。在这种情况下，社群运营逐渐成为企业的核心竞争力，推动着企业的变革和品牌的再造。

第一节　数字社群运营概述

社群并非在数字时代下产生的新概念。事实上，人类自诞生以来就过着群居的生活，他们以血缘和地域关系为纽带，形成了较为稳定的社群结构。在社会学领域，社群指代有某种相互关系的社会群体。到了数字时代，社群与数字技术相结合，其内涵也发生了极大的变化。数字社群运营就是在数字时代下，企业利用数字社群触达粉丝用户、实现商业盈利的一种手段。厘清社群、数字社群及数字社群运营的概念，掌握数字社群的核心要素与本质特征，是进行数字社群运营的前提。

一、数字社群运营的概念

“社群”源于拉丁语，表示在共同的事物或亲密的伙伴关系中，人与人之间的连接，有聚焦、义务之意。最早提出“社群”一词的是德国社会学家 Tönnies，该词用于描述重要的人与人之间的关系①。在社会学理论中，社群是基于一定的血缘、地缘、社会关系、特有的文化、情感和心理认同而形成的共同体，它是介于市场与政府之间的一种民间组织形态。

随着数字技术的发展，人的社会性得到了极大的释放，社群结构也随之发生颠覆性的改变，社群逐渐走向数字化、网络化，成为一个超越地域范围的组织，数字社群，由此诞生。数字社群，即线下社群在数字网络上的延伸，是指依托于数字技术和互联网技术连接起来的社会群体，它突破了血缘、地域、种族等传统社群的划分方法，借助数字网络使具有相同兴趣爱好或需求的人进行交流与沟通、分享知识与信息，从而形成关系网络。相较于传统意义上的社群，数字社群更为便利，形成的成本更低，成员的自主性也更强，目前使用较多的数字社群有微信群、QQ 群、微博群、BBS 等，一些社会化媒体如快手、抖音、小红书也都开设了社群。如无特殊说明，以下内容中的社群皆指代数字社群。

数字社群运营，即利用数字社群与用户建立、维护好关系，并在关系的基础上产生互动与交易，最终达成商业利益最大化的目的。由此看来，社群运营的本质就是粉丝运营，通过维系与粉丝的关系，实现企业盈利。换句话说，社群运营的重点应该放在粉丝身上而不是产品身上，维护好与粉丝的关系在一定程度上大于做好产品的内容。因此，数字社群运营，需要利用一切社会化媒体平台去触达粉丝，与粉丝互动，提高粉丝参与度，并从粉丝的角度获取输出产品的类型。

社群运营有三大原则，即圈层化、情感化与参与感。做社群运营就是要打造圈层，建立一个有共同爱好、相同趣味的圈子，并寻找出那些有共性的人加入这个圈子，通过亲密沟通、情感交流，将目标用户发展成为粉丝，并通过调动粉丝的积极性，鼓励他们参与到产品关键节点的设计与讨论中来。

---

① Tönnies F. Community and Civil Society[M]. Cambridge：Cambridge University Press，2001：5-10.

小米是社群粉丝运营的成功范例。小米手机在问世之前，小米公司已经有了“米聊”和 MIUI 系统（小米的操作系统），用户可以在百度贴吧直接下载并使用小米的系统和相关软件，随着聚集在贴吧的网友越来越多，留到最后的都成了小米的发烧友。之后，雷军在设计小米手机时，充分听取了社群中用户的意见和建议，将用户调查中出现频率较高的词语进行整合，从而制造出“大众手机”。同时，小米在平时运营时也十分重视与“米粉”的互动，除了让粉丝参与操作系统的设计与改进，还会定期赠送礼品给参与度高的粉丝，增加了粉丝对小米的忠诚度，也营造了浓厚的粉丝文化。因此，小米的粉丝社群模式在建立之初具有很强的战斗力，毕竟当时的其他手机厂商还属于卖手机给运营商和代理商的模式，根本还没有互联网用户的概念。

二、数字社群的核心要素

一般认为，一个好的数字社群包含五大核心要素，分别是同好、结构、输出、运营和扩张，了解这些核心要素，可以让我们对社群有更直观的认识与评估，以便更好地指导社群运营实践，如图 10-1 所示。

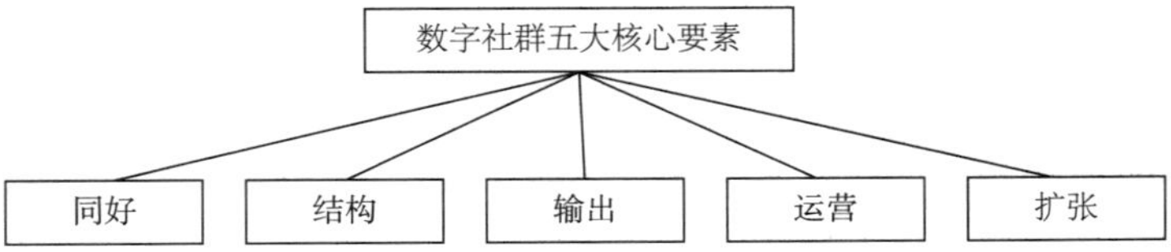

图 10-1　数字社群五大核心要素

（一）同好

同好，即大家对某种事物的共同认可或共同行为，是社群成立的前提条件。社群成员聚集在一起，可能是由于共同喜欢某个产品，如小米手机的米粉社群；可能是基于相同的喜好与兴趣，如读书群、摄影群、驴友群；可能是因为成员之间共同的符号和特质，如一些明星粉丝会、星座研究会；可能是因为成员的地域空间，如同乡会；也可能是基于某种情感，如家族群、班级群等。社群只有在成员拥有共同价值观的情况下才能保持长久的连接。

（二）结构

一个好的社群，需要有清晰的结构、明确的分工和规则，不然很难持续运营。社群的结构包括组织成员、交流平台、加入原则、组织资源及群规。

组织成员：号召、管理那些“同好”成员的人，如群主、意见领袖、小秘书、编辑等，组织成员需要处理成员之间的关系，十分考验情商。

交流平台：聚集成员后，社群需要一个交流的平台以供成员间的日常沟通，如微信平台。

加入原则：社群需要设置一定的筛选机制作为门槛，以保证社群的质量，凝聚社群向心力。

组织资源：资源包括一些媒体资源、大咖资源、话题资源等。

群规：“国有国法，家有家规”，社群自然也要有群规，以方便社群的管理。群规的设置需要简单、规范、直接、有效，方便成员自觉遵守。

（三）输出

大部分社群在成立之初都具有较强的活跃度，但如果没有持续地输出价值，社群的活跃度必然会有所下降，有些群员甚至会选择退群或者解散社群。因此，持续输出有价值的东西是衡量社群生命力的重要指标之一。好的社群要能持续为群员提供稳定的价值，通过不同层次、不同领域的高质量输出，让社群释放出更大的能量。

社群的输出有很多种形式，如社群活动、社群培训、社群自媒体、社群微课、社群直播、社群图书、社群咨询、社群训练营等。

（四）运营

一个社群需要建立稳定的团队来维持社群的运营，以方便成员们清楚所属社群的日常流程，形成稳定的社群节奏，让社群成员之间建立社交连接，逐渐培养成员的情感认同，并建立成员的“四感”，即仪式感、参与感、组织感和归属感。社群有了规范、有了质量、有了凝聚力，自然就能更加长久地发展下去。

（五）扩张

情感认同和价值认同是社群的核心，社群越大，情感分裂的可能性就越大。所以，社群需要扩张，需要做成规模化。不过，一般来说，规模越大的社群，在过滤优质信息内容上难度越大，如果不加以控制，很容易沦为聊天灌水群，降低社群质量，引发高质量成员的沉默甚至退群。因此，管理者需要明确扩张的目的，根据社群的成长周期选择社群规模，不能盲目扩张。

三、数字社群的本质特征

近两年，有关“私域流量”[①]的热议再次炒爆了社群概念，让沉寂多时的社群重新成为企业营销的重要阵地。数字社群究竟有怎样的魔力，让其过了蛮荒生长的阶段还能再次成为企业实现盈利的重要工具？了解数字社群的本质特征，可以理解社群在企业营销中的重要地位，并通过针对性的运营充分挖掘社群价值。

（一）注重成员互动

数字社群是以成员之间自发建立的关系为纽带的个体的集合体，社群成员间强调互动参与，保持着常态化、经常性的互动关系。这种互动不仅是用户在发布内容时与数字社群服务器之间的交互，还包括组织与成员之间、成员与成员之间、社群与社群之间的互动。多向的互动不但提升了社群的活跃度，更让社群成员的黏性变得更大，增强了社群成员的群体认同感和归属感。

（二）关系的开放化、网缘化、平等化

数字网络使整个地球变成了一个村落，人们在数字世界里彻底打破了传统的交往模式，大量不同地域、不同民族、不同行业的人，通过数字媒体随时随地交流、获取信息，关系更开放。在这种开放的互动交往中，人们逐渐建立起一种新型的社会关系——网缘关系，即双方以相同的价值观和兴趣为前提，以情感交流和获取信息为目的，用符号和网络语言重构自我身份所建立的一种关系。在数字

① 私域流量，是相对于公域流量来说的概念，简单来说，是指不用付费，可以在任意时间、任意频次，直接触达用户的渠道，如自媒体、用户群、微信号等。

社群里，原有的血缘、地缘、文化背景、社会地位、经济状况等差异不再限制人们的交往，也不再有森严的等级结构，人们可以自由选择自我呈现给他人的面貌，按需要、兴趣爱好与他人建立平等的关系。

（三）社群人员的自主性

自主性是社群的重要特征，它体现在社群人员进入和退出社群的自主性、选择交往对象的自主性及内容创作和传播的自主性方面。社群是由一个个独立的个体组成的，他们拥有独立的思想和人格，可以根据自己的意愿自由选择加入或退出某个社群，自主遴选互动交流的对象，自发创作、传播和消费内容，其他人或组织无权对其多加干涉。

（四）情感价值的传播

人类的本性就具有交流的需要，文化交流、情感交流和价值认同是数字社群维系关系的关键。社群成员基于交流的需要聚集在一起，由于交流互动产生的情感价值的传播，是社群得以持续发展的推动力。由此可见，情感价值的传播，是社群运营的核心和要点。例如，小米手机和锤子手机都是因为赋予了品牌独特的价值主张和情感表达，使其拥有了一大批死忠粉。

第二节　数字社群运营的要点与方法

社群是人的自由聚合，人们根据自己的不同需求和兴趣选择进入不同的社群，而在加入社群后，要将人长久地留下来，则是数字社群运营的主要目的和重点需要注意的地方。在数字社群运营的过程中，制定策略方法能为社群运营人员提供清晰的方向，它包括以下五个方面。

一、建立社群意识，塑造社群文化

一个社群得以聚集，必然是基于成员内部的某种共性，但这种共性往往比较抽象，难以形成一定的群体化认知。在运营社群时，运营者需要运用一定的手段建立社群意识，塑造社群文化，让每个社群成员都能参与到社群中，进而建立社群的群体化认知。

（一）建立社群意识

在社群建立以前，社群运营者需要从意识层面出发，建立社群意识，明确社群的发展方向、共同愿景及整体风格，为之后的社群运营打下坚实的精神层面的基础。建立社群意识，不仅可以让社群运营者对社群形成一定的认知，还能在社群真正建立以前，从社群本质出发，做好思想方面的准备工作，注重社群精神层面的建设，这种精神层面即成为社群成员入群的相关理由。

（二）塑造社群文化

在社群中，人们通过互动社交展示自己的个性，释放自己的喜怒哀乐，通过社群活动产生归属感、优越感，这些表现形式逐渐演变成一种独特的网络亚文化，即社群文化。社群文化是社群得以长期稳定发展的精神支撑，只有塑造相应的社群文化，社群的组织发展才不会产生偏移，才能真正满足社群成员的需求。因此，社群文化是社群真正的灵魂，社群文化深厚，社群才能够长治久安。塑造社群文化，包括建立共同的社群目标和社群价值观。

1. 社群目标

共同的目标对社群而言非常重要，可以说是社群文化的绝对核心，它是统领和管理社群的最高准则。组建和运营社群可以是为了满足某种需要、提供某种知识、培训某种技术，不管是哪种，社群都需要有明确的目标以吸引目标群体的参与，并以此指导一切社群活动。

2. 社群价值观

对于社群来说，共同的价值观是凝聚社群成员最根本的保障。社群成员是基于共同的兴趣、目标、愿景才聚集在一起的，因此，这些兴趣、目标、愿景就是社群的基本价值观。一个价值观鲜明的社群组织，成员的群体认同感、归属感和荣誉感往往会更强，也能从根本上保障社群的稳定发展。

二、明确社群定位，专注内容优化

如今的社群五花八门，包罗万象，但这并不意味着社群就是一个大杂烩，在看似杂乱无序的中心，必须有一个明确的定位。鉴于此，社群运营人员在建群时一定要明确社群的定位，对社群有一个指向性的把握。只有这样，才能让成员明晰社群内容，让有相同需求的人聚集在一起。同时，稳定的内容输出是社群运营与营销的基础和前提，也是吸引粉丝的重要原因，运营者应该专注内容优化，持续生产满足成员需要的内容。

（一）明确社群定位

社群定位，即社群针对的用户类型与社群的发展方向。制定社群定位主要从建群动机和进群动机两方面入手。

1. 建群动机

当群主建立一个社群时，首先要思考一件事：这个社群到底是用来干什么的？一般说来，群主之所以建群，主要基于以下四种动机。

（1）销售。这是很多企业建群的主要目的，它包括直接销售商品、维护客户关系及促进产品的再销售三方面。

（2）人际关系。拓展人际关系交际圈、提高自身影响力也是许多人建群的目的。

（3）成长。前文提到，社群可以实现信息共享。如今越来越多的人通过社群学习和分享知识，促进自我成长。

（4）品牌。即通过社群宣传品牌文化，实现品牌的裂变复制，形成好的品牌效应。

2. 入群动机

入群动机相对建群动机而言更为简单，主要是出于交流、工作、学习、交友、生活、宣传等方面的需要。

运营人员可聚焦单一目的、集中话题，把有相同需求和目的的人聚集在一起形成讨论的氛围。此外，值得注意的是，社群定位要避免“自嗨”。也就是说，我们不能按照自己的标准自己给自己进行定位，而是需要切实地通过产品或服务让用户真正感受到这个社群的定位。例如，某一个社群的定位是“国内顶尖摄影技术交流群”，然而群内真正懂摄影的人寥寥无几，大部分入群成员都是一些摄影爱好者，群内交流也没有太多摄影干货。那么，这个社群的定位就过于主观和自嗨。

（二）专注内容优化

社群的发展需要以优质内容为支撑，只有持续为用户创造有价值的内容，社群才能积累自己的用户群体，才能确立自身价值，形成差异化的风格。内容输出优异与否决定了社群的价值，运营者需专注内容优化，根据社群人员的实际需求，进行高质量的内容产出。否则，没有优质内容，只是依靠一些外在的东西吸引用户，这个社群便很难运营长久。

那么，哪些内容是优质内容呢?

1. 对用户有实际帮助的内容

运营者必须要非常了解社群成员的需求与想法，然后针对这些需求和想法在群里输送一些对用户来说真正有价值、有切实帮助的内容。

2. 有创造力的内容

很多企业社群运营者在进行内容创作时，仅仅围绕产品和服务，造成内容单一、用户审美疲劳。运营者可以颠覆过去，在内容上创新，开阔视野，涉及更广的领域，或者讲述一些有趣的、与品牌文化有关的故事等，带给用户不一样的体验。

三、设置社群门槛，制定社群规则

进入社群一般有两种方式，分别是无门槛的开放加入和有门槛的邀请加入。无门槛的开放加入，可以方便成员的加入，扩大社群规模，但是加入的成员通常会比较杂，而且会有很多不活跃的成员，对社群产生不了太大的价值；有门槛的邀请加入，则需要社群成员邀请方能进入，这样虽限制了社群的规模，却保证了高质量的社群成员。社群运营者在建群时，要做好成员定位，设置初始的入群门槛，制定社群规则，保证社群的正常运营。

（一）设置社群门槛

社群门槛，即为了筛选用户，社群运营者对有意加入社群的用户制定的相关条件和要求。如今，被各种无用信息轰炸厌烦的用户口味越来越“刁”，过去的免费思维已不再适用，有门槛反而更显价值，没有门槛的社群，粉丝往往不会珍惜。因此，社群在入群阶段设置的门槛越高，成员加入后流失率反而越低。此外，对社群发展而言，社群成员的质量比社群规模更重要。如果不设置任何门槛进行开放式加入，当大量新成员涌入群时，成员质量参差不齐，单个成员的质量就无法保证，容易出现大量的灌水内容，造成高质量用户的流失，不利于社群的长远发展。一般来说，常见的设置门槛的方式有以下五种。

1. 特殊邀请制

特殊邀请制，即需要群主或社群成员邀请，或采用邀请码加入，可以找一些KOL 来撑场，借助他们的影响力来帮忙宣传推广。

2. 付费制

付费制，即社群成员需缴纳一定的费用方可入群，这是最简单直接的一种方式。

3. 限制条件制

限制条件制，即设置严格的审核制，对入群用户的身份条件进行限制，如一些企业高层群、豪车俱乐部群等。

4. 购买产品制

购买产品制，即购买相关产品或购买达到一定金额方可加入的方式。

5. 任务制

任务制，即按社群要求做相关任务方能入群，如转发朋友圈，保留多长时间等。

此外，也可以根据社群的类型，针对性地设置门槛，如产品型社群，可以通过用户购买产品的数量，或者购买达到一定的金额来设置门槛；而一些创业型社群或资源型社群，可以通过收费、邀请的方式入群。

（二）制定社群规则

社群的长期稳定运营必须依赖于特定的规则和程序。群规主要面向社群成员，是对成员在群内行为的一种约束与规范（图 10-2），目的在于两点：一是给新成员传递社群的第一印象；二是维护良好的社群环境。很多成员相互之间并不熟悉，如果不对其进行有效管理，很容易因为某一个成员的错误行为而影响整个社群的发展，如有些成员在群里发广告、发不相关内容或私加好友，给其他成员造成困扰。

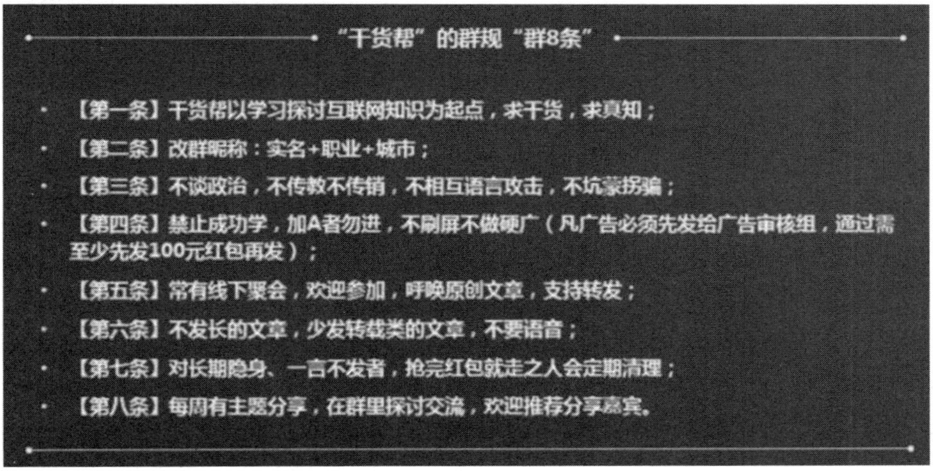

图 10-2　某社群群规

资料来源：知乎

社群的规则初期是由群主设定的，后期再根据实际运营情况依靠成员群策群力逐步丰富，它是一种义务和责任，是社群用户共同认可的公约，需要每个社群成员自觉遵守。社群规则主要包括以下五个方面。

（1）进群规则：不随意加陌生人进群，凡是邀请进来的人需遵守规则，如想拉人，须征求群主的同意。

（2）命名规则：新成员进群后，需根据一定的格式要求修改群内昵称，如城市+姓名、身份+姓名、职位+姓名等。

（3）言行规则：群成员应积极参与群内话题讨论，拒绝一切形式的人身攻击。

（4）任务规则：要求社群成员在特定的时间内，完成相关的任务，如一些主题分享等。

（5）惩罚规则：假设一些成员违反规则，如发布色情、暴力、恶意广告、非法传销等信息，需接受惩罚，甚至直接清退。

四、设计社群活动，保持社群活跃

提升成员的参与感，加深社群内成员的相互关系是社群运营的一个基本宗旨。在社群运营时需设计各种各样的社群活动，包括线上或线下活动，发展出更多好玩的方式，让社群成员参与进来，激发他们自我表现的欲望和社群认同感，提高社群的活跃度。如果一个社群长期没有活动，没有互动交流，社群成员之间就会变得疏离，缺乏归属感。以下介绍几种常见的社群活动。

（一）内容分享

内容分享是提高社群活跃度的最有效的方式。常见的做法是群主每周规定1~2 个主题，邀请成员或相关领域的专家大咖进行内容分享，成员们在特定的时间内展开讨论交流。这种分享会可以让每个成员都参与进来，通过相互讨论获得高质量的内容输出，实现成员的自我价值，促进社群的积极互动，增强成员的身份认同。

（二）签到打卡

社群打卡，借鉴于公司的打卡制度，它主要是为了帮助社群中的成员养成某种好习惯、戒除某种坏习惯所采取的一种行为。例如，一个考研的社群，大家每天互相监督是否有认真完成当天的学习任务，就要求每个成员在晚上某一个时间点，上传自己当天学习的照片等。这种方式也可以加强成员的自我认同感和归属感。

（三）发红包

这是最直接的一种活跃社群的活动方式。但是需要注意的是，发红包一定要带有目的性，不然可能毫无效果。此外，群主还可以采用红包接龙的方式来提高成员的参与度和乐趣感，活跃社群氛围。

（四）福利发放

社群为成员发放从赞助商或其他渠道那里争取到的福利，也是帮助社群维持活跃度的手段之一。福利主要包括物质类、学习类、荣誉类、虚拟类（如积分）四大类，为成员带来实际好处的同时，也增强了社群的黏性。

（五）征集有奖

征集有奖，即通过征集相关信息并给予奖励的活动，如征集广告语、征文、征集孩子姓名等。通过征集活动不仅可以借助社群成员集体的智慧，同时也增加了成员的参与感。

值得注意的是，开展社群活动，活跃并不是最主要的目的，提高成员的活跃度是为了促进社群的整体发展。所以，运营者在社群内部开展的所有活动，都不能脱离社群目标，需根据社群定位、社群文化组织内部的互动交流，对成员在活动中的行为进行监督和管理，避免出现阻碍社群发展的情况发生。

五、打造用户体系，实现成员自治

社群建立初期，由于成员较少，一般通过社群本身制度进行管理，但随着社群的不断壮大，如果仅仅靠社群的制度及少数管理者进行秩序维持的话，社群将可能陷入一片混乱，不利于社群长期良性的发展。社群运营应根据用户的属性，打造用户体系，实现成员的自我管理。

打造用户体系，即对社群成员实行分级管理，是一种反馈性的管理模式，实现了社群内部的自行运转。运营者可以根据成员在群内的实际表现实行分级管理。例如，根据加入社群的时间长短和获得成长的程度，决定是否给予晋升更高等级的资格。另外，也可以对表现优异的成员给予相应的物质或精神奖励，对表现不积极或违反社群规则的成员给予相应的惩罚。

长投学堂是一家提供个性化在线理财的教育机构。2011 年成立之初，长投学堂一直致力于社群运营。如今，该社群已经形成一套完整的体系。

人员构成：主要分为班班、学姐学长、督导三个人设。

人员职能：分别是社群维护、学习标杆和学习监督。

每个群里都会有多个学姐学长，他们基本负责在班班分享的时候，营造气氛，捧捧场。学姐学长是长投免费“招聘”的有志于“社群运营”或者学员中想做兼职的人员，他们必须跟学 1~2 期，在社群中表现突出，才能正式升为助教，而升为助教也是没有收入的，但是班班可以根据表现来发放红包或者奖励。

那么助教怎么成为班班呢？除了掌握一定的社群知识，肯定还需要具备理财知识。

要具备理财知识，肯定是要学习长投的课程，从入门到进阶，从进阶到高级，除了基础知识，股票、基金、保险三门课至少掌握两门才有机会成为班班。

由此，长投根本不用招聘社群运营人员，只需要从学员里面发展代理就行了。这样的设计，既解决了社群初期的运营负担，又解决了班班这种中间阶层的储备人才，还筛选了主动学习和付费的人群，增加了课程收入。

第三节　数字社群运营的商业变现

在移动互联网时代，人是链接一切的中心，人与人、人与物的链接催生了大量的“关系”，传播的碎片化、去中心化使得流量逐渐失去原有的价值，商业的催动力从流量转向关系，商业模式从传统的流量变现慢慢走向社群变现。社群经济正是基于社群而形成的一种新的经济思维与形式。在数字技术的驱动下，社群经济以其人员构成、组织结构、运作方式等独特的优势引发广泛关注，成为一种新的商业变现模式。本节将重点介绍社群经济及其商业变现模式。

一、理解社群经济

在互联网刚刚兴起之时，我们满怀欣喜地认为，互联网带给了我们自由与平等。但当互联网真正崛起以后，我们才猛然发觉，原来互联网的霸权比传统行业更为强悍。当 BAT[①]像黑洞一样吸收了大多数流量时，那些中小型创业者

① BAT：中国三大互联网巨头——百度公司（Baidu）、阿里巴巴集团（Alibaba）、腾讯公司（Tencent）首字母的缩写。

别无选择，只能依附 BAT，花大价钱采买流量完成原始积累。2015 年，公众号流量开始下滑，很多靠微信赚钱的自媒体为了激活这些“沉睡”的粉丝，开始将公众号里的一些铁粉拉进一个微信群里，通过组织线上线下的活动，与粉丝们保持更亲近、更高频次和更多维度的连接，开创了一种零成本连接的商业模式，即社群经济。

社群经济，是指基于社群而形成的一种新的经济模式，它遵循某些兴趣图谱、认知、价值观，借助社群内部的深度交互和情感体验，培养社群成员对社群的归属感和认同感，发现成员的实际需求，以提供产品和服务的方式满足社群成员的需求，从而形成消费、实现盈利。

社群经济的本质是关系经济，良好的社群关系是社群变现的前提。社群是关系的集合体，通过群体间的交流和互动而逐渐形成的人与人之间的情感关系。与传统社群相比，数字社群的存在方式、连接关系虽然发生了较大改变，但其作为情感关系集合体的本质依旧没有改变。社群经济正是以社群内人与人之间大量的强、弱关系为基础的，当持续的互动建立了亲密的关系后，个体会出于对社群或社群成员的信任而愿意购买产品或服务，从而实现社群的商业价值。

“社群经济”一词随着《罗辑思维》的走红而逐渐为人们所知。按照《罗辑思维》创始人罗振宇的构想，社群经济有两个方面的特点：一是建立以用户为中心的有效链接，也就是说，不再是商家主动寻找用户，而是商家通过媒体，塑造自己的形象，建立足够的吸引力，用户主动加入这个群体；二是去中心化的模式，互联网建立起来的社群关系中，每个受众都是一个松散的中心，而媒体要做的就是维系好每个用户。

2015 年 10 月 20 日，《罗辑思维》正式对外宣布完成 B 轮融资，估值 13.2 亿元人民币。同时推送的还有《罗辑思维》公众号里的文章《有奔头，一起过》，宣布当年公司的收入预计将超过 1.5 亿元。可以说《罗辑思维》的赚钱能力，在传统媒体社会简直难以想象。

不过，社群经济≠粉丝经济。很多人容易混淆“社群经济”与“粉丝经济”，认为两者是同一意思，其实这是不准确的。粉丝经济是基于一个明星人物或明星组织所形成的一种经济效应；社群经济则是传统流量变现的更高层次，区别于粉丝经济，具有更强大、更持久、更稳定的变现能力。两者最本质的区别在于：社群是由关系形成的网状结构，发展到一定程度会自我运作，具有去中心化的特点；而粉丝经济是以某个明星或明星组织为中心，发展到一定程度不会自我运作，具有超强向心力的特点。对企业或组织而言，只有将“用户”发展为“朋友”，才能聚集成一个高忠诚度、高参与度和高价值的社群，才能产生社群经济。

而随着曾经依靠社群成功的自媒体慢慢地去社群化：“罗辑思维”已停止社群业务，会员也开始进行转让，慢慢转型知识电商；秋叶 PPT 用于社群维护的时间也逐渐减少，社群属性越来越弱，公司属性则越来越强……很多人开始预言社群经济已走向衰落，并终将成为历史。殊不知 2019 年私域流量的突然火爆，基于“人”的价值电商体系成为各大企业和平台争抢的红利，社群电商重获企业青睐，社群经济迎来了新的转机。可以预见，社群电商将成为未来商业的重要形态，社群经济将创造更大的商业价值。

二、社群商业变现的常见模式

社群经济是基于人际关系产生的一种新型商业模式。不同于极其依赖内容变现的自媒体，社群的价值核心不在于内容，而在于关系，可以围绕社群关系构建多元化的商业模式，包括产品或服务模式、会员制模式、众筹模式、广告模式。

（一）产品或服务模式

产品或服务模式，即通过为成员提供产品或服务的方式获利，社群也是因为产品或服务而聚集在一起。

这种盈利方式的前提是社群必须具有足够的凝聚力，这样才能形成有规模的商业转化。不过，如果社群推荐的产品或提供的服务并没有预期的口碑，那么社群的每次收费都是在透支社群成员的信任度和口碑，长久以往，社群成员就不会再为该社群的产品或服务买单。而且，即使社群推荐的东西满足了部分人的需求，一味地推销产品，也会使社群变得太过商业化，导致社群成员因获取不到其他价值而离开。因此，这种模式最关键的就是引入或生产高复购率的优质产品或服务，不要过度透支成员的信任，将社群成员当成被榨取的目标。

（二）会员制模式

会员制模式，即通过直接收取成员会员费实现变现的模式。收取会员费既是社群的进入门槛，也逐渐成为许多运营良好的社群的一种最常见的变现模式。例如，成员如需加入“罗辑思维”社群，需要交纳相应的会员费，铁杆会员价1 200元，普通会员价200元，半天时间收入169万元，获得了极大的价值反馈。不过，这种变现方式需要社群有持续的价值输出，为会员提供较高的附加值。如果运营者在信息产品供给方面没有绝对的价值，那么会员变现可能反而不利于社群的发展和管理。

（三）众筹模式

众筹即“大众筹资”，是指向大众募资，以支持发起个人或组织的行为。一般说来，众筹是由发起人将自己的某项产品或创意放在众筹平台上，吸引跟投人的兴趣并引导其投资的方式。通过社群发起众筹，是早期企业社群融资的重要手段。企业可以利用社群聚集的精准人群，为一些小众产品发起内部众筹，如小米、锤子、华为等手机厂商为新品手机在社群内发起的众筹。总体来看，社群众筹有三个作用：第一个是筹钱，即通过众筹的方式解决企业资金不足的问题；第二个是筹智，即运用群内成员集体的智慧帮忙解决某个问题；第三个是筹人，即通过聚集社群成员的方式解决企业客源的问题。

社群众筹具有低门槛、创意性、大众性、多样性及风险分散等特征，利用众筹融资可以充分发挥社群的价值。不过，众筹的前提是项目一定要好，运营团队一定要优质，这样才能产生效果。

“双十一”期间，小米正式发布新品众筹及其详细通知（图10-3），用户只需要在11月11日0点起在小米天猫旗舰店参与众筹并支付1 000元众筹款，即可参与小米新机的众筹，产品定价公布后多退少补。同时小米承诺，参与众筹的产品将在发布后40天内发货，并且享有优先发货特权，每人限购一台，同时有机会抽取发布会门票。

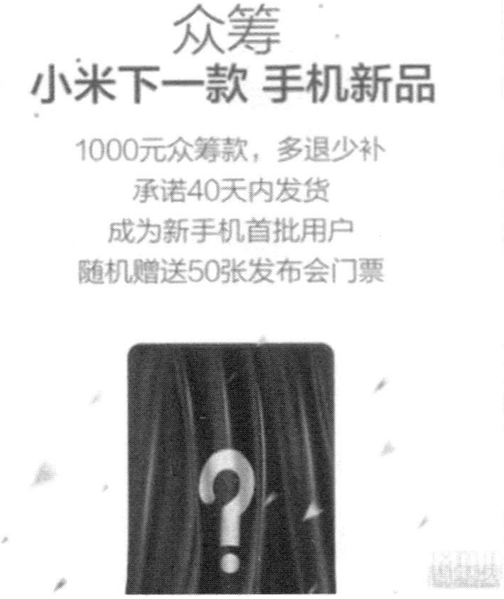

图 10-3 小米手机众筹

资料来源：搜狐网

（四）广告模式

在各种数字媒体商业变现过程中，广告变现都是一种很重要的方式。当一个社群积累了一定规模的成员时，便有了广告的价值。社群的广告变现有两层含义：一方面是指通过广告的信息传递价值来实现盈利；另一方面是指通过社群会员的管理来匹配广告商的商业价值，从而实现商业变现。社群广告相比其他数字媒体广告，精准度更高，玩法更独特，也更能调动成员的参与热情。例如，有些企业不会直接在社群里为自己的产品打广告，而是通过抽奖的方式，赠送产品或产品的使用权，这样不仅调动了社群成员的参与度，更让他们主动对外宣传推广。

三、数字社群运营的未来发展畅想

每个人在社交媒体中都或多或少加了一些群，家人群、同学群、工作群、兴趣群、学习群等，数字社群改变了我们的社交方式、学习方式与商务方式，逐渐成为我们在现实世界中沟通的延伸和补充。随着数字技术的发展和社会化媒体的不断进化，新时代的社群运营必将爆发新的趋势，朝着品牌化、专业化、精细化、智能化、工具化、场景化方向发展，社群的商业模式也将变得更加成熟、多样化。

（一）品牌化、专业化、精细化

品牌化、专业化、精细化运营是社群商业化发展的必经之路。目前，社群数量众多，但用户注意力有限，没有价值，不能满足用户关于内容、资源、利益等方面需求的社群是不会吸引、留存用户的。鉴于此，未来的社群运营将着重打造社群品牌化，让社群以精品内容为依托，通过成熟的品牌推广和专业化、精细化的运作手段，实现社群的超高商业价值，促进社群的进一步发展。

（二）智能化、工具化

从社群技术的角度来看，社群承载的数字化运营工具、网络平台及基础设施等方面的进一步改善都能提升社群整体服务水平。如今，越来越多的人性化功能和工具开始运用到社群运营中，如自动拉群、自动应答、多群转播、群精华、活码工具等，社群所承载的平台样式也越来越多样化，除了一些社交平台，很多电商平台、泛娱乐平台也纷纷创建社群，促活关系经济。未来，将会有更多的工具，特别是智能工具广泛运用到社群运营中，网络平台也将更加多元化，使社群运营效率更高，用户体验更好。

（三）场景化

无场景，不社群。场景是社群的基础，它可以深入用户的心智，融入用户的生活，关乎社群活跃度、社群文化、社群内容、IP 打造、商业变现等各个方面，近几年社群流行的“21 天读书打卡”就是在塑造一个运营场景。

社群场景分为线上和线下两部分，如线上的拼团秒杀场景、线下的读书沙龙场景。线上场景是通过内容场景的搭建，连接有相同兴趣爱好的人到社群内构建社交场景与交易场景；线下场景是真实的人与人之间的情感链接场景与信任场景。如今，用户逐渐从公域流量转移至私域流量，社群场景的搭建，将解决社群运营的难题。场景化，将是未来社群运营的主旋律。

（四）打造超级个体 IP

移动互联网时代，越来越多的去中心化节点正在生成，每个人都是一个个独立的节点，每个用户都能成为一个超级个体 IP，都能拥有自己的粉丝，都能彰显自己的价值，也都能拥有获得社会话语权和资源占有优先权的可能性，这是主流也是趋势。未来，将是深耕个人服务的时代，众多个人服务领域将诞生无数的专家、KOL 及创业团队。社群运营，将重点打造这些超级个体 IP，通过 IP 的塑造和价值来创造更大的商业回报。

（五）商业模式越来越成熟、多样化

未来的商业，聚焦社群非常关键。近年来，随着社群数量的快速增长，社群所涉及的产业也越来越丰富多元，几乎所有的行业领域都注重在本领域做垂直的专业社群，社群间的交叉融合也促进了产业间的融合，由此催生出新的社群经济模式，成为未来商业变现的新机遇。此外，未来社群的商业模式也将越来越重视大众的参与。随着数字社群的发展，人与人之间的协作效率不断提高，社群成员将愈加频繁地参与到社群的营销之中，他们可能既是用户，又是创造者、投资者，一种新的商业模式即将形成。

第十一章　社会化媒体运营

凭借信息的高聚合性、受众的高参与性及平台的高开放性等特点，社会化媒体在全球迅速发展、壮大起来，并逐步构建起社会话语与全球文化传播的新语境。在美国，以 Facebook 和 YouTube 为代表的社会化媒体在全球范围内产生了巨大影响，并持续发展成为与门户网站、搜索引擎和电子商务并重的互联网基础性应用。在中国，1994 年中国第一个论坛——曙光 BBS 站的建立，标志着中国社会化媒体的诞生。之后，大众点评、博客、校内网、新浪微博、团购等相继出现，社会化媒体的格局愈加复杂，网民对社会化媒体的认知逐步加深。可以说，社会化媒体让互联网成为日常生活，是数字媒体时代最重要的转折点，利用社会化媒体进行商业运营逐渐成为企业管理理念的新样态。

第一节　社会化媒体运营概述

社会化媒体运营，在很大程度上就是为个体用户、企业用户或政府用户提供一个展示自我、产品或理念的舞台。近年来，随着对社会化媒体的应用越来越广泛，有关社会化媒体、社会化媒体运营的概念、分类、发展演进等方面的探讨逐渐增多，拓展了数字媒体的研究领域。

社会化媒体所涉范围较广，相关概念也极易混淆。本节力求简单地对社会化媒体、社会化媒体运营的概念做一个清晰的界定，并对“社会化媒体”与“社交媒体”这两个相似概念进行一定的区分，同时对社会化媒体运营的基本思路与各类“关系”的演进展开全面的梳理。

一、社会化媒体运营的概念与基本思路

“社会化媒体”来源于英文“social media”一词，最早由美国学者安东尼·梅菲尔德（Antony Mayfield）在其在线出版的著作《什么是社会化媒体》（*What Is Social Media*）中提出，他认为社会化媒体是一种给予用户极大参与空间的新型在线媒体，其最大的特征是赋予每个人创造并传播内容的能力①。所以，“社会化媒体”这一概念，重点在于“社会化”，而非“媒体”，它是一种基于互联网技术、数字技术和通信技术，以用户为基础，允许用户共同创作、讨论、分享和交换信息、观点、图像等内容的高交互平台，可以给予用户极大的参与性和交流感。主要包括以天涯、猫扑为代表的社区论坛类，以新浪微博为代表的博客类，以腾讯、优酷、爱奇艺等为代表的视频网站类，以百度知道、知乎问答为代表的知识共享类，以及以QQ、微信为代表的社交沟通类等。

“social”一词有“社会的”“社交的”之意，因此，也有人将“social media”翻译为“社交媒体”，虽然词义差别不大，但社会化媒体不能等同于社交媒体。的确，早期社会化媒体主要强调其社交属性，但随着社会化媒体的进一步发展，其表现形态越来越丰富，含义得到不断扩充，如今我们需要站在一个更广阔的视角重新认识社会化媒体。一般说来，社交在很大程度上强调的是个体与个体的交往，“社交媒体”这个词更强调的是相关应用在个体的社会关系拓展层面的个别意义。今天人们对社会化媒体的重视，更多的是因为其在公共信息传播与社会事务中的价值。“社会化”比“社交”一词可以更好地体现大规模的互动及其影响②。

社会化媒体运营，则是以互联网产品为核心，运用社会化媒体平台进行运营维护的一种方式，其基本思路包括以下几个方面。

---

① 彭兰. 社会化媒体：理论与实践解析[M]. 北京：中国人民大学出版社，2015：3.

② 彭兰. 社会化媒体：理论与实践解析[M]. 北京：中国人民大学出版社，2015：2.

首先，以洞察人性和满足用户人性化需求为核心的思路。这要求运营者对人性有较为透彻的了解，如人都是好逸恶劳的、缺乏耐心的、追求新鲜的等，通过对人性的把握，迎合用户的心理与情感需求，顺应用户的日常化需要，切忌试图改变用户的常识习惯。

其次，以提供人际与群体间不同的互动为基本目标，在互动的手段、方式、场景、结构、补偿机制等方面的设计中寻求自身定位，设计产品的核心要素，运用群体效应，放大传播效果。

最后，以优质的用户体验吸引和留存用户，形成和扩大用户规模。通过优化产品质量与服务，吸引优质用户，形成可观的用户规模，并在此基础上探索各种商业变现模式，强化平台的黏性。

需要注意的是，社会化媒体运营关注的不是短期行为，而是企业的长远发展，以形成社会化媒体的整合运营策略。在进行社会化媒体运营时，企业还需要重点关注以下几个方面。首先，要学会倾听用户的需求，同时进行预测和监控，以此建立企业的运营指挥中心；其次，在分析数据的基础上制定相关的运营策略和产品推广计划，分析用户，进行内容的包装；最后，加强完善社会化媒体的服务，快速响应用户的需求，提高用户的满意度，将用户群体的关注引导至社会化媒体的产品消费上。

二、社会化媒体的核心要素

社会化媒体具备一些持续存在的核心要素，这些核心要素使社会化媒体区别于其他的媒体样式，成为独特而鲜明的存在。了解社会化媒体运营，需要深刻理解社会化媒体的核心要素，掌握社会化媒体运营的本质。核心要素主要包括四个，即人、关系、内容与分享。

（一）核心要素之“人”

社会化媒体的核心是 UGC，人是社会化媒体构成的主体和基本单位。不过，这里所说的人不仅仅指的是粉丝，更是社会化的人，是与用户的关键词匹配、场景相对应的人，他可能是粉丝，也可能不是，他可能是个体，也可能是群体或组织。

社交是人们生活的基本需求之一。在社会化媒体中，人逐渐摆脱信息的控制，呈现出自我表达欲加强、社交需求增长的特点，无论是什么样的社会化媒体，都要注意满足“人”的基本需求，特别是“人”的社交需求，为“人”提供一个联系好友、结交新朋友的平台，让其充分表达情绪、宣扬自我。

（二）核心要素之“关系”

社会化媒体平台的建设以用户之间的关系为纽带。个体之间通过关系相互连接，产生持续活动，信息也沿着关系进行流通传递，通过用户之间关系的拓展，社会化媒体可以快速、便捷地满足用户的信息需求。社会化媒体中的关系可以从以下几个不同角度进行解读。

首先，线上关系与线下关系。社会化媒体通常会将没有线下关系的用户在网络上发展出线上关系，或将用户已有的线下关系转移到线上来，使得人们的线上关系与线下关系的界限变得模糊。

其次，强关系与弱关系。强关系，即联系频繁的关系；弱关系，即联系不够频繁的关系。社会化媒体的运营与营销成功的关键就在于将与用户之间的弱关系发展成为强关系。

再次，直接关系与间接关系。根据用户间是否存在直接的交往或互动，分为直接关系与间接关系。

最后，社交互动关系与信息互动关系。基于社交意愿进行互动而产生的关系，即社交互动关系；基于信息互动而产生的关系，即信息互动关系。

用户基于以上关系相互沟通、连接，形成了自己的关系网络，并在互联网中不断汇集成一张复杂的关系大网。

（三）核心要素之“内容”

对于社会化媒体来说，内容是其中关键的组成部分，完全脱离内容的社交，在数字网络中几乎是不存在的。与专业媒体相比，社会化媒体生产的内容具有海量化、多元化、碎片化、自发性和全面性等特征，不仅可以满足用户社交、自我表达、信息交流等多方面的心理需求，同时也可以为信息的搜索提供有利环境，减少用户信息搜索的时间。

社会化媒体的内容，既包括文章、照片、视频等个人娱乐方面的内容，也包括评论、建议、评分等反馈性的内容，不管是哪方面的内容，都是由用户创造、共享的，共同构成了社会化媒体多样化的内容形式。特别是评分、评论等方面的内容，它们往往是对一些产品或服务方面进行的一种反馈，用户会根据这些信息来衡量自己的购买决策，以此影响相关企业或商品的营销、宣传和最终转换，可以直接应用到企业的商业中。

（四）核心要素之“分享”

社会化媒体与受众之间的界限是十分模糊的，社会化媒体的核心是内容，而内容主要依靠于用户创造。因此，与内容相关的用户“分享”，即信息的互动成为社会化媒体传播中的主要动力。社会化媒体通过分享激发感兴趣的用户主动贡献、反馈信息，任何人都可以是内容的创造者、传播者、消费者，而且这种身份会随着分享信息的不同而发生转变。

不过，数字世界里的“分享”，不同于现实世界中涉及利益的分割与削弱，相反，这种基于“数字化”的分享，几乎不涉及任何成本，而且往往可以给分享者带来一些“回报”。这种零成本、高回报的“分享”在社会化媒体中更是十分普遍。

三、社会化媒体运营中“关系”的演进

社会化媒体运营是以人和内容为中心的。人创造内容、分享内容，并通过内容连接起相互之间的关系。因此，在社会化媒体运营中，需要处理好三种关系，即人与人之间的关系、人与内容之间的关系、内容与内容之间的关系。不同的发展阶段，处理关系的侧重点也不一样。

在发展初期，社会化媒体运营的出发点是先建立内容与内容之间的关系，然后通过用户与内容进行互动，从而形成人与内容之间的关系，在此基础上再进一步产生人与人之间的关系。例如，早期的社区、点评网站、知识问答之类的社会

化媒体，它们都是以内容为节点，基于内容连接起用户之间的关系，内容的成长伴随着用户关系的成长，用户之间的关系也会不断改变内容与内容之间的关系。

随着社会化媒体的不断发展，“人”与“内容”的关系逐渐从以“内容”为节点发展为以“人”为节点，用户以自我为中心，以网络建立的社会关系为渠道，以此进行内容的双向交换。在这一阶段，运营的关键在于先建立人与人之间的关系网络，然后在此基础上形成内容与内容之间的关系，如博客、SNS、微博、抖音等社会化媒体，它们都是从用户的关系出发，以此构建起内容的交互。

如今，智能技术进一步推动了社会化媒体的发展，AI 已成为除普通网民、意见领袖之外新的用户形态，影响了原本人与人之间的关系，同时也改变了内容的生产模式。随着机器学习的不断深入，AI 将可能成为一个独立的个体，通过自我数据处理、分析、创造内容，形成具有类人性格的独立个体[①]。未来，在 AI 的推动下，各类关系将变得更为复杂，可能逐渐演变为人与机器之间的关系、人与人之间的关系、人与内容之间的关系、机器与内容之间的关系、内容与内容之间的关系等多维关系，社会化媒体也将以更为开放的姿态来迎接 AI 的加入。

第二节　社会化媒体运营的内容与发展特点

在社会化媒体中，每个企业面对的用户都不同，因此都有自己独特的流量管道及销售渠道，也会有不同的接触点和影响力，对这些元素进行选择和分析构成了社会化媒体运营的主要内容。而中国的社会化媒体从早期的论坛、QQ，到后来的博客、微博，再到现在的直播、短视频等，虽然框架主要来源于美国，但其在发展过程中不断呈现出自己的运营特点。论述中国社会化媒体的发展历程及其在发展过程中呈现出的不同的运营特点，能为中国互联网产品的创新提供一定的启示。下面将对社会化媒体运营的内容与发展特点进行详细论述。

---

① Kantar Media CIC. 2018 年中国社会化媒体生态概览白皮书[EB/OL]. https://www.docin.com/p-2128287270.html, 2018-08-20.

一、社会化媒体运营的内容

社会化媒体运营的内容包括管道分析、寻找接触点、影响力评估和渠道选择。企业进行社会化媒体运营，首先需要确立自己的社会化管道，明确接触点路径；其次分析社会化媒体的影响力，做好渠道规划；最后形成社会化媒体运营的整体策略。

（一）管道分析

管道，即用于输送气体、液体等物质的装置。社会化管道，则可以理解为一种能够输送社会化内容与社会化流量的假想装置（图 11−1）。它通常由两部分组成，管道的前部分是由市场发起的。当市场产生的大量社会化流量涌入社会化管道后，企业通过与用户的交互，积极为他们提供内容与服务，让用户对产品产生认知、考虑、购买、反馈等行为，最终形成企业与用户的互惠交换。管道的后半部分则是由用户发起的。用户创造的媒体内容，如评论、照片、视频、评级等，通过管道再反馈给企业，成为企业产品研发或营销的决策依据。

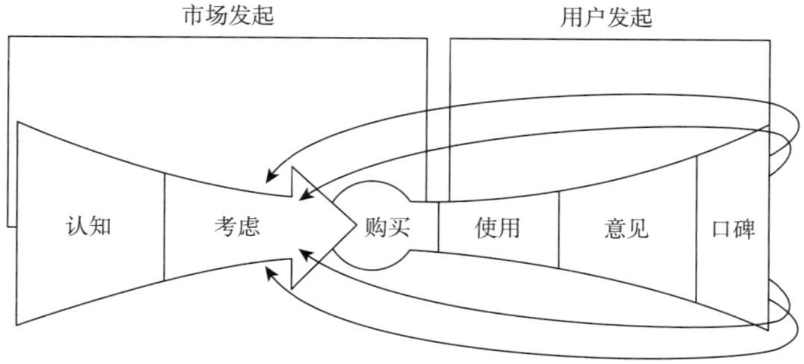

图 11-1　社会化管道

资料来源：叶开. 社会化媒体运营[M]. 杭州：浙江人民出版社，2013：63

做社会化媒体运营，需要深刻理解社会化管道，了解它的运作原理，以及它在企业与用户之间、社会化媒体与传统媒体之间所扮演的角色，并进一步学会创建自己的社会化管道，实现整合营销。

（二）寻找接触点

接触点，即消费者接触产品相关信息与特性的地方，它是决定产品印象好坏的关键。社会化媒体往往会放大传播消费者的体验感受，当消费者的实际体验与产品承诺产生较大差异时，消费者对产品的不满意态度也会通过社会化媒体进行放大。因此，做社会化媒体运营，需要寻找社会化接触点，分析接触点的规律，并进行评估分析，以确保产品信息与消费者体验的一致性，避免产生不良社会化内容及负面口碑内容。如今，企业做社会化媒体接触点分析已成为常态，是企业整合营销传播中的重要内容。

寻找接触点，除了去微信、微博、贴吧、QQ 空间这些社交空间寻找客户的行为接触点，更重要的是，要通过社会化媒体跟用户产生心理接触，找到用户的心理接触点。心理接触点包括三个层面：①应用的连接，即人们衣食住行、娱乐、通信等应用场景的连接；②趣味的连接，即满足人们兴趣、爱好、好奇心、猎奇心等趣味的连接；③思想的连接，即人们思想、情绪、情感、情怀等方面的连接。通过连接客户的心理接触点，了解客户实际的产品需求与体验感受。

（三）影响力评估

社会化媒体影响力，主要用于形容企业或个人在社会化媒体中影响其他人思想或行为的能力。比起现实生活中真实的影响力评估，社会化媒体影响力评估更容易实现，在营销上的运用范围更广。一般说来，社会化媒体影响力可以通过微博粉丝数、评论转发数、博客访问量、外链数等来判断。不过，由于这些数值过于表面，企业在实际评估时关注更多的是可能带来价值转化的推荐和口碑影响力。测量推荐影响力，特别是随着时间的推移持续跟踪，是企业进行社会化媒体运营的关键[①]。

具体而言，社会化媒体影响力评估有三个主要指标：①产生真正影响的人数，即关注者的一些行为，他们的评论、转发与点赞；②二次传播力，即在社会化媒

① 叶开. 社会化媒体运营[M]. 杭州：浙江人民出版社，2013：78.

体上发布一条信息后，信息被二次、三次分享的数值；③社交网络，即在微信、微博、QQ 等社交媒体上的综合影响力。

（四）渠道选择

渠道，在营销学领域，又被称为销售网络，用来表示产品的流通路线。社会化媒体渠道包括博客、微博、微信、豆瓣、视频和音频播客等。

在具体运营中，企业可以根据平台、内容及互动选择适合的社会化媒体渠道。平台，可以帮助企业吸引更多的消费者，采集更多的信息，起到引流的作用；用户创作和分享的内容，可以帮助企业了解用户的想法和建议，优化产品和服务质量，有效传播产品和服务的知识；参与者的互动，可以帮助企业跟踪最新话题及一切有意义的事情。通过对这三个元素的了解和分析，选择企业最佳的销售渠道。

二、社会化媒体运营的发展特点

自 1994 年中国第一个论坛——曙光 BBS 站建立至今，社会化媒体在我国已经经历了二十多年的发展。从最初的社区、论坛发展到博客、SNS 及如今的微博、直播、短视频等，社会化媒体历经多阶段进化，其形态、功能、种类都发生了翻天覆地的变化，在互联网领域的影响力也与日俱增。社会化媒体的每一次发展与变迁，都可以看出媒介的进步、信息传播方式的变革及运营理念的转变。中国社会化媒体的发展与变迁如图 11-2 所示。

第一阶段：培育期（1994~2004 年）——用户规模小、交互性强。

社会化媒体发展的第一个阶段，以论坛、即时通信和点评网站为主要的形式，偏重社交概念的诠释，为用户带来了交互性的体验。

论坛是中国互联网出现最早的社会化媒体形式，其典型意义在于为普通大众提供了一个分享、沟通与交互的平台，改变了过去由少数个人或组织操控媒体的局面，让用户拥有了主动传播信息的渠道，用户的主体地位得到加强，信息量大增。国内比较有影响力的大型论坛，如天涯社区、百度贴吧、西祠胡同、猫扑社区、网易论坛、强国论坛等。

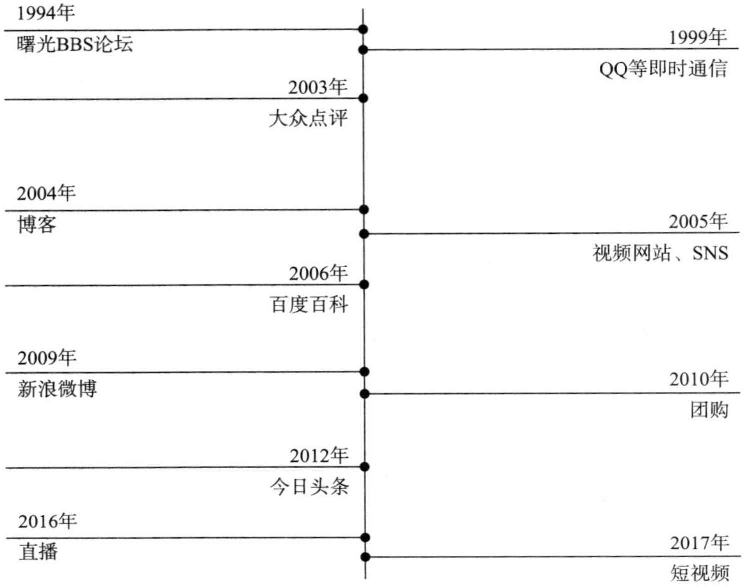

图 11-2　中国社会化媒体发展时间轴

即时通信也在这一阶段崭露头角，给用户以便捷化的信息交流，其中最具代表性的便是腾讯开发的腾讯 QQ。腾讯 QQ 之后，相继出现了飞信、百度 HI、新浪 UC、YY 语音等实时通信类媒体。即时通信，逐渐成为人们日常沟通的重要方式。

点评网站为用户提供了一个分享信息、参与评论的平台，国内比较知名的点评网站是大众点评网和豆瓣网。

社会化媒体的出现极大地丰富了网民的生活，但此时信息传播仍处于杂乱无序的状态，用户规模非常小，社会化媒体仍未受到广泛关注。

第二阶段：发展期（2005~2008 年）——社交化、个性化。

由于受到国外 MySpace 的巨大冲击，历经概念化发展的中国社会化媒体，进入一个快速发展的时期。这一阶段以校内网的出现为开端，以博客、视频网站、百度百科为代表，带有浓厚的个人化色彩，给予了使用者自由表达感情、展现自我的平台与机会，越来越多的网民参与到内容信息的创造和互动分享中。

校内网，成立于2005年12月，是国内早期社交网站的代表，曾占据国内SNS市场份额40%以上，同时期诞生的社交网站还有开心网、海内网、占座网等。社交网站的出现，拓展了人们现实世界中的关系，在互联网中构建出强大的关系网，形成超强的覆盖能力和黏度，真正意义上将互联网带入了社会化媒体的阶段。

同样在2005年，中国互联网开启了“博客大众化元年”，草根大众和精英明星都开始推介与使用博客，将互联网中的社会化媒体推进了一大步。内容提供者逐渐从传统网站转向网民，每一位网民都拥有了表达自我、宣扬个性的机会，个体与个体、个体与群体之间的交流变得更加紧密，信息传播模式发生了重大变革。其中，新浪博客和博客中国是典型代表。

名人博客的出现和快速发展，是中国博客发展的一个突出现象。从2007年开始，名人博客开始受到全社会的广泛关注，它不仅成为明星记录私人生活的日志，更演变成了一个公共的传播平台，通过它，名人们针砭时弊、发表自我观点，掌握了强势的话语权。

在众多名人微博中，最具代表性的是号称“博客女王”的徐静蕾。2005年10月25日，徐静蕾在新浪博客开通了个人博客，并自称为“老徐”。2007年7月12日，徐静蕾个人博客访问量突破1亿次，成为中国博客第一个突破1亿次访问量的名人博客。徐静蕾博客的成功与其精心打造的文艺女青年的人设，以及构建了一个与粉丝近距离接触的开放平台密不可分。

视频网站的出现，则进一步丰富了网民的业余生活，拓展了网民的视野，人们不仅可以看视频，还可以自己制作、上传原创视频分享给其他网民，增强与其他网民的互动与交流。百度百科等问答类平台的出现，更为用户创造了一个协同制作内容的平台，极大地激发了网友的创造力。

第三阶段：爆发期（2009~2010年）——类型多样、凸显商业价值。

2009年8月，新浪推出“新浪微博”内测版，成为中国第一家提供微博服务的门户网站，以此为标志，中国社会化媒体迎来了爆发期。在这一阶段，社交网站热潮迭起，使社交成为数字网络发展的主流；新浪微博、搜狐微博、腾讯微博的相继上线，使人们更加随心所欲地表现自我，开启了中国社会化媒体发展的新阶段；2010年是中国的“团购元年”，团购网站将社交电子商务化，用户可以用开心网、新浪微博等社会化媒体账号登录团购网站，通过团购的方式以较低的价格买到心仪的商品，还可以向各大社交网站共享交易信息和心得，迎合了网民对服务性商品的需求，较大的团购网站有淘宝聚划算、美团网、拉手网、窝窝团。

在此阶段，社会化媒体普及程度越来越高，功能越来越多，用户变得越来越分散，企业也逐渐开始社会化媒体的运作，借助微博等社会化媒体的广泛的参与性、高度的黏合性及精准的定位，为企业营销迎来了新的机遇。

第四阶段：变革期（2011 年至今）——融合化、娱乐化。

在变革期，各种社会化媒体已逐渐发展成熟，随着功能的不断完善，开始尝试利用自身优势进行跨界整合，平台更加开放、自由、透明，为用户带来了更良好的社交体验，吸引了众多个人与企业参与进来。例如，新浪微博通过借鉴其他社会化媒体的特点，不断完善自身功能，推出微相册、微盘、微博桌面、微音乐、微电台等应用。同时，这种深度的跨界整合，也使中国大多数互联网媒体具备了社会化媒体的属性，并衍生出以《王者荣耀》为代表的网络游戏类、以抖音为代表的短视频类和以 YY 直播为代表的直播类新型社会化媒体，进一步扩充了社会化媒体的含义，社会化媒体的泛娱乐化趋势也愈加明显，越来越多的用户加入内容的生产与传播过程中。

此外，随着今日头条（即字节跳动/ByteDance）的崛起，社会化媒体巨头由原来的 BATS（百度、阿里巴巴、腾讯、新浪微博）发展成 BATSB（百度、阿里巴巴、腾讯、新浪微博、字节跳动），旧有的媒体格局被打破，智能算法迅速渗透并获得了社会化媒体用户的喜爱。

第三节　社会化媒体运营的策略与数据评估

随着社会化媒体和用户的不断演变，企业的社会化媒体运营遭遇了各种问题。社会化媒体运营从何介入，如何扩大社会化媒体中信息传播的范围，社会化大数据又该如何驾驭，成为各大企业亟须思考和解决的问题。基于此，下面将围绕社会化媒体运营的具体策略，以及运营中主要关注的基础性数据指标两部分进行详细讲解。

一、社会化媒体运营的策略

社会化媒体以人为核心，由用户协同创造内容。社会化媒体运营的核心就是运营人和内容。在社会化媒体中，主要有两类人群：意见领袖与普通用户，意见领袖是社会化媒体信息传播中的关键环节，普通用户则是社会化媒体内容的主要创造者和触达者。因而，社会化媒体运营的策略主要包含三点，即意见领袖的运营、用户的运营与内容的运营。

（一）意见领袖的运营

社会化媒体冲击了传统媒体信息传播的垄断地位，使平民获取信息的主体地位得到提高。但是，在社会化媒体中并不是所有的个体都拥有同等的地位。在网络中存在这么一群人，他们作为个体，却能对一个群体的行为或传播产生极大的影响，这些人就是传播学中所说的“意见领袖”。但是与传播学中作为信息传播中介的“意见领袖”不同，社会化媒体中的“意见领袖”更多地作为信息和意见的源头，可以直接影响社会化媒体的信息、意见和态度走向。意见领袖是社会化媒体传播中极为重要的一环，可以加大社会化媒体的传播声势，也可以作为信息传播的把关人，对信息的流向进行严格的把控与调节，具备了一定的议程设置能力，所以，也成为许多传统公关在数字化转型时最擅长与之互动的人群。

在社会化媒体运营中，要善于把握好意见领袖，坚持个性化运营。运营者可以适当利用激励途径吸引意见领袖，在运营手段上迎合他们的口味，重视他们的反馈和意见。同时，还应想办法与意见领袖保持紧密的日常联系，依靠他们自发地进行内容传播，进而扩散给更广泛的受众。在社会化媒体运营中利用意见领袖进行信息内容的传播可以分为以下两个步骤。

第一，确认意见领袖。这里的意见领袖既可以是权威人士，也可以是在某个领域中有着真知灼见的普通人，或者是社会化媒体中有话语权、影响力的“活跃分子”。利用权威人士与普通人交叉递进的方式进行信息传播，既有深度也有高度，还能促进信息更广泛传播。运营者可以利用搜索关键词、关注留言板和论坛、搜索社会化媒体站点等办法定位到意见领袖。

第二，利用意见领袖实现信息内容的传播。由于社会化媒体的出现赋予了人际传播更大的可能性和更强的效果力，因此，可以借助社会化媒体这一载体，采取广告、公关等方式，并通过意见领袖激发起实际有效的人际传播，实现内容信息的有效传播。

（二）用户的运营

在社会化媒体中，能够聆听用户的意见，和用户广泛沟通是运营的关键。运营者需要与用户建立直接的联系，进行日常沟通、进行用户需求调查和反馈、寻找传播者和超级粉丝、寻找和培养免费专家，以及做好用户服务工作。

第一，进行日常沟通。运营者可以跟用户保持日常的基本沟通，提高自身知名度。在与用户沟通时，运营者需注意：认真倾听用户声音，尽可能多地寻找倾听工具和方式，获得更多与自身有关的信息；在倾听的同时，还要善于与重点用户进行深度交谈；在与用户进行个性化互动时，要注意平衡自身内容与个性化交谈内容的比例。

第二，进行用户需求调查和反馈。社会化媒体是一个开放的公共讨论区，当用户点击评论对产品或服务发表看法时，这些看法也将传播给他们的粉丝或平台上其他的用户。这将有助于品牌的传播，运营者可以在某项产品或服务推出之前，设计一个问题或一个简单的调查问卷发布在社会化媒体上，提前让粉丝知道，并了解他们的想法。

第三，寻找传播者和超级粉丝。运营人员要学会在社会化媒体中寻找信息的传播者和自己的超级粉丝。这些人往往会是最忠实的用户，他们会随时关注你的动态，也会向身边的朋友推荐你。所以，运营者应了解他们的看法，通过设置一定的物质、精神奖励等手段努力提升这些用户的满意度并留住他们。

第四，寻找和培养免费专家。社会化媒体上聚集了各行各业的专家，运营者要善于找到他们，关注他们，并持续跟踪和维护与免费专家的关系，与其保持积极互动。这样，在一些专业问题上，这些免费专家就能发挥极大的价值。

第五，做好用户服务工作。运营者可以将社会化媒体作为企业总体战略的一个组成部分，做好客户服务可以建立企业声誉，塑造品牌形象。

（三）内容的运营

社会化媒体的内容运营是一种自组织协同式运作机制①。与传统媒体和门户网站采用的集中式生产模式不同，社会化媒体的内容生产主要为碎片式、分散式的生产模式。在社会化媒体中，用户生产的内容一开始都是“平等的”，它们经由每个用户对于信息转发或不转发的选择，使少数碎片化信息从浩瀚的信息汪洋中筛选出来。这种“全民投票”式的内容机制为信息的进一步选择、传播提供了基础。经过“全民投票”筛选出来的信息碎片，在信息传播过程中，通常还会经过网民再一次验证、纠正。在这个过程中，网民之间相互协作、互相监督，不断调整目标，校正信息传播中的误差，进一步优化信息，还原信息内容或复杂事件的真相，在一些重大事件的网络传播中，起到关键作用。

2020 年 7 月 25 日，堪称“全民目击、全网破案”的“杭州来女士失踪案”在历经 18 天的密集调查后终于告破。该案件可以说是有史以来网友参与度最高的经典案例，具有里程碑式的意义。之所以称其“经典”，不仅在于案件引发网友空前关注，更在于案件告破过程的全民参与性——从来女士的离奇失踪、监控未拍到离开小区开始，就迅速成为全国热点，全网网友对案情的分析推理及对谁是凶手的揣测，超出了此前的任何一个刑事案件。

7 月 17 日，一则“杭州来女士离奇失踪”的视频在微博上流传，引起了广大网友的关注，此时就有网友“YelloUp 皇上”评论：先调查她老公。之后随着网民对该视频的持续关注与转发，“杭州来女士离奇失踪”事件得到进一步的发酵，更多的网友参与到案件的讨论中，如网友“2020 好运莱”：查一下晚间到凌晨的用水用电；网友“我就是 as”：普通人要躲过 7 个监控绝非易事，肯定还在这幢楼中；网友“Jeff 长豆豆”：早年办过一个案件，和这个类似，都是人和钱没了，最后是老公把尸体埋了……众多网友对案件抽丝剥茧，寻找蛛丝马迹，

---

① 彭兰. 社会化媒体：理论与实践解析[M]. 北京：中国人民大学出版社，2015：116.

参与度可谓史无前例。之后经过办案民警繁复扎实的侦查工作，该案得以迅速告破，网友的种种猜测也纷纷得到证实。可以说，在这次案件中，微博网友们的高度关注和积极参与为事件的传播和舆论的发酵起到了重要作用，加快了案件的侦破速度。

可见，自组织协同内容运作机制可以放大网民个体的力量，有助于提高网民参与社会化媒体活动的积极性，扩大社会化媒体的传播影响力，进一步推动社会化媒体的自我修正及整个网络信息生产、协作的深化。

不过，虽然自组织运作机制有利于社会化媒体中错误信息的发现与纠正，但在信息生产、传播中，由于意见领袖的重大影响力，以及可能存在多数人价值取向影响少数人价值取向的情况，这种机制并不适用于所有场合下对于信息价值的合理评估。

二、社会化媒体运营的数据评估

在各国争夺信息社会控制权中，获取和控制海量的网络数据正成为重要的战略手段，企业的社会化媒体运营也需要数据化评估。不过，数据并不是企业最终需要的东西，企业需要的是信息，是对未来发展的洞察能力。鉴于此，数据化评估主要是为了让企业清楚地认识到评估是为了什么，如评估数量是为了对品牌的曝光量和影响力有所了解；评估质量是为了对用户的态度、忠诚度及活跃度加深认识；等等。具体而言，企业的社会化媒体运营主要关注三个基础性数据指标：内容度指标、相关度指标及影响度指标。

内容度指标，主要是指与社会化媒体内容相关的数据指标，包括统计用户讨论的内容；正面内容和负面内容分别是哪些；多少人会分享推荐产品或服务；甚至可以扩大评估范围到所在行业、竞争对手或者供货商等。收集与内容度相关的数据，可以帮助企业基于社会化媒体的内容本身，站在宏观的角度判断用户推荐的趋势和批评者的影响，并据此做出一些战术性调整。

相关度指标，是指内容与企业品牌、产品或服务的相关性方面的数据指标，主要评估社会化媒体渠道或内容与企业的社会化管道的相关性。例如，哪些讨论是关于购买体验的；哪些讨论是关于向用户推荐的；哪些讨论又可以帮助引流；

等等。企业的社会化媒体运营，主要是为了推动生产更多的相关性内容，以便转化更多的价值。内容的相关度越高，越有可能进行转化。

影响度指标，是指与企业影响力和价值相关的数据指标，主要评估社会化媒体中的营销效果、传播效果及转化的价值，例如，哪些是宣传产品的内容；哪些是明确要购买或准备购买产品的内容；等等。

运营者可以借助谷歌分析和百度统计这样的工具实时跟踪相关数据，包括访问次数、页面浏览量、页面跳转率、平均页面停留时间等。

第四节　社会化媒体运营方式

如果想对国内外主流的社会化媒体运营方式有更深入的理解，我们需要划分出不同的类别，然后做具体的分析。根据互联网的时间发展，社会化媒体可以划分为社区论坛类、社交沟通类、知识共享类和其他类。论坛是社会化媒体培育期的第一个代表，使普通用户有了成为信息传播者的渠道；社交沟通类媒体推动了社会化媒体的发展，给用户带来了更深入的社交体验；豆瓣、知乎等知识共享类媒体让用户协同创造内容，极大地发挥了用户的创造力；而一些垂直社区类平台则进一步扩大了用户群体，满足了部分群体的需求。不同类别的社会化媒体，其运营方式自然也存在区别。下面将对不同类型社会化媒体的运营方式展开论述。

一、社区论坛类

社区论坛作为网络发展初期建立并逐渐流行起来的互联网媒体形式，为用户提供了一个进行信息共享、数据资料互换、沟通、讨论和交流的平台。这些互动与交流主要围绕诸如摄影、运动、音乐、美术等具体话题和爱好而存在。从组织方式上看，网络论坛可以划分为专题式论坛、综合式论坛、专业式论坛；从论坛的管理方式上看，网络论坛可以划分为限制式论坛、半限制式论坛、无限制式论坛[1]。由于交互简单、搭建技术较为成熟等特点，社区论坛从诞生之日起到现在一直为国内外用户提供着各项服务，深受网友们的喜爱。

与后来诞生的博客和微信不同的是，社区论坛在很大程度上更依赖于论坛管理者的运营，否则很容易陷入“自生自灭”。故此，社区论坛运营的主要目的在于维持其自身的发展。在其不断发展、壮大的过程中，运营的侧重点也都不一样。

第一个阶段，萌芽期。在这个阶段运营的重点是通过确定社区论坛的定位，让用户知道他在这里可以获得什么，满足特定用户的需求，吸引用户的注意力。网络社区论坛虽然是一个虚拟的网络交流平台，但它的出现仍来源于人类的一些基本需要，如社交的需要、娱乐的需要、兴趣交流的需要、产品交易的需要等，这些需要是社区论坛产生和发展的基础。在社区论坛发展的初期，运营者需认清社区论坛的价值，基于用户的需求找到自身独特的发展方向。价值观的确立，在这一阶段也至关重要。任何一个好的社区，都必须具有某种共同的价值观，且这种价值观应该是利他的、能得到广泛认同的。

第二个阶段，发展期。在发展期运营的重点在于培养用户的黏性，让用户对社区论坛产生依赖感，形成持续性的访问。运营者可以通过内容管理提升用户的内容黏性；通过成员管理增强用户间的关系黏性；通过开展活动提高用户的参与度。

第三个阶段，成熟期。在成熟期社区论坛的多元化关系已被确立，社区逐渐成为一个有机的“生态系统”，具备了“自生长”的能力，形成了社区独有的文化，这种文化又影响了社区中舆论的形成，创造出营销的价值。在这一阶段，运营人员最重要的工作就是制定社区规则。运营者需要基于社区的共同价值观为社区的言行制定出一定的规则，在规则内，成员之间可以完全自由地分享、讨论与互动，而一旦触碰到规则，则应该受到惩罚，甚至被驱逐出社区。

第四个阶段，衰退期。衰退期最主要的运营重点就是动用一切运营手段，减缓社区衰退的速度。

---

① 彭兰. 社会化媒体：理论与实践解析[M]. 北京：中国人民大学出版社，2015：122-123.

当然，并非所有的社区论坛都会经历这样一个完整的生命周期，有些由于不能满足用户的真实所需，在萌芽阶段就夭折；也有些因为形成不了足够的用户黏性，在一时火爆之后便渐渐走向沉寂；而真正形成自身社区论坛文化的则少之又少。不过，了解社区论坛的生命周期，可以帮助我们明确社区论坛运营的目标与方向，以及不同阶段的运营任务。

二、社交沟通类

社交沟通类媒体是以社交为主的社会化媒体。虽同样具备社交属性，但相比以获取信息服务为核心的社区论坛类，社交沟通类更强调人与人之间的关系，并围绕关系而产生群体可以分享交流的信息。

在国内外，社交沟通类媒体一直都是主流的互联网服务之一。国外知名的社交沟通类媒体有 Facebook（美国知名社交开放平台，以分享图片、视频为主，推动了网络实名互动）、Pinterest（美国一家以瀑布流的形式展现图片内容的单媒体互动平台）、LinkedIn（美国一家专为职场人士打造的社交平台，被称为商务社交的代表，创立时间比 Facebook 更早）、Twitter（美国一家 SNS 平台与微博客服务的网站，所有的 Twitter 消息都被限制在 140 个字符以内，是全球互联网上访问量最大的十个网站之一）、Instagram（美国一家图片分享的社交应用，2012 年 4 月被 Facebook 收购），以及 MSN Messenger、Anychat、Yahoo! Messenger、ICQ、AOL Instant Messenger 等即时通信应用，国外社交沟通类网站种类繁多、用户范围广、发展较为成熟。国内社交沟通类网站发展较早，更新换代较快，如早期的人人网（起源于校内网，主要定位于校园社交，用户绝大多数为在校大学生）、开心网（国内第一家以办公室白领用户群体为主的社交网站），这两个社交网站曾在中国刮起了一股社交风潮，但由于创新不足、隐私保护不够等原因逐渐淡出网民的视线。同样产生于早期的 QQ 空间却依托 QQ 一直坚持到了现在，此后出现的微信更是稳固了腾讯社交霸主的地位。中国的社交沟通类媒体发展虽不甚顺利，但势头较猛，且不断涌现出一些新的产品，如在婚恋、求职等垂直领域的探索，为中国的互联网不断注入新鲜的血液。

2019 年 12 月 30 日，新版“人人”App 1.1.0 公开测试版，对所有用户开放测试，宣告正式回归社交市场。此举动瞬间点燃 80 后的情绪，网民们纷纷涌入人人的微博，表达对其回归的欢迎或质疑。

人人网在刚诞生的那几年，由于中国互联网的大众普及度还不高，主打校园社交场景的人人网曾一度发展达到顶峰。2007 年底，中国的 2 200 所大学，超过 1 800 万名在校大学生用户，包括学生组织、校园官方媒体都开通了人人账号和公共主页，活跃用户达 980 万个。2010 年底，中国有 4 亿个网民，人人网的注册用户超过 1.7 亿个，MAU 超过 1 亿个。到了 2012 年，人人网更是占据了大学生市场 75%的份额，一时风头无两，达到了当时校园市场的最高高度。

不过，人人网的陨落也是非常迅速的。2015 年 3 月，人人网市值缩水近 80%，投资人直接让董事长陈一舟辞职。至此，人人网逐渐淡出人们的视线，直到 2019 年的重新回归。

人人网的成功带有一定的偶然性，而它的没落却带有一定的必然性。兴盛于互联网普及程度不高时期的人人网终将因为其用户定位不准、创新能力不足、隐私保护不够、对移动浪潮反应迟钝等问题遭到市场的淘汰。

如今，在消失了 2 920 天后，宣布再次重返社交江湖的人人网似乎并没有以情怀牌搏回用户的心，在网络上掀起一股回忆热潮之后，人人网再次淡出网民的视野。

社交沟通类媒体是一种“个人展示+多重关联”的模式，个体是社交沟通类媒体的基本单位，而“关联”则是社会网络形成的基础。在社交网络中，人的关联主要包括社交关联、内容关联、兴趣关联、时间关联、空间关联、活动关联等，这些人与人之间的关联从宏观上形成一个庞大而复杂的社会交流网络，成为大众传播的渠道和舆论表达的手段，在社会动员方面起到了重要的作用。

由于本书已在第十章第三节重点阐释了社交沟通类平台的运营方式，所以本节不再赘述。

三、知识共享类

知识共享类媒体是以各类知识共享为主要服务的社会化媒体，如国外的维基百科、Quora，国内的豆瓣、知乎和百度百科等。与通过搜索引擎或专业的学习网站进行知识学习不同，知识共享类社会化媒体是以“人”为基础，通过吸收大量来自社区成员对某一领域问题的认知与看法，为用户提供丰富全面、个性化、延展性强的开放式知识学习。人们知识的多少、见解水平的高低，成为这类平台用户彰显自身品位的重要指标。

维基百科，英文版 Wikipedia 创建于 2001 年 1 月 15 日，创办者是吉米·威尔士。维基百科是一个基于维基技术的多语言协同创作的网络百科全书，具有自由内容、开放编辑的特点，不仅可以实现对已有知识的系统整理，还可以通过多语言版本看到不一样的观点。

百度百科类似于维基百科，是由百度推出的一个内容自由开放、涵盖各个领域的网络百科全书，基本功能是协同编辑、开放查询。

豆瓣，创办于 2005 年，是一个提供图书、电影、音乐等推荐、评论信息的 UGC 平台。它延续了论坛以内容为纽带聚集人群的传统，结合社交网站的方式，为用户创建了一个开放的关系网络。

知乎，创办于 2011 年，是一个网络问答社区，各行各业的用户都可以在此分享彼此的知识、经验和见解，同时围绕某一感兴趣的话题展开讨论，并关注志趣相投的朋友。

知识共享类平台社会化属性的基础在于用户能在此收获知识共享和心理满足，能够获得认同感和归属感。同时，用户也可以根据不同的兴趣爱好，找到志同道合的朋友。

因此，知识共享类社会化媒体运营需要注意以下三点。

首先，注重知识分享的质量。由于知识共享类网站是以内容为纽带的，所以保障知识共享的质量是运营的关键。当然，知识的高质量并不意味着知识的难度一定要高，企业在创建内容时切忌使用一些晦涩难懂的专业知识，应尽量围绕用户的兴趣点，用通俗易懂的方式进行知识分享。

其次，关注用户个人的满足感。用户通过知识的共享，收获无数网友的点赞，以此获得自我虚荣心和炫耀感的满足。在知识共享类网站运营中，品牌应充分关注用户个人的满足感，善用身份和等级制度管理用户，通过为用户贴虚拟标签的方式给用户带来个人满足感和炫耀感。

最后，调动用户群体性活动的参与感。群体性活动是社交网站的特点之一，能够大大提升参与用户的群体归属感和认同感，以及扩大组织的影响力。在群体性活动中，可利用意见领袖的影响力提升用户的参与度和活跃度。

四、其他类

社会化媒体一直是互联网发展的主流，且处在不断发展创新中，除了前面提到的社区论坛、Facebook、人人网、豆瓣、知乎等，其他的社会化媒体同样也拥有广泛的用户，如电子邮件类及一些垂直社区类。

（一）电子邮件类

电子邮件应用，是一种运用电子手段提供信息交换服务的通信工具，实现了用户随时随地收、发信件的愿景，大大提高了工作效率，为商业活动提供了极大的便利，成为互联网最基础、最核心的应用之一。国内外主要知名的电子邮件应用包括 Gmail、Outlook、GMX、iCloud、雅虎邮箱、美国在线邮箱、谷歌邮箱、微软旗下邮箱、网易邮箱、QQ 邮箱、搜狐邮箱、新浪邮箱等。

电子邮件作为一种社会化媒体，它以用户为中心，通过用户的人际关系网络搭建传播渠道，形成了庞大的用户群体。因此，电子邮件既可以作为私人通信的工具，也可以用于公共传播。

运营电子邮件类媒体，需要注意：①尊重客户喜好；②保持良好的发送声誉；③提供真正的附加价值；④个性化；⑤建立信任；⑥内容简要，冲击力强。

（二）垂直社区类

垂直社区类应用，是通过对某一领域进行专业细分定位的社会化媒体应用，这类应用在用户中影响也非常大，推动了社会化媒体的向前发展。国内外垂直社区类社会化媒体包括：视频分享类，如国外的 Youtube、Metacafe 和中国的腾讯视频、优酷视频等；点评类，如国外的 Yelp、Tripadvisor 和中国的大众点评网、美团网等。

垂直社区类应用的注意力主要聚焦于满足用户某种特定需求或某个特定的领域，细分度较高，符合新时期网民用户的使用需求。

在垂直社区运营中，运营者应始终以用户为中心，抓住真实产品需求，把握产品方向，严格要求高品质的产品与服务，并充分结合最新的数字技术和互联网技术，对内容生产、内容品质把控、内容传播、平台服务等社区建设全过程实现精细化、高效化、情感化的升级，为用户构建一个平等交流、信息共享、自我表达、展现个性的平台。

后 记

在互联网发展的近十几年中，运营是一个热词，也是各数字媒体平台的着力点。运营是一门跨领域、跨学科，需要了解不同知识面的艺术。好的运营人员需要对产品每个维度运筹帷幄，并且综合能力很高。数字媒体运营是数字媒体产品价值增值、企业品牌资产增长的重要手段。《数字媒体运营》一书力图总结数字媒体运营的理论和实践知识体系，深入梳理数字媒体运营四大经典模块的流程、模型与通用策略，细致呈现平台型、社群型等常见运营场景的实用操作技法。

本书由洪杰文、严语和段婷婷共同完成，其中第一章由洪杰文和柴舟编写，第二章至第六章由严语编写，第七章至第十一章由段婷婷编写，最后由洪杰文完成全书统稿工作。

感谢丛书总主编周茂君教授的信任和帮助，感谢各位合作者的积极参与和辛苦工作，感谢科学出版社郝静老师认真细致的工作。在本书的写作过程中，参阅了大量的文献资料，同时参阅了一些网站的网页，在此向各位作者一并表示感谢！

由于数字媒体运营涉及的知识面广，业界发展变化快，而我们的学识有限，所以本书的不足之处在所难免，在此，恳请读者批评指正。

洪杰文

2021 年 12 月